"一带一路"倡议研究报告 2018

中国与沿线国家和地区行业交往现状及趋势

兰日旭　顾炜宇　主编

中国财经出版传媒集团
中国财政经济出版社

图书在版编目（CIP）数据

中国与沿线国家和地区行业交往现状及趋势："一带一路"倡议研究报告：2018／兰日旭，顾炜宇主编．—北京：中国财政经济出版社，2018.11
ISBN 978-7-5095-8455-2

Ⅰ.①中… Ⅱ.①兰…②顾… Ⅲ.①行业组织－国际交流－研究－中国 Ⅳ.①F279.21

中国版本图书馆 CIP 数据核字（2018）第 187929 号

责任编辑：刘五书　　　　　　　　责任校对：李　丽
封面设计：孙俪铭

中国财政经济出版社 出版

URL：http：//www.cfeph.cn
E-mail：cfeph@cfeph.cn

（版权所有　翻印必究）

社址：北京市海淀区阜成路甲 28 号　邮政编码：100142
营销中心电话：010-88191537　北京财经书店电话：010-88580302
北京富生印刷厂印刷　　各地新华书店经销
787×1092 毫米　16 开　18.25 印张　238 000 字
2019 年 1 月第 1 版　2019 年 1 月北京第 1 次印刷
定价：56.00 元
ISBN 978-7-5095-8455-2
（图书出现印装问题，本社负责调换）
本社质量投诉电话：010-88190744
打击盗版举报热线：010-88191661　QQ：2242791300

本书的出版获得了中央财经大学教学技术研究资金资助

"一带一路"倡议研究报告 2018
编 委 会

组编　中央财经大学中外经济比较研究中心

主编　兰日旭　顾炜宇

编委　(按姓氏拼音排序)
　　　曹利群　陈宏亮　丁于芩　高　伟　蒋　浩
　　　林恩荃　刘洪军　柳艳舟　潘宏胜　曲　迪
　　　任洪生　王立勇　周尚志　周　莹　杨枝煌
　　　岳海峰　祝　伟

目　录

序　言 …………………………………………………………（ 1 ）

**第一章　"一带一路"倡议：中国与沿线国家和地区的
　　　　　农业交往** ………………………………………（ 11 ）

　　第一节　与沿线国家和地区的农业合作概况 …………（ 12 ）
　　第二节　与沿线国家和地区农业合作的案例 …………（ 27 ）
　　第三节　与沿线国家和地区农业合作的对策 …………（ 47 ）

**第二章　"一带一路"倡议：中国与沿线国家和地区的
　　　　　矿产行业交往** …………………………………（ 57 ）

　　第一节　与沿线国家和地区矿产行业交往概况 ………（ 58 ）
　　第二节　与沿线国家和地区矿产行业交往案例 ………（ 77 ）
　　第三节　与沿线国家和地区矿产行业交往展望 ………（ 82 ）

第三章 "一带一路"倡议：中国与沿线国家和地区的交通、能源交往 …… （87）

  第一节 与沿线国家和地区的能源合作格局 …… （88）
  第二节 与沿线国家和地区交通能源交往的案例 …… （115）
  第三节 与沿线国家和地区交通、能源交往展望 …… （126）

第四章 "一带一路"倡议：中国与沿线国家和地区的金融交往 …… （135）

  第一节 与沿线国家和地区金融交往概况 …… （136）
  第二节 与沿线国家和地区金融交往的案例 …… （155）
  第三节 与沿线国家和地区金融的未来发展趋势 …… （164）

第五章 "一带一路"倡议：中国与沿线国家和地区的贸易交往 …… （169）

  第一节 与沿线国家和地区贸易交往概况 …… （170）
  第二节 与沿线国家和地区贸易交往的案例 …… （191）
  第三节 与沿线国家和地区贸易交往展望 …… （213）

第六章 "一带一路"倡议：中国与沿线国家和地区的文化交往 …… （221）

  第一节 与沿线国家和地区文化交往概况 …… （222）
  第二节 与沿线国家和地区文化交流的案例 …… （240）
  第三节 与沿线国家和地区文化交流的展望 …… （261）

结束语 …………………………………………………（269）

参考文献 …………………………………………………（273）

后　记 ……………………………………………………（281）

序 言

自 2013 年提出"一带一路"倡议以来，到 2018 年 3 月 66 个沿线国家和地区中已经有 64 个国家积极回应合作倡议，130 多个国家和国际组织与中国达成了合作协议，"一带一路"倡议渐趋进入共商共建共享的深度合作践行之中。作为一个全方位的合作倡议，国内明确了"要以'一带一路'建设为重点，坚持引进来和走出去并重，遵循共商共建共享原则，加强创新能力开放合

作,形成陆海内外联动、东西双向互济的开放格局。"① 在与沿线国家的沟通上,我国有关政策得到了沿线国家国内或区域性发展目标的认同甚至发展措施的对接,形成良好互动,经济上多方展开与中国的经贸交往,文化上交往更加频繁。在新时代背景下,如何更进一步推进"一带一路"倡议,规避"一带一路"践行中的各种不必要的误解,深化与沿线国家和地区的合作,真正使中国与沿线国家共享合作红利,自然成为"一带一路"研究与施行中的核心。为此,中央财经大学中外经济比较研究中心在 2017 年研究报告"'一带一路'沿线的风险及防范"基础上,确立了 2018 年研究报告的主题为"'一带一路'倡议:中国与沿线国家和地区行业交往现状及趋势",为今后的合作共建做好行业发展的优势与挑战性分析。

一、与"一带一路"沿线国家和地区行业交往优势

在"一带一路"沿线的 66 个国家和地区中,人口达到 46 亿人,占世界总人口的 62%;涉及的土地总面积 5000 万平方公里,占世界的 39%,GDP 总量 23 万亿美元,占世界的 31%。作为一个整体,已经超越了任何一个经济体,在世界上占据很大的发言权。随着"一带一路"倡议日益得到沿线国家和国际组织的认同,它的建设必然会越来越快。

---

① 习近平:《决胜全面建成小康社会　夺取新时代中国特色社会主义伟大胜利——在中国共产党第十九次全国代表大会上的报告》,人民出版社 2017 年版,第 34 页。

在此过程中，为了避免中国与沿线国家和地区之间交往的不和谐，厘清中国与它们之间各自的行业优势，成为一个极其必要的先行工作。

对中国而言，中国经过近40年的快速发展，已经成为世界第二大经济体，具有诸多的优势。一是中国拥有近14亿人口的庞大市场。一方面，经过改革开放以来的经济快速发展，人均收入有了大幅提升，由1978年的381元上升到2017年的59660亿元，如图序-1。

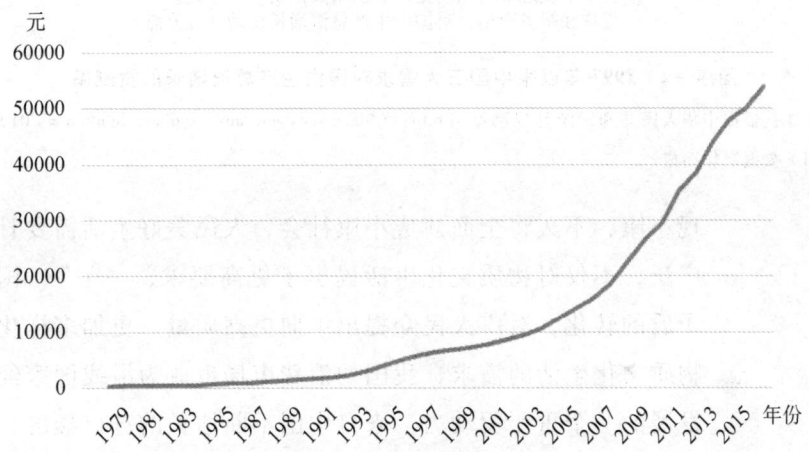

图序-1 1978—2017年中国人均GDP变化图

注：根据中华人民共和国统计局网站（http：//data.stats.gov.cn/easyquery.htm?cn=C01）历年相关数据制作而成。

伴随民众收入的快速上升，消费已经有了大幅度增加，自2013年以来渐趋成为当前经济增长的一个重要驱动力，如图序-2。

伴随最终消费支出对GDP增长拉动作用的提升，极大扩展了中国市场的深度和广度。"我国社会主要矛盾已经转化为人民日益增长的美好生活需要和不平衡不充分的发展之间的矛盾。我国稳定解决了十几亿人的温饱问题，总体上实

中国与沿线国家和地区行业交往现状及趋势

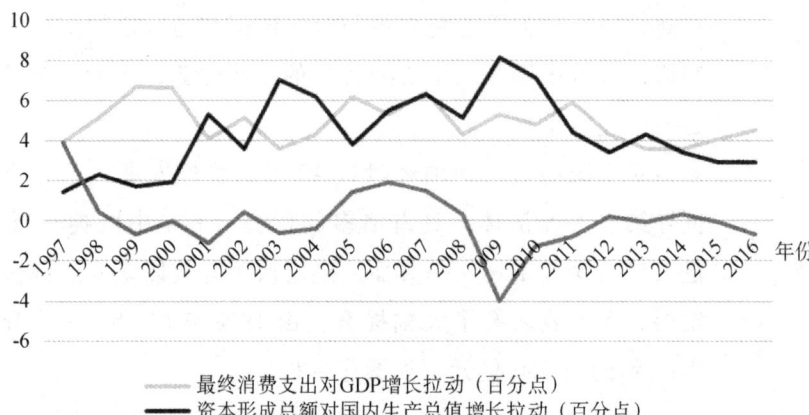

图序-2 1997年以来中国三大需求对国内生产总值增长的贡献率

注：根据中华人民共和国统计局网站（http://data.stats.gov.cn/easyquery.htm?cn=C01）历年相关数据制作而成。

现小康，不久将全面建成小康社会，人民美好生活需要日益广泛，不仅对物质文化生活提出了更高要求，……"① 国内矛盾的转化，对广大民众提出了向更高质量、更加多样化的物质文化生活的需求，我国的消费市场也成为沿线国家经济发展的一个重要驱动力。来自中国不断增长的进口额度，无疑给沿线国家经济的发展注入了新的增长因素，大大提高了它们对未来经济发展的预期和信心。另一方面，我国已经形成了一个庞大的产品供应市场。在联合国划分的产业种类中，我国是一个世界上产业最为齐全、制造能力极其强大的国家，在中低端产业链中占据着绝对优势，给沿线各国输送了不同经济组成的"红利式红包"，使众多国家和地区超越了它们自身经济发展的生产可能性边界，以较低的价格从中国获取了大量优质的消费品，直接拉低全球制成品的价格，

---

① 习近平：《决胜全面建成小康社会 夺取新时代中国特色社会主义伟大胜利——在中国共产党第十九次全国代表大会上的报告》，人民出版社2017年版，第11页。

给予不同的消费者以程度不同的"福利"。

二是与沿线国家和地区相比,中国在交通、互联网等方面的某些技术处于领先地位。根据《工业化蓝皮书:"一带一路"沿线国家工业化进程报告》,"一带一路"沿线约65个国家中,处于前工业化时期的国家有1个,处于工业化初期阶段的14个,处于工业化中期阶段的16个,处于工业化后期阶段的32个,而处于后工业化时期的只有2个[①]。在沿线国家中,中国的工业化水平处于中上水平。经过一段时间的发展,中国在高铁、共享经济、电讯、互联网金融等方面的技术领先于沿线国家,能够为它们社会经济的进一步发展提供技术支持,实现交通、金融等基础设施的升级,为它们社会经济的进步创造良好的条件。

三是中国经济经过近40年的快速发展,积累了大量的资金。2013年以来,中国经济由高速向中高速的转换,经济增长的动力由前期的要素驱动向创新和效率转换,在此过程中游离出大量的剩余资金。到2017年时,我国的外汇储备长期处于世界第一,数量变化如图序-3。

大量资金积累能够为沿线国家的经济建设提供必要的资金支持。这点,也可以从2013年以来我国提议创建的丝路基金、亚洲投资银行等金融组织的情况中得到必要的佐证。当然,除上述三者之外,中国在文化、制度等方面也具有很强的实力,能为沿线各国提供诸多的借鉴。

对沿线国家而言,它们的经济总量较小,整体的经济发展水平相对落后,亟需大量的外来技术、资金来支持其经济的进一步发展。比如,根据世界银行曾经提出的基础设施投

---

① 中国社会科学院工业经济研究所课题组及社科文献出版社共同发布:《工业化蓝皮书:"一带一路"沿线国家工业化进程报告》,http://gjs.cssn.cn/kydt/kydt_kycg/。

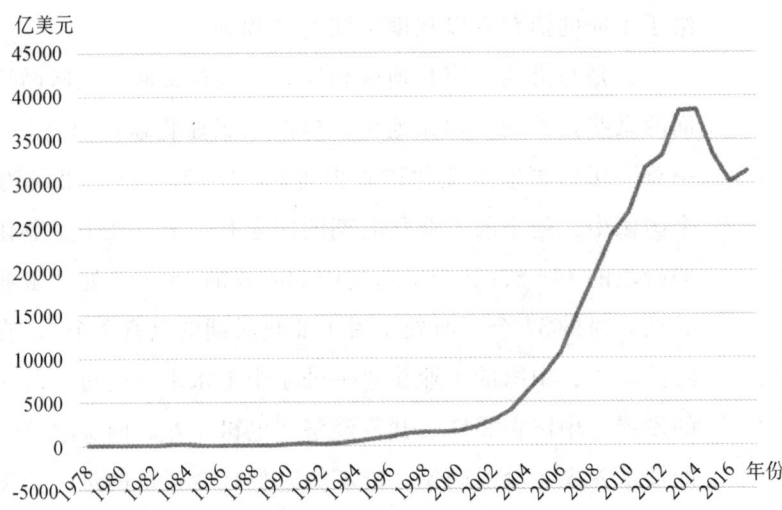

图序-3　1978年至2016年中国外汇储备变化

注：根据中华人民共和国商务部网站（http://data.mofcom.gov.cn/zhtj/formoney.shtml）历年相关数据制作而成。

资占一国GDP比重不小于5%的政策目标来计算，"一带一路"沿线的基础设施建设资金需求达到0.8万亿-1万亿美元，如图序-4。

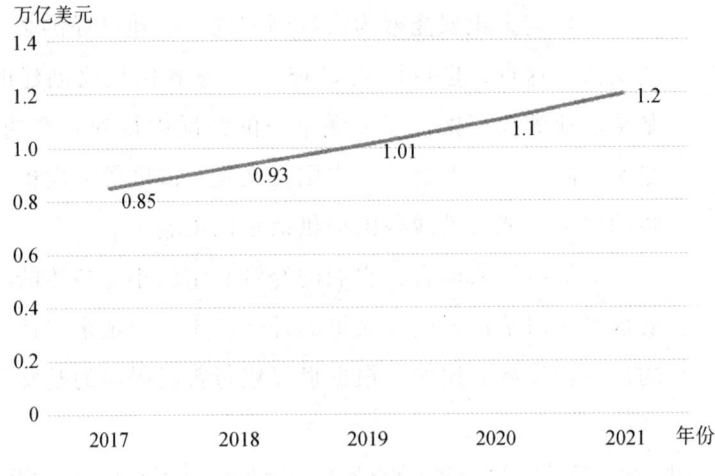

图序-4　"一带一路"沿线国家基础设施投资需求预测

当然,"一带一路"沿线国家的能源、矿产、农产品等相对丰富,能够为中国的经济发展提供相应的能源资源供应。与此同时,沿线国家与中国基本都是发展中国家,存在渊远流长的历史交往积淀,谋求经济发展的愿望,而中国的和平崛起经验却能够为它们的经济发展提供必要的镜鉴。

二、与"一带一路"沿线国家和地区行业交往挑战

中国与"一带一路"沿线国家之间尽管各有各的优势,存在明显的行业性互补,互补大于竞争,但对双方而言在某些领域均面临着较强的挑战。

从中国的角度来说,中国经济总量占据世界第二位,2017年时达到了12.72万亿美元,但人均量才9261美元,不到世界平均水平,具有大而不强的特征。

一是主要能源资源拥有量不到世界平均水平,但却是能源资源的主要消耗国。石油、森林、耕地、矿产、淡水等重要资源的人均拥有量远远低于世界平均水平(如图序-5),石油等重要能源资源也不足世界平均水平的一半,不少资源的需求不得不长期大量依靠进口。

随着我国经济的持续发展,资源消耗日益增加,目前已经探明的45种矿物中有1/3以上不得不依赖进口。这虽然给沿线国家带来了大量合作交往的机遇,但也给中国经济发展带来了能耗、环境等压力,在大量进口中还会受制于人。

二是中国拥有庞大市场,但在大宗商品的价格决定权上仍需取决于西方主导的世界经济秩序,不仅在制成品上,而

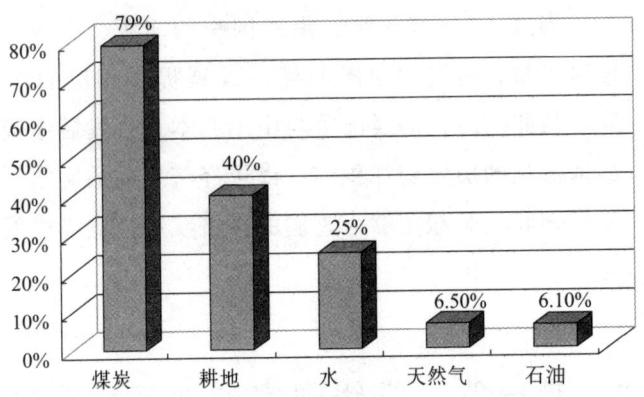

图序 - 5　我国主要资源人均占有水平与世界平均水平的比较

注：根据江泽民的《对中国能源问题的思考》(《上海交通大学学报（自然科学版）》2008 年第 3 期) 一文数据制作。

且在能源、资源上更是如此。由此带来的结果，就是给中国及其他沿线国家产生了诸多负面的影响，增加了交易费用。通过与沿线国家之间的直接行业交往和合作，尽管能够实现彼此之间共商共建共享的双赢或多赢的目标，但会面临原有交往规则、域外大国和域内大国的抑制，给中国与沿线国家之间的交往产生摩擦，甚至冲突。

三是中国具有相对完整的产业结构，但在产业链附加值上则大多数处于中低环节。进入 21 世纪以来，中国开始主动推进经济结构的转型和调整，但至今为止尚未完全实现转型升级，仍处在由高速向高质转变的过渡时期，过去长期积累的矛盾、风险处于爆发阶段。在与沿线国家的行业交往中，虽然按照中国与沿线国家的产业梯度看，存在明显的劳动密集型产业向资本密集型产业，进而向技术密集型与高附加值产业的升级、转型和分工，但在这一转变过程中仍然存在许多障碍，在某些不确定性因素的刺激下，会影响"一带一路"倡议的推进。

对于沿线国家来说，尽管大多数国家与中国存在互补性为主，积极响应"一带一路"倡议，出台相应的政策与之对接，但大多数都是欠发达国家和地区，政局不稳，地区冲突不断，在文化制度上又存在很大差异，极易受到域内国家或域外大国的调拨，给"一带一路"倡议的推进带来了较大隐患。

三、全书的结构

全书围绕中国与沿线国家和地区三大行业交往的主线，系统深入地梳理2013年"一带一路"倡议提出以来行业交往的现状、特征以及存在的问题，并对各行业交往中存在的众多事例中择取一些典型案例加以分析，在此基础上对今后中国与沿线国家之间的行业交往趋势提出一些具有针对性的措施。除了序言外，全书分为六章和一个结束语。

第一章系统阐述了中国与沿线国家和地区之间农业领域中农产品贸易、农业投资等方面的交往状况，并在中国与沿线国家农业交往的大量实例中择取了中国与俄罗斯、中国与东南亚交往的案例加以特别的分析，然后，对中国与沿线国家之间农业交往的未来趋势提出了一些值得注意的措施。

第二、第三章则对中国与沿线国家之间的工业交往进行了梳理和分析。考虑到工业部分涉及面广泛、像交通部分在现有研究已经取得了很大进展、一般工业品的贸易在贸易部分又会系统分析等因素，本部分就择取工业中矿业、能源与管道等两部分加以深入系统论述。其中，第二章主要对中国与沿线国家矿业交往进行阐述，并选择交往中一些成功与失败的案例加以介绍,在此背景下对中国与沿线国家的矿业交往趋势进行了扼要地总结。第三章则对中国与沿线国家能源交通交往的现状进行深入分析,阐明了中国与沿线国家之间的互补与竞争关系,然后选择一些典型案例加以分析,从中点明中国与沿线国家今后在能源交通交往中应特别注意的方面。

第四、第五、第六章对中国与沿线国家之间第三产业的交往进行了深入的阐释。其中,第四章对中国与沿线国家的金融交往进行了系统的阐述,至今中国与沿线国家金融交往已经初步形成了一个由国家之间、区域金融和世界性金融组织共同构成的金融交易网络;在此之间,择取了银联、第三方支付等为案例说明了中国与沿线国家之间金融交往基础设施建设,最后对今后中国与沿线国家金融交往需要特别注意的地方提出了相应对策。第五章则对中国与沿线国家之间的贸易交往进行了系统梳理和分析,从中发现中国与沿线国家之间的贸易交往互补大于竞争,若能利用好"一带一路"倡议所提出的共商共建共享原则,完全能够使中国与沿线国家均能从中获益。在此过程中,有选择地遴选了一些案例加以分析,并在此基础上,对中国与沿线国家之间今后贸易交往中的问题提出了相应的措施。第六章深入系统地梳理和分析了中国与沿线国家之间的文化交往概况。中国自 2013 年以来已经制定和形成了一系列促进文化交流的优惠政策,初步构建了一个国家层面、"一带一路"沿线省市与沿线国家之间的文化交流网络;为了更好阐明中国与沿线国家文化交往的特征,专门择取了一些案例加以详细分析,并从中对今后文化交往提出了一些针对性的措施。

最后,对行业交往进行了总结,并由此点明今后中国与沿线国家交往中应特别注重的一些问题。

第一章

"一带一路"倡议:中国与沿线国家和地区的农业交往

农业是民生之本,是国民经济发展的基础,一个国家农业发达与否,农业产品是否丰富充足,不仅关系到该国经济是否能够长期可持续的发展,同时还关系着国民生活水平的高低,政治局面的稳定。尤其是对于中国这样拥有近14亿人口的大国,保障粮食安全,促进农业长期可持续发展至关重要。一直以来,我国都非常重视农业问题,中共中央在1982年至1986年连续五年发布以"三农"为主题的"中

央一号文件",2004年至2017年又连续十四年发布以"三农"为主题的"中央一号文件"。在2013年提出"一带一路"倡议的契机下,党和国家着力推动与沿线国家和地区的农业领域交往合作,加强与"一带一路"沿线国家的农业交流,共同推进农业长期的可持续发展。

第一节
与沿线国家和地区的农业合作概况

农业合作与农业贸易自古以来就是与丝绸之路沿线国家合作交流的重要内容。借助古丝绸之路,中国从西方引入了胡麻、石榴、苜蓿、葡萄等作物品种,并把掘井、丝绸、茶等生产技术和产品带到了中亚,促进了沿线国家农业技术的发展和农产品的多样化。2013年,我国提出"一带一路"倡议,推进"丝绸之路经济带"和"21世纪海上丝绸之路"建设,农业合作、农品贸易依旧处于重要地位,发挥着重要作用。通过与"一带一路"沿线国家的农业合作,推动了中国与沿线国家农业的新发展,丰富了"一带一路"沿线人民的生活,提高了生活质量和水平,为实现"一带一路"沿线国家和地区和平发展、共同繁荣打下了坚实的物质基础。

一、与沿线国家和地区的农产品贸易现状

与沿线国家的农产品贸易主要体现在如下三方面:

第一章 "一带一路"倡议：中国与沿线国家和地区的农业交往

（一）农产品贸易交往

农产品贸易是我国与"一带一路"沿线国家和地区合作的重要内容，如表1-1。

表1-1　　　　　　　中国农产品贸易统计表　　　　　单位：亿美元

	2014年	2015年	2016年	2017年（1—7月份）
对沿线国家出口额	210.32	218.13	226.65	124.29
对沿线国家进口额	228.39	225.48	205.64	126.47
对沿线国家贸易总额	438.71	443.60	432.29	250.76
对全球出口额	713.4	701.8	726.1	408.7
对全球进口额	1214.80	1159.20	1106.10	717.7
对全球贸易总额	1928.20	1861.00	1832.30	1126.40
对沿线国家出口占全球比重	29.48%	31.08%	31.21%	30.41%
对沿线国家进口占全球比重	18.80%	19.45%	18.59%	17.62%
对沿线国家贸易总额占全球比重	22.75%	23.84%	23.59%	22.26%

数据来源：中华人民共和国商务部（http://wms.mofcom.gov.cn/article/ztxx/ncpmy/ncpydtj/200603/20060301783733.shtml）。

2017年1—7月我国与沿线国家的农产品贸易额为250.76亿美元，占中国全球农产品贸易总额的22.26%，其中出口额为124.29亿美元，占同期我国农产品总出口量的30.41%，进口额为126.47亿美元，占同期我国农产品进口总额的17.62%。从贸易总体规模方面来看，受我国农产品贸易量下降的影响，中国与沿线国家的农产品贸易量略有下降。但从占比上来看，比重较为稳定，出口占比保持在30%左右，进口占比保持在18%左右。同时可以看出，中国对于沿线国家农业出口贸易相对于进口贸易，比重更大。

在贸易区域结构方面，与沿线国家的农产品贸易主要集中在东南亚国家。2017年1—7月中国与东南亚国家农产品贸易额为172.90亿美元，占中国与沿线国家农产品贸易总额的68.95%，其中出口额为82.16亿美元，进口额为90.74亿美元。其次是独联体国家，占比为13.60%，出口额为19.54美元，进口额为14.56亿美元。与独联体国家的农产品贸易中，中俄农产品贸易占比为65%，其他国家占比较小。其他区域，南亚七国占7.1%，西亚占5.82%，中亚五国和中东欧国家分别占2.16%、2.37%。区域结构呈现明显的集中性，如图1-1。

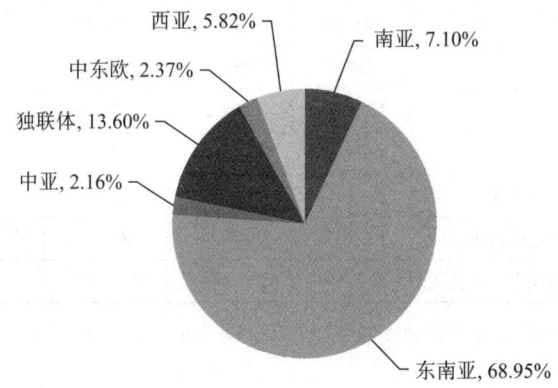

图1-1 中国与"一带一路"沿线地区贸易比重表

注：根据中华人民共和国商务部农产品贸易数据（http：//wms.mofcom.gov.cn/article/ztxx/ncpmy/ncpydtj/200603/20060301783733.shtml）制作而成。

在产品结构方面，中国与"一带一路"沿线国家的农产品贸易中，出口集中在水果、蔬菜、食品、烟酒等品种，进口主要是动植物油脂等产品。由于"一带一路"沿线各国资源优势各具特色，中国与"一带一路"沿线国家农产品贸易呈现出明显的区域性差异，如表1-2。

第一章 "一带一路"倡议：中国与沿线国家和地区的农业交往

表1-2 中国与"一带一路"沿线地区主要农产品贸易种类表

区域		主要农产品贸易种类
东南亚	出口	水果、蔬菜、烟草
	进口	动植物油脂、天然橡胶、精米
中亚	出口	水果、畜产品、蔬菜
	进口	棉麻丝、油籽、谷物、坚果
独联体	出口	蔬菜、水果、水产品
	进口	水产品、油籽、坚果
南亚	出口	棉麻丝、水果、精油、干豆
	进口	棉花、油料、水产品
中东欧	出口	水果、蔬菜
	进口	乳制品、畜产品、谷物
西亚	出口	谷物、水果、蔬菜
	进口	棉花、水果、干果

资料来源：中华人民共和国商务部（http://wms.mofcom.gov.cn/article/ztxx/ncpmy/ncpydtj/200603/20060301783733.shtml）。

在中国与东南亚国家的农产品贸易中，中国主要出口水果、蔬菜、烟草等产品，主要从印度尼西亚、马来西亚等国进口棕榈油、天然橡胶等热带经济作物。在中国与中亚五国的贸易中，主要向中亚五国出口水果、畜产品、蔬菜，三类产品分别占中国对中亚五国农产品出口额的35%、20%、15%；中国主要从中亚五国进口棉麻丝、油籽、谷物、坚果等。在中国与独联体国家贸易中，主体是中俄贸易。中国向俄罗斯出口水果、蔬菜为主，占中俄农产品贸易的60%左右；从俄罗斯主要进口水产品、油籽和坚果。其中，水产品占农产品进口额的75%，且主要为冻鱼，中国约80%的冻鱼进口都来源于俄罗斯。在中国与南亚的农产品贸易中，主体是与印度的贸易，主要出口棉麻丝、水果、精油、干豆及其他农产品；中国主要从印度进口棉花、油料、水产品等。

在中国与中东欧16国的农产品贸易中，主要集中在畜产品、乳制品、谷物、蔬菜、水果等产品上，占主要地位的贸易国家是波兰、罗马尼亚和捷克，三国贸易额占整个区域贸易额70%左右。在与西亚国家的农产品贸易中，主要集中于谷物、水果、蔬菜等产品。

中国在"一带一路"沿线圈定的18个省、市、自治区中，中国的东北三省主要与俄罗斯远东地区开展合作，合作内容主要是开展粮食、蔬菜种植；西部的新疆、陕西、甘肃、宁夏等地主要开展与中亚地区的合作，涉及粮食、畜牧业、棉花等领域。南部的广西、云南以及东部沿线省份主要开展与南亚和东南亚地区的合作，合作内容主要在粮食、蔬菜和热带经济作物等领域。2017年1—7月，18个"一带一路"沿线重点省份，共计与沿线国家的农产品贸易额604.9亿美元，占同时期我国对外农产品贸易总额的53.71%。其中，上海、浙江、广东、福建等"海上丝绸之路"沿线省份农产品贸易额达到425.89亿美元，占"一带一路"沿线各省总额的70%，之后是辽宁占9.77%、广西占7.30%、云南占4.30%。其余10个省份的农产品贸易额总计占比不足10%。

（二）农业投资

截至2017年7月，我国境内投资者共对全球148个国家和地区的4411家境外企业新增非金融类直接投资572亿美元。对"一带一路"沿线国家投资合作稳步推进，1—7月我国企业对沿线的50个国家有新增投资，合计76.5亿美元，占同期总额的13.4%，比去年同期增加5.7个百分点。

在投资区域结构上，主要投资在东南亚国家，据2016年数据显示我国对于沿线国家累计投资153.4亿美元，而对

第一章 "一带一路"倡议：中国与沿线国家和地区的农业交往

于东南亚国家投资就达到了102.79亿美元，占我国对沿线国家投资的近70%。在投资存量上，我国对沿线国家累计投资1294.1亿美元，而对十东亚国家投资存量为715.54亿美元，占比近60%。我国对沿线国家对外直接投资排在前十位的国家如表1-3、表1-4所示。

表1-3　　2016年中国对沿线国家投资流量排名前十位国家表　　单位：亿美元

国家	投资额	占比（%）
新加坡	31.7	20.66
以色列	18.4	11.99
马来西亚	18.3	11.93
印度尼西亚	14.6	9.52
俄罗斯联邦	12.9	8.41
越南	12.8	8.34
泰国	11.2	7.30
巴基斯坦	6.3	4.11
柬埔寨	6.3	4.11
哈萨克斯坦	4.9	3.19

数据来源：中华人民共和国商务部（http://fec.mofcom.gov.cn/article/fwydyl/tjsj/）。

表1-4　　2016年中国对沿线国家投资存量排名前十位国家表　　单位：亿美元

国家	投资额	占比（%）
新加坡	334.5	25.85
俄罗斯联邦	129.8	10.03
印度尼西亚	95.5	7.38
老挝	55.0	4.25
哈萨克斯坦	54.3	4.20
越南	49.8	3.85
阿拉伯联合酋长国	48.9	3.78
巴基斯坦	47.6	3.68
缅甸	46.2	3.57
泰国	45.3	3.50

数据来源：中华人民共和国商务部（http://fec.mofcom.gov.cn/article/fwydyl/tjsj/）。

在农业投资方面，2016年中国对于全球农业投资额为148.9亿美元，占全部对外投资比例仅有1.1%。对沿线国家农业投资来看,2016年对东南亚国家的农业投资仅有3.74亿美元,占比仅有3.6%;农业投资存量方面,累计为31.38亿美元,占比仅有4.4%,如表1-5所示。排在中国对沿线国家投资第二位的是俄罗斯,截至2016年中国对其农业累计投资存量也仅有30亿美元,虽然比重较高,但总体规模不大。

表1-5　　　　　中国对东南亚投资行业分布表　　　　　单位:万美元

行业	流量	占比(%)	存量	占比(%)
制造业	354370	34.5	1314969	18.4
租赁和商务服务业	137106	13.3	1122250	15.7
采矿业	24119	2.3	1016925	14.2
批发和零售业	196304	19.1	968975	13.5
电力、热力、燃气及水的生产和供应业	66424	6.5	912135	12.7
金融业	45400	4.4	457319	6.4
建筑业	63487	6.2	450678	6.4
农、林、牧、渔业	37370	3.6	313845	4.4
房地产业	124590	12.1	198793	2.8
交通运输、仓储和邮政业	-67010	-6.5	182306	2.5
科学研究和技术服务业	7364	0.7	71912	1.0
信息传输、软件和信息服务业	19125	1.9	60017	0.8
居民服务、修理和其他服务业	15515	1.5	56598	0.8
住宿和餐饮业	1759	0.2	11977	0.2
文化、体育和娱乐业	3149	0.3	7917	0.1
水利、环境和公共设施管理业	-1877	-0.2	6954	0.1
教育	581	0.1	1660	0.0
其他行业	92	0.0	179	0.0
合计	1027868	100	7155409	100

数据来源:中华人民共和国商务部(http://fec.mofcom.gov.cn/article/fwydyl/tjsj/)。

从农业投资范围、领域来看,我国已经与全球100多个国家和地区开展农业投资合作,合作企业数量达1700多家。中国对沿线国家的农业投资方面,已经涵盖了农产品生产、加工、仓储、市场销售等农业产业链的各环节,同时还涉及

第一章 "一带一路"倡议：中国与沿线国家和地区的农业交往

森林资源的开发与木材加工、园艺产品生产、农业基础设施建设、农村能源与生物质能以及远洋捕捞。从农业投资特点上看，中国对沿线国家农业对外投资呈现出中方投资主体多元化、投资资金形式多样化（贷款投融资、保险股权投资和政府双边协议）的特点，投资主体已经形成了国营、民营、混合所有制等全方位的发展格局。

从农业企业方面来看，伴随我国农业"走出去"以及与沿线国家的农业投资合作建设，一大批农业企业也逐渐拓宽他们的国际业务，开展国际农业投资项目，国际化程度不断加深，企业规模、投资规模不断扩大。但总体来看，对外农业投资还是以中小企业为主，像中粮集团、新希望六合等涉及多个农业生产环节，在多个国家进行农业投资合作的大型企业还不是很多。

专栏 1-1

中粮集团与新希望六合在"一带一路"沿线国家的农业投资

中粮集团，截至2017年已经在全球建立336个分公司和机构，覆盖140多个国家和地区，拥有包括种植、采购、仓储、物流和港口在内的全球生产采购平台和贸易网络。伴随"一带一路"推进，积极拓展"一带一路"沿线国家和地区市场，已经与54个沿线国家开展农产品贸易，并保持较快增长势头，目前已在"一带一路"沿线地区拥有仓储、港口物流设施等一批资源储备，成为罗马尼亚最大的和乌克兰排名前列的粮食出口商，并在乌克兰DSSC粮食码头拥有当地最先进的农产品中转设施。中粮集团有关负责人表示，"十三五"期间，中粮集团还将继续加大在"一带一路"沿线国家的投资建设，拟新增投资100亿元，2020年前在"一带一路"沿线农产品经营量超过3000万吨/年，一手粮源掌控1000万吨/年，食品进出口50亿元。

（资料来源：http://www.jingu.net.cn/html-37227.html）

新希望六合，已经在全球25个国家开展了46个项目，累计投资超过15亿元人民币，仅2016年就有6亿元，且绝大部分都分布在"一带一路"沿线国家。"从东向西"延伸，包括菲律宾、印度尼西亚、越南、老挝、柬埔寨、缅甸、孟加拉国、尼泊尔、斯里兰卡和印度等，且未来4—5年计划开展超过10亿元的并购项目。

（资料来源：https：//www.iyiou.com/p/60842）

（三）农业技术交流

目前，中国在农业科技交流方面，已经与世界各国建立了广泛的合作。农业科技交流也是我国与"一带一路"沿线国家农业合作的重要领域，目前，我国已经与"一带一路"沿线国家和地区开展了广泛的农业科技交流合作，如表1－6。

表1－6　　中国与"一带一路"沿线国家农业科技合作情况表

区域	主要科技合作内容
东南亚	2013年起，先后在老挝、越南、柬埔寨启动建设中国（广西）—东盟农作物优良品种试验站，从农作物适用良种试验示范和推广入手，在东南亚国家建设以水稻等粮食作物为主，水果、蔬菜等经济作物为辅的农作物种植基地，并逐步延伸至产后处理、精深加工、物流仓储及贸易等产业链，推动双边农业经济深层合作。几年来，前述试验站已为合作国家引进中国试种示范新品种300多个①。 2017年6月12日，南亚、东南亚农业科技创新研讨会在昆明召开，会议签署《联合宣言》并宣布成立南亚、东南亚农业科技创新联盟。该研讨会以"合作交流加强农业科技创新实现共同发展"为主题，由云南省农业科学院主办。会上，来自孟加拉国、缅甸等9个国家农业部或农业科研机构的代表，国际水稻研究所、国际生物多样性研究中心、南亚联盟农业研究中心等国际科研机构的代表，中国农业部以及中国农业科学院、中国热带农科院、西北农林科技大学等国内相关科研机构、高校、企业的代表，共同探讨了作物育种、作物生产、植物保护等领域的交流合作②。

---

① http：//www.cn-asean.org/index.php?m=content&c=index&a=show&catid=38&id=3455。

② http：//xw.kunming.cn/a/2017-06/12/content_4652950.html。

第一章 "一带一路"倡议：中国与沿线国家和地区的农业交往

续表

区域	主要科技合作内容
南亚	2014年8月，来自孟加拉国、尼泊尔、巴基斯坦、斯里兰卡和中国的农业科研人员聚首昆明，参加中国—南亚农业科技交流合作组研讨会，并签署《中国—南亚农业科技交流合作组联合宣言（昆明宣言）》（简称《昆明宣言》），这宣告了中国—南亚农业科技交流合作组正式成立。根据宣言，该合作组旨在通过跨境农业科技交流合作，以促进技术创新、利用，达到支撑粮食安全、消除贫困、保护环境，并引领中国—南亚地区农业未来发展的目的①。 2015年云南省农科院已派出科技人员5批14人次赴南亚国家参访交流，积极推动实质性合作。自该合作组成立以来，云南省农业科学院已为尼泊尔、斯里兰卡等国家7名青年科学家提供了来华工作岗位，为其分别在华开展陆稻、野生稻、小麦、植物病毒、花卉和甘蔗等合作研究提供为期一年的资助②。
中亚	中国与中亚各国农业科技合作领域包括种质资源保护开发、农业生产技术、病虫害防治、牧草选育和草场改良方法、牛羊饲养技术、畜病防治动物疫情防控等方面。 中国与中亚通过科研机构交流、合作研究、专家互访、人员培训等方式建立了农业科技合作机制。中国与中亚在品种选育、农业生产技术应用方面成果突出。中国选育出了新疆小麦"新冬""新春"系列主栽品种。 中亚从我国学习了棉花地膜种植、病虫害的生物与机械防治等技术，提高了其棉花产量。中国在中亚推广"中棉系列"品种和配套栽培技术。目前，该系列品种已通过吉尔吉斯斯坦审定，成为当地主栽品种，推广面积超过15万亩，有效提高棉花单产60%以上③。
西亚	西亚在节水灌溉、畜牧养殖、经济作物种植等方面技术先进，中国围绕这些领域与西亚开展多方面的农业科技合作。 2013年12月8日，中国和沙特阿拉伯科学家在利雅得宣布成功绘制了中东和北非地区椰枣的基因组图谱，图谱的成功绘制对椰枣产量、品种改良、病虫害防治等产生了重要作用。

---

① http://www.xinhuanet.com/world/2014-08/21/c_1112178583.html。
② http://www.scagri.gov.cn/ywdt/hydt/201511/t20151102_378144.html。
③ http://xinhua-rss.zhongguowangshi.com/13694/-1199090661914909966/2607103.html。

续表

区域	主要科技合作内容
西亚	2014年5月，中国和伊朗签订双边农业合作备忘录，双方将加强在蔬菜、水果等农产品以及农业机械化和种植新技术等领域的合作。 在与西亚国家的农业技术交流方面：西亚国家中，以色列的农业最为发达，在灌溉设备、奶牛养殖、蔬菜温室等方面技术优良。2015年汪洋副总理访问以色列时强调要发挥互补优势，深化中国—以色列农业合作，提出要在合作机制、农业科技、农业新技术领域投资等方面加强合作。以色列和中国的农业合作主要涉及农业培训项目、示范农场项目和农业研究项目等方面。以色列通过在中国各地举办农业培训班、建立示范农场和示范牧场，在中国各地对种子、灌溉、温室等进行推广。目前，中国和以色列的农业科技合作更为深入和广泛，国内关于中国和以色列农业科技合作的介绍也相对较多①。
俄罗斯	中国农业科研机构先后与俄罗斯科学院、西伯利亚科学院、远东科学院以及农业科学院等科研单位建立了科研联系以及国际农业合作关系，相互引进多项先进的农业科学技术以及推进农业科技人才交流。 如中国从俄罗斯引进抗寒小麦、大豆、玉米、马铃薯、沙棘、黄瓜、亚麻等种质资源500余份，多次聘请俄罗斯农业科学家来中国讲学和技术指导；俄罗斯从中国引进先进的农业机械设备，农业生产管理经验，生物技术、转基因育种、栽培技术、防减产技术、农田灌溉等技术，两国农业科技合作明显增多②。
中东欧	东欧部分国家在特定领域的科技水平居于世界领先地位，波兰、捷克等国家在生物医药、节能环保等方面都有很大优势。捷克在治理空气、土壤水污染方面的技术不落后于西欧国家，中国与中东欧的科技合作机制已经初步建立，2013年末，中国与中东欧国家农业科技交流会在北京召开，为农业科技界搭建了合作交流平台。

资料来源：中华人民共和国商务部（http://www.mofcom.gov.cn/）、农业农村部（http://www.moa.gov.cn/）等。

---

① 梁丹辉、吴圣、李婷婷："中国和西亚农业合作现状及未来展望"，《农业展望》2017年第6期。

② 许振宝、李哲敏："'一带一路'战略下中国与俄罗斯农业合作探析"，《世界农业》2016年第8期。

我国农业科技合作的主要依托是中国农业科学院。目前，中国农业科学院已经与83个国家、38个国际农业研究组织、7个跨国公司建立了合作关系，建立了64个中外联合实验室，在巴西、比利时、澳大利亚和哈萨克斯坦等国家建立了5个海外实验室，构建起一个完善的海外农业科技合作网络[①]。共申请各类合作项目2000多项，争取国际合作经费超过15亿元。在育种培育方面，针对不同国家种植习惯和资源特点，中国为亚非18个国家培育第二代绿色超级稻品种，已有38个常规稻品种和26个杂交稻品种通过审定，在亚非推广总面积达到3225万亩，普遍增产30%，使当地农民增收5.46亿美元。人才培训方面，中国累计开展21期国际沼气技术培训班，为89个国家培训沼气技术人员587人次；为非洲近20个国家举办农业实用技术培训班，培训学员200多人。在养殖业疫苗研制方面，中国研制的禽流感疫苗稳定出口越南、印度尼西亚、埃及等国，仅出口埃及就达到627万美元；口蹄疫疫苗、绵羊痘诊断制剂等也稳定出口乌克兰、越南、蒙古国、哈萨克斯坦等国，构筑起动物疫病防火墙[②]。

二、与沿线国家和地区农业合作特征

中国与"一带一路"沿线国家和地区的农业合作是全方位的，但从其交流的过程和内容来看，明显存在如下一些特征。

---

① http://news.sciencenet.cn/htmlnews/2016/11/361191.shtm。
② http://finance.sina.com.cn/nongye/nyhgjj/20111124/111310875314.shtml。

（一）农产品贸易交往的特征

1. 与沿线国家的农业贸易稳步发展

目前，我国已经与"一带一路"沿线全部66个国家都存在着农产品贸易，贸易量总体较为平稳，保持在1100亿美元左右，占中国农产品贸易总量比重保持在22%左右，农产品种类不断丰富，贸易结构不断优化。2016年，仅东南亚地区与我国贸易额就达到了近300亿美元，农产品贸易种类达到了546种，仅超过1亿美元的农产品种类就达到了38种。

2. 与沿线国家的农业贸易集中度比较高

在中国与"一带一路"沿线国家的农产品贸易中，呈现出明显集中在与东南亚国家的农产品贸易中的特点。2017年1—7月，中国与东南亚国家的农产品进出口贸易额为172.90亿美元，占到了中国与沿线国家农产品贸易总额的70%左右。而其余的国家贸易额仅占农产品贸易总额的30%左右，其中独联体七国占13.6%，而其中60%左右的贸易额都产生于中俄贸易中。中东欧16国、西亚共占7%左右。同时，我国与"一带一路"沿线大多数国家的农产品贸易额都很小，像匈牙利、塔吉克斯坦、叙利亚、老挝等与中国农产品贸易额不足1000万美元的国家就有17个，其中最少的贸易额不足100万美元。

3. 进出口农产品分别以资源密集型和劳动密集型为主

中国与"一带一路"沿线国家的贸易中，主要出口食用蔬菜、水果、坚果等劳动密集型农产品，体现出我国在园艺业劳动力资源方面的优势，进而体现在劳动力密集型的农产品上。进口方面，我国主要从沿线国家进口动植物油脂、棉花等资源密集型农产品。

第一章 "一带一路"倡议：中国与沿线国家和地区的农业交往  25

4. 多处于贸易逆差但呈现缩小趋势

在 2014—2017 年的 4 年中，中国与"一带一路"沿线国家的农产品贸易大多处于贸易逆差之中。根据 2017 年 1—7 月份的数据，与"一带一路"沿线国家农产品贸易逆差额为 1.67 亿美元，相较于前些年的几十亿美元的贸易逆差额，有所下降。2016 年一度变为贸易顺差，如表 1-7 所示。

表 1-7　　中国与"一带一路"沿线国家农产品贸易差额表　　单位：亿美元

年份	贸易差额变化（出口－进口）
2014	－18.07
2015	－7.35
2016	21.01
2017 年（1—7 月）	－2.17

数据来源：中华人民共和国商务部（http://wms.mofcom.gov.cn/article/ztxx/ncpmy/ncpydtj/200603/20060301783733.shtml）。

（二）农业投资特征

1. 投资规模不断扩大但总量较小

随着"一带一路"的推进，我国对于沿线国家的农业投资规模不断扩大，2017 年 1—7 月新增非金融直接投资 76.5 亿美元。农业投资也不断增加，但总体规模很小，占总体投资比重不高。以东南亚地区为例，2013—2016 年中国对东南亚国家农业投资存量累计增加了 41.44%，但是投资存量仅有 30 多亿美元，占对东南亚国家总投资的 4.4%，每年投资流量也仅有几亿美元。

2. 投资企业以中小企业为主，实力弱且缺少统一规划

中国在境外的农业企业的数量少，实力弱。2016 年年末，中国境外农业企业数量仅为 1737 家，只占我国境外企业总数的4.7%，而且大部分是中小企业，像中粮集团、新希望六合等大型农业企业很少，在与"一带一路"沿线国家的合作中也是如此。在合作模式方面，目前在我国企业与"一带一路"沿线国家的合作模式主要以园区建设、技术示范和资本并购为主，存在规模小、效率低等特点。缺乏总体规划、统一协调，与"一带一路"沿线国家合作的项目虽多，但缺少统一规划，导致产业重复建设。资金来源分散，企业与企业之间协调不一致，导致难以形成规模效益。

（三）农业科技交流形式以技术援助为主

"一带一路"沿线国家大多为发展中国家，农业基础设施、农业技术发展水平都十分落后，很多地区还面对着解决温饱的压力。相对而言，中国的农业科技发展水平较高，农业发展经验丰富，这就决定了我国与"一带一路"沿线国家的农业技术交流主要以技术援助为主，帮助沿线国家，解决农业发展技术问题，培育农业品种，提高农业生产能力。

（四）区域差异大

"一带一路"沿线66个国家所分布的东南亚、南亚、中亚、中东欧、西亚等区域间地理环境、经济发展水平、国内政局、环境政策等方面的差异较大。而农业合作相对于其他行业来说更加脆弱，受到的限制因素更多。

自然环境方面，俄罗斯水资源、土地资源丰富，热量不足；中亚五国光照充足，土地资源丰富；东南亚国家，水热资源充足；西亚地区气候干旱，主要是滴灌农业和畜牧业。经济发展水平方面，按照世界银行收入水平的分类，"一带一路"沿线，像以色列、新加坡、捷克、波兰等18个国家属于高收入国家，经济发展水平较高；俄罗斯、马来西亚等

22个属于中高收入国家；越南、蒙古国等23个属于中低收入国家；阿富汗和尼泊尔2个属于低收入国家。发展中国家居多，经济发展水平差异大。政局政策方面，东南亚国家政局稳定，且农业政策支持充分；西亚和中东欧地区，政局动荡、战争不断，发展环境恶劣。俄罗斯政局稳定，农业投资支持充分，但贸易限制、市场准入限制较多，政策不稳定、不一致，灰色地带多；中亚五国，政治环境稳定、法律日渐完善，但外汇管制严格，土地、劳工政策严格、赋税较重。

第二节
与沿线国家和地区农业合作的案例

中国与沿线国家和地区之间的农业交往极其频繁，在此过程中积累了一系列农业交往合作的事例，下面择取与俄罗斯、东南亚交往的例子，加以系统分析，为今后农业交往积淀经验。

一、与俄罗斯的农业合作

俄罗斯是我国"一带一路"倡议的重要国家，中俄交往历史源远流长。目前中国与俄罗斯联邦已经建立全面战略伙伴关系，合作涉及工业、农业、能源、经贸、金融等各个领域。2017年中俄贸易达到870亿美元，同比上涨32%，中国已经连续7年成为俄罗斯最大贸易伙伴。投资方面，亚太地区对俄投资80%来源于中国，两国经济联系越来越紧密。

专栏 1-2

俄罗斯经济、农业概况

俄罗斯全称俄罗斯联邦，是世界上领土面积最多的国家，总面积达1709.82万平方公里，是中国领土的近两倍，约有1.45亿人口。2017年国民生产总值为1.30万亿美元，排在全球的第16位。近年来，俄罗斯经济受到国际油价暴跌和西方经济制裁的影响，经济下滑明显。2013年俄罗斯经济总量为2.30万亿美元，而到2016年仅有1.28万亿美元，三年累计下降了44.34%，2017年经济略有回升，同比增长1.4%。经济结构方面，目前俄罗斯发展十分依赖能源产业，能源产业GDP贡献率达到30%，占国家预算的50%，出口结构中能源产业占主导，占出口总量的70%以上。俄罗斯农业约占GDP的6%。近些年，在经济下行的大背景下，俄罗斯农业逆势上扬，表现良好，2016年俄罗斯农业上涨3%，部分地缓解了经济下行的压力，并成功超越美国和加拿大，成为世界上最大的小麦出口国。贸易方面，俄罗斯贸易额不断扩大，2017年贸易总额为5840亿美元，同比上涨25%，其中出口为3750亿美元，进口额为2270亿美元，主要贸易伙伴为欧盟、独联体和亚太经合组织，其中，中国是俄罗斯最大的贸易伙伴国。农产品出口额为207亿美元，大大超出预估，同比增长21%，食品和农业原料占总出口结构的5.8%。

俄罗斯是世界上自然资源最丰富的国家之一，同时也有丰富的农业资源。水资源方面，俄罗斯总储量为6.54万亿立方米，仅次于巴西，有500多条河流，仅贝加尔湖就占全球地表淡水资源的1/5。林业资源非常丰富，是世界上森林资源第一大国，其森林面积占俄罗斯国土面积的1/3，同时它还拥有世界上面积最大的亚寒带针叶林。森林资源主要分布在乌拉尔以东的亚洲部分，而且远东西伯利亚地区森林资源异常丰富。俄罗斯的森林资源主要是国有林，约占全国森林面积的94%。土地资源丰富，俄罗斯农业用地约为2.2亿公顷，其中耕地面积为1.34

第一章 "一带一路"倡议：中国与沿线国家和地区的农业交往

亿公顷，占世界耕地总面积的8%，同时拥有世界上面积最大的黑土资源，占世界黑土资源的55%，土壤肥沃、土质优良。俄罗斯大部分处于北温带，气候多样，以温带大陆气候为主，北极圈以内属于寒带气候，光热分布不均。种质资源丰富，野生物种保存完好。主要的粮食作物有小麦、大麦、玉米、水稻，主要的经济作物是亚麻、向日葵和甜菜。其中，俄罗斯的粮食、小麦、葵花子、马铃薯的产量均居世界前五位。同时养殖业中的鸡蛋、牛奶、羊毛产量也位列世界前列。

俄罗斯农业近几年来稳步发展，2017年农业产值达到879美元，同比上涨2.4%，高于GDP增长率，即使在近几年俄罗斯经济处于下滑时期，俄罗斯农业也是不断发展的，粮食产量屡创新高。2017年粮食产量达到1.4亿吨，已经超过了苏联时期水平，其中小麦产量达到8500万吨，小麦出口量2710万吨，仅次于美国。2016年曾一度超越美国成为世界头号小麦出口国。随着中国取消对俄罗斯粮食进口的禁令，未来俄罗斯出口有进一步扩大趋势。在乌克兰危机后，俄罗斯经济受挫的背景下，农业成为了俄罗斯经济增长的新亮点，成为俄罗斯出口创汇的重要力量，目前俄罗斯已经成为全球最大的健康、生态、优质农产品供应商之一。近年来，俄罗斯尽管农业持续稳步增长，但依然有许多因素制约着俄罗斯农业的长期健康发展。首先，农业劳动力严重不足。由于近些年经济形势的下滑，大量劳动力外流，目前俄罗斯劳动力缺口在1000万人左右。除了总量问题还有严重的结构问题，俄罗斯熟练劳动力短缺，老龄化形势严峻。其次，生产技术水平不高、农业机械化率较低，基础设施落后，农业创新乏力，粮种大多依赖进口。再者，农业补贴相较于西方国家严重不足，对农业发展的支持力度不够。

（一）中俄农业合作

俄罗斯是我国"一带一路"沿线合作的重要国家，目前，中俄经济贸易联系不断加深，农业方面的合作更是不断拓宽,合作水平不断提高。

1. 农产品贸易状况

2017年中俄农产品贸易已经超过40亿美元,相较于2013年累计上涨了9.01%。自2013年至今,中俄农产品贸易稳步上升,除受俄罗斯经济下滑而引起的2015年短期波动外,一直保持平稳上升,增长率最高的为2016年,同比上涨了11.18%,抵消了2015年下滑势头。俄罗斯对中国出口一直处在上升趋势,截至2016年出口额达到19.91亿美元,首次超过进口,实现农产品贸易对中国的贸易顺差,相较于2013年累计上涨22.15%。对中国农产品进口方面,2015年有较大下滑,同比下降了21.76%,截至2016年对中国的进口还未恢复到2016年的水平。

中俄农产品贸易总体呈现稳步上升趋势,中国对俄罗斯进口增长迅速,中俄农产品贸易中,中国逐渐由顺差转为逆差。中俄农产品贸易占中国与"一带一路"沿线国家农产品贸易总额的9%,占中国与独联体国家农产品贸易的65%,处于十分重要的地位,且比重保持相对稳定。

农产品贸易区域结构方面,由远东向欧洲地区推进。由于地理毗邻的原因,中国与俄罗斯农产品贸易很早就开始了,但是主要发生在东北三省临近的远东地区,俄罗斯欧洲地区很少。随着"一带一路"建设,亚洲基础交通建设推进,中俄农产品贸易进一步扩大和深化,中国农产品开始逐渐增加销往俄罗斯欧洲地区的规模,对俄出口农产品区域范围进一步扩大。

贸易产品结构方面,2016年数据显示,中国对俄罗斯出口产品中,主要有鱼、食用蔬菜、食用水果、肉及鱼等的制品和蔬菜水果等的制品,各自占比都超过10%,总占比为76.41%,食用水果占比最大,为20.14%,主要是属于劳动密集型农产品，如表1-8所示。

表1-8　　　　　　　2016年中国对俄罗斯农产品出口比重表

产品种类	占出口比重
活动物	0.00%
肉及食用杂碎	0.13%
鱼等	10.55%
乳等	0.00%
其他动物产品	0.10%
活植物等	0.04%
食用蔬菜等	18.44%
食用水果等	20.14%
咖啡等	2.82%
谷物	0.12%
制粉产品等	0.05%
油籽等	1.23%
树胶等	2.34%
编结用植物材料等	0.04%
动植物油等	0.21%
肉及鱼等的制品	10.53%
糖及糖食	1.60%
可可及其制品	0.20%
谷物淀粉	1.07%
蔬菜水果等的制品	16.88%
杂项食品	3.54%
饮料等	0.30%
食品工业残渣等	2.38%
烟草等	0.41%
羊毛等动物毛	0.73%
棉花	6.13%
合计	100%

数据来源：中华人民共和国商务部（http://wms.mofcom.gov.cn/article/ztxx/ncpmy/ncpydtj/200603/20060301783733.shtml）。

中国从俄罗斯进口方面，主要是大宗农产品和水产品，各自占比为19.09%、68.33%。大宗农产品中，主要是大豆和玉米，近年来我国大豆需求不断上涨，2017年进口量达到了9000多万吨，同比上涨12.3%，受此影响，中国对俄罗斯的进口也进一步上升，达到了51.55万吨，同比上涨33.95%。水产品方面，主要进口集中在冻鱼，2016年中国自俄罗斯进口冻鱼总额为12.61亿美元，同比上涨14.72%，占中国从俄罗斯进口总额的63.37%，占比近年来不断下降，2013年占比为83%，累计下降了近20个百分点，但占比依旧很大。

总体而言，中俄农产品贸易体现很大的集中性，与我国"一带一路"沿线国家整体农产品贸易相似，但集中性有下降的趋势。中国逐渐由贸易顺差转向逆差。

2. 农业投资状况

2016年中国对俄罗斯直接投资额为12.93亿美元，其中农、林、牧、渔投资额为4.33亿美元，占比33.5%，是所有行业中比重最高的。存量方面截至2016年中国对于俄罗斯的直接投资额为129.8亿美元，占中国对"一带一路"沿线国家总投资额的10.03%，其中农业投资存量为30.1亿美元，占对俄投资总额的23.2%。农业投资一直是我国对俄罗斯投资的重要领域，投资流量虽然变化比较大，但一直保持在10%以上，2016年占比达到了33.5%，存量一直保持在20%左右，2014年占比达到了24.10%，但是总体规模不是很大，如表1-9所示。中国对于俄罗斯的农业投资额总体呈现总量不断扩大，在俄罗斯投资中的地位也越来越重要。

第一章 "一带一路"倡议：中国与沿线国家和地区的农业交往

表1-9　　　　　　　　中国对俄罗斯直接投资情况表　　　　　　单位：亿美元

年份	2013	2014	2015	2016
总投资流量	10.22	6.34	29.61	12.93
总投资存量	75.82	86.95	140.2	129.8
农业投资流量	4.01	0.63	3.46	4.33
农业投资存量	16.83	21	24.63	30.1
农业投资流量占比	39.20%	10%	11.70%	33.50%
农业投资存量占比	22.20%	24.10%	17.60%	23.20%

数据来源：中华人民共和国商务部（http://fec.mofcom.gov.cn/article/fwydyl/tjsj/）。

投资结构方面，中国对于俄罗斯农业投资涵盖了农产品生产、仓储加工、物流运输、市场销售等农业产业链环节。主要集中在农业资源开发领域，通过租种土地，建立农业产业园的方式进行农业合作，将中国的农业技术、农业机械、劳动力与俄罗斯丰富的土地资源优势相结合。投资主体日渐多元化，由原来的国有大型农业企业，逐步扩展到种植大户和农户联合经营等多种模式。主要形式是租种土地，进行种植开垦①。主要合作区域位于俄罗斯远东的滨海地区和贝加尔湖区域，并有逐渐向内陆扩展的趋势，投资区域不断扩大。中俄农业投资合作主要是以黑龙江省与俄罗斯农业为主，2016年黑龙江在俄罗斯开发土地面积超过了870万亩，粮食回运数量超过了40万吨。

专栏1-3

华信中俄（滨海边疆区）现代农业产业合作

华信中俄（滨海边疆区）现代农业产业合作区，是中俄农业合作比较典型的投资项目，2015年4月，该项目被列为"一带一路"优先

---

① 崔雪灵、张雯丽、原瑞玲、王慧敏：《"一带一路"倡议下中国农业对外合作研究——主要国家投资环境与企业发展实绩》，经济管理出版社2017年版。

推进项目。目前该园区致力于打造中俄最大合作园区。该园区由黑龙江华信工贸集团投资建设,2004年该园区成立,已初步形成以种养殖业、加工贸易业、仓储物流业为主的中俄现代农业综合示范项目。目前,合作区拥有耕地6.8万公顷,设有14个种植区,农业机械化率达100%,建有7个粮食处理、仓储、加工园区,有万头生猪养殖区、千头肉牛养殖区、380头奶牛养殖区、年加工10万吨的大豆油脂加工厂等相配套。2016年该园区小麦单产达到了每公顷5.67吨,再一次刷新了俄罗斯滨海边疆区小麦单产纪录。

(资料来源:http://www.chinaru.info/huarenhuashang/eluosihuashang/47830.shtml)

(二)合作中面临的问题

1. 以农垦为主,投资主要在种植环节

随着"一带一路"农业合作的推进,中国对俄罗斯的农业投资已经涉及了加工、仓储物流等多个环节,但大部分还是以农垦、种植为主,即我国劳工前往俄罗斯进行农垦,企业往往也只参与种植,能够实现种植、加工、物流、仓储、销售等环节全覆盖的企业很少。大多数企业规模较小、能力有限,主要产能还是集中在国内需求旺盛,竞争力较强的种植业。比如在俄罗斯滨海地区的投资建设,就主要以土地开垦、粮食种植为主。在此背景下,往往产生两大问题:一是大量我国劳工进入俄罗斯,产生一系列的问题,近年来很多国外不良媒体大肆炒作中国问题,"新殖民主义""中国人占领西伯利亚""中国人占领贝加尔湖"等言论甚嚣尘上,给中俄农业合作产生不良的舆论压力,不利于两国的正常合作。二是由于企业主要重视种植环节,忽视产业链建设,企业效益比较低,也难以带动周边区域的发展和基础设施建设,甚至可能对当地环境产生不利影响,也难于与当地产生良好关系,促进合作深入发展。

2. 法律法规、市场制度不健全、灰色地带多且政策多变

中俄两国的经济目前还处于经济转轨时期,经济体制仍需要完善,因此两国在市场经济的运作上不够成熟,尤其是法律制度方面,两国都没有完整有效的制度保障。

贸易方面,两国的贸易政策变化较多,而且中俄贸易的规范性较差,加上俄罗斯国内经济的动荡,进而引起政策的朝令夕改,这些都在很大程度上制约了双边贸易的正常发展。所以中俄双方亟需健全贸易方面的相关法律法规,尽快使贸易走法规化的道路。另外,两国的贸易秩序问题也是阻碍贸易增长的重要因素。在两国市场体制的完善和转轨的过程中,市场不规范、制度不规范以及法制不健全都是制约中俄贸易发展的重要因素。其中,高关税和灰色清关是我国产品进入俄罗斯市场的主要制约因素,严重影响双边正规贸易的健康发展[①]。

投资方面,近年来俄罗斯土地租赁价格不断上涨,造成企业投资成本上升,同时俄罗斯又严禁外国企业买卖土地,中国企业只能借助俄罗斯人名义,进行买卖耕种,权益得不到保护,而且俄罗斯灰色地带多,执法随意性大,官员腐败问题严重,法律法规公信力低。

3. 农产品品质不高、结构单一,出口增长乏力

从近年来中俄农产品贸易进出口结构看,我国对俄农产品出口相对于进口波动更大,且逐渐被进口超越,成为农产品贸易逆差方,进口规模增长乏力,如图1-2所示。

---

① 吴然:"多角度分析中俄贸易存在的问题、解决对策及发展前景",《黑龙江经济报》,2016年3月3日第B03版。

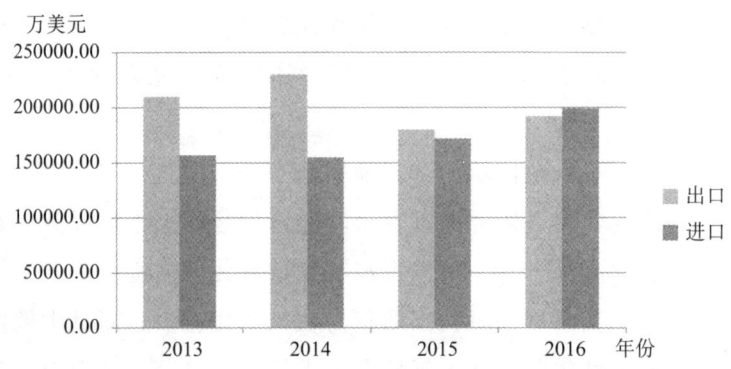

图1-2 中国与俄罗斯农产品进出口总量变化图

注：根据中华人民共和国商务部农产品贸易数据（http://wms.mofcom.gov.cn/article/ztxx/ncpmy/ncpydtj/200603/20060301783733.shtml）制作而成。

除了俄罗斯经济形势变化产生的影响之外，一个很重要的原因就是我国出口农产品质量的问题。我国生产的农产品往往质量不高，以初级农产品和低端农产品为主，贸易方式以一般贸易为主。而俄罗斯农产品进出口标准较高，一直按照西方标准，有严格的产品质量要求，这就使得中国农产品在俄罗斯出口方面会面临重重阻力。尽管乌克兰危机后，俄罗斯对西欧和美国农产品实行了禁运，进而使得国内产生了巨大的需求差额，但由于农产品质量和层次问题，也没有使俄罗斯对中国农产品需求产生猛烈的增长。

农产品质量、品质问题一直是出口关注的焦点问题，尽管国家一再三令五申地要求加强对食品质量问题的监管，提高农产品质量，但这一问题一直没有得到很好的解决。究其原因，有以下几点：第一，缺乏统一严格的农产品行业标准体系。我国的农产品生产往往都是分散经营，规模小，这种情况下就使得农产品质量参差不齐、难以统一农产品质量，难以建立统一的行业标准。化肥、农药滥用现象十分严重。第二，监督体系不健全。我国的农产品质量，食品质量监督体系单一，主要依靠政府监督，而监督往往不到位，很多时候监督也是形同虚设，"走走过场"，缺乏行业自律体系。而且，技术人员缺乏，缺乏后备人才，造成很多监督机构出现"有设备但无人"的尴尬局面，监督作用难以正常发挥。第三，高端农产品开发、产研结合不足。目前我国对于高端农产品研发方面整体投入不足，私人企业往往又不愿意进入。很多国家支持下的农产品开发即使有了不错的成果，往往又难以推广，实现产研的有效结合。这样的情况下，就使得我国农产品质量不高，往往在国际贸易中受到国外各种关税、技术壁垒限制，造成贸易摩擦，不利于我国农产品出口贸易的长期稳定发展。

二、与东南亚的农业合作

东南亚地区是我国"一带一路"农业合作的主要区域，无论是农产品贸易，还是农业投资，东南亚国家都在我国"一带一路"合作中占有举足轻重的地位。

专栏 1-4

东南亚经济、农业概况

东南亚地区包括老挝、泰国、越南、缅甸、马来西亚、新加坡、印度尼西亚、文莱、菲律宾、柬埔寨和东帝汶等 11 个国家，拥有 6.15 亿人口，占地面积为 457 万平方公里，是世界人口最稠密的地区之一，黄种人占多数，是世界上外籍华人和华侨最集中的地方之一。2017 年东南亚经济总量达到 2.74 万亿美元，其中总量最多的是印度尼西亚为 1.014 万亿美元。东南亚以发展中国家为主，人均 GDP 超过 1 万美元的仅有 4 个，大部分人均 GDP 不足 5000 美元，发展差距明显。最富有的新加坡人均达到 54000 美元，而缅甸、柬埔寨人均只有 1300 美元。东南亚地区政治稳定，经济发展形势良好，且与中国联系密切。2010年建立中国东盟自由贸易区，有力促进了中国与东南亚国家的贸易。

东南亚地区农业资源丰富，中南半岛和马来群岛位于热带地区，中南半岛属于热带季风气候，马来群岛属于热带雨林气候，水热充足，农作物四季都可播种。平原面积广阔，耕地充足，土壤肥沃。林业资源丰富，马来群岛分布有丰富的热带雨林，中南半岛分布有丰富的热带雨林。由于气候的因素，东南亚成为世界上最大热带作物出产地之一。主要热带作物有水稻、橡胶、椰子、蕉麻、油棕、黄麻、茶叶、咖啡、可可、甘蔗、茶烟叶、胡椒、冻鱼、冻虾、绿豆、奎宁、木棉、棕榈油、檀香木、虫胶、棉花及各种热带水果。泰国、越南、缅甸是世界重要的稻米出口国。马来西亚是世界最大的棕榈油生产国。菲律宾是世界最大的蕉麻生产国、椰子出口国。泰国是世界最大的天然橡胶生产国。印度尼西亚是世界最大的椰子生产国。

当然，东南亚农业发展也面临许多制约因素。首先，资源分布不平衡。农业资源方面，新加坡和文莱是比较稀缺的国家，人均耕地面积不足0.013公顷，比较丰富的国家是印度尼西亚、柬埔寨和泰国，人均达到0.22公顷以上，人均耕地最富足和最稀缺的国家差异达到近2700倍。农业劳动力方面，文莱、越南、菲律宾劳动力充足，劳动力密度大，而泰国、马来西亚、新加坡劳动力相对不足。再者，大部分国家农业技术落后，机器设备陈旧，农业基础设施不足，大量资源处于欠开发状态。

（一）中国与东南亚的农业合作

1. 农产品贸易

2016年中国与东南亚农产品贸易额达到298.78亿美元，相较于2013年上涨了11.79%，占中国与"一带一路"沿线国家农产品贸易总额的69.12%，该比重一直呈上升状态。出口方面，2016年中国对东南亚国家农产品出口额为153.77亿美元，相较于2013年，上涨了29.36%，占中国对"一带一路"沿线国家农产品贸易总额比重为67.85%，较2014年上升了3个百分点。进口方面，2016年中国对东南亚国家进口贸易额为145亿美元，占中国对"一带一路"沿线国家农产品出口额的70.51%。近年来，中国对东南亚国家农产品出口有下降趋势，但比重总体保持稳定，一直徘徊在70%左右。由此可见，东南亚国家是我国"一带一路"农产品贸易的主要对象，且占了贸易额的绝大多数，同时该比重还处于上升趋势，出口方面体现得更加明显。同时中国在与东南亚国家农产品贸易中地位也发生变化，逐渐由贸易逆差国转变为顺差国。

贸易区域结构方面，有很强的区域集中性。主要农业贸易国为泰国、越南、马来西亚和印度尼西亚，均占中国对东南亚国家农产品贸易总额的15%以上，四国总计占比为83.91%，其中最大占比国为泰国，为26.11%。其他国家占比较小，柬埔寨、老挝、文莱、东帝汶占比都不足1%。

贸易产品结构方面，2016年中国对东南亚农产品出口涉及546种，出口额超过1亿美元的有38种，主要是蔬菜水果及水产品。其中，位居首位的是大蒜，出口额为12.49亿美元，所占中国对东南亚农产品出口总额的比例为8.10%，在过去十几年中，大蒜出口量大多是我国农产品出口量的榜首，东南亚是中国大蒜出口第一大目的地，占我国大蒜总出口量的47.11%，出口量最大的是印度尼西亚，同时是我国全球大蒜出口量最多的国家，出口总额为6.78亿美元，占对东南亚总出口额的52.4%。排在第二位的是墨鱼及鱿鱼，出口额为8.05亿美元，所占对东南亚农产品出口总额的比重为5.23%，主要销往泰国和菲律宾，出口额分别为4.55亿美元、2.28亿美元,各自占比为56.52%、28.32%。排在第三位的是鲜苹果,出口额为7.62亿美元,占对东南亚总出口额的4.96%。东南亚是中国鲜苹果主要的销售市场之一,占我国鲜苹果对外出口总额的52.48%,出口对象主要是泰国和菲律宾,出口额分别为1.97亿美元和1.59亿美元,各自占比为25.85%、20.86%。排在第四位的是柑橘,出口额为7亿美元,占中国对东南亚农产品出口总额4.55%,出口最多的国家是泰国、越南、马来西亚,出口额分别为2.93亿美元、1.96亿美元、1.94亿美元,各自占比为41.86%、28%、27.71%。排在第五位的是干蘑菇及块菌,出口额为6.99亿美元,占中国对东南亚农产品出口总额为4.54%。

同期,中国从东南亚进口农产品420种,进口额超过1亿美元的商品有24种。其中,最多的是棕榈油及其制品,进口额为25.58亿美元,占中国从东南亚农产品进口总额19.69%,是中国棕榈油及其制品主要进口来源地之一,几乎占了我国棕榈油全球进口量的全部,主要来源国家有印度尼西亚、马来西亚,进口额分别为12.07亿美元和8亿美元,各自占比为47.18%、31.27%。排在第二位的是木薯,进口额为13.79亿美元,占中国对东南亚农产品进口总额9.51%。排在第三位的是精米,进口额为11.11亿美元,占中国对东南亚农产品进口总额的7.67%。东南亚是我国精米进口最大来源地,占我国精米世界进口量的83.13%,主要来源国是越南、泰国。排在第四位的是木薯淀粉,进口额为7.29亿美元,占中国对东南亚农产品进口总额的5.03%。排在第五位的是其他鲜果,进口额为7.11亿美元,占中国对东南亚农产品进口总额的4.91%,包括火龙果、龙眼和荔枝等。

第一章 "一带一路"倡议:中国与沿线国家和地区的农业交往

2. 农业投资

东南亚国家一直是我国对外投资的重要区域。2016年,中国对东南亚投资量为102.79亿美元,占总投资量的5.2%,其中农业投资为3.74亿美元,占比为3.6%。存量方面,中国对东南亚投资存量为715.54亿美元,其中农业投资为31.38亿美元,占比为4.4%。主要投向新加坡、柬埔寨、老挝、马来西亚等国。农业领域投资存量不断增长,相较于2013年累计上涨了96.49%,占总投资的比重处于波动变化之中,总体占比不高,如表1-10。

表1-10　　　　　　　　中国对东南亚国家投资情况表

年份	2013	2014	2015	2016
总投资流量	72.67	78.09	146.04	102.79
总投资存量	356.68	476.33	627.16	715.54
农业投资流量	5.43	7.83	5.04	3.74
农业投资存量	15.97	24.44	23.14	31.38
农业投资流量占比	7.50%	10%	3.50%	3.60%
农业投资存量占比	4.50%	5.10%	3.70%	4.40%

数据来源:中华人民共和国商务部(http://wms.mofcom.gov.cn/article/ztxx/ncpmy/ncpydtj/200603/20060301783733.shtml)。

专栏1-5

中国印度尼西亚聚龙农业合作区

中国印度尼西亚聚龙农业合作区,是我国与东南亚合作的重点农业项目之一,也是中国"一带一路"农业合作重点项目之一,2016年经商务部和财政部认定,聚龙农业区获批为国家级境外经贸区。该项目由天津聚龙嘉华集团投资建设。2006年,作为我国第一批"走出去"农业企业,聚龙集团在印度尼西亚加里曼丹岛建立了我国第一个境外棕榈油种植园。

聚龙农业区目前累计投资为1.2亿美元,吸引了14家企业进入,种植了6万多公顷棕榈树,实现年产值超过30亿美元,不仅在中国占有20%的市场,而且还向非洲等地区出口。与此同时,农业区发展还带动了周边基础设施建设。为了更好地实现农业区发展,聚龙集团进行了大规模的水利工程和道路修建。目前,合作区内水、电、交通运输、厂房、仓储基础设施建设完备。聚龙农业区按照"一区多园、合作开发、全球产业链构建"的模式开发建设,包括中加里曼丹园、南加里曼丹园、西加里曼丹园、北加里曼丹园与楠榜园区五大园区。聚龙农业区总体规划年限8年(2015—2022年),规划面积4.21平方公里,项目建设投资约12.45亿美元。

3. 农业技术交流

农业技术交流方面,近年来中国与东南亚国家开展了广泛的农业技术交流合作、涉及农产品品种研发、新品种培育与传播、病害防治、农业技术人才培养和科技合作平台搭建等多个方面。

在农产品品种培育方面,2010年温家宝总理在参加中国与东盟国家领导人会议时,提出要建立中国—东盟农产品实验平台的构想。2013年,中国先后在老挝、越南、柬埔寨建立中国(广西)—东盟农作物优良品种试验站,截至2017年2月,该试验站共为目标国引进试种示范水稻、玉米、果树、蔬菜等300多个新品种,筛选适合当地种植的品种20多个,产量普遍增20%—50%。中国(广西)—越南农作物优良品种试验站培育的糯玉米新品种——银蝶糯106和桂糯521,因品质优、适应性广,深受当地种植户及农产品批发商的欢迎,目前在越南年均推广3万亩以上。在与老挝的合作中、推广的大棚种植技术,解决了老挝半年雨季种菜难、买菜贵难题,惠及老挝人民。更多的中国(广西)—东盟农作物优良品种试验站正在加紧建设。目前,印度尼西亚、缅甸试验站项目前期工作已开始启动,境外农业技术试验示范基地正在不断扩容①。

在病虫害防治方面,2017年12月6日中国—东南亚国家淡水养殖病害防控国际学术研讨会暨广东省渔药产业技术创新联盟启动会在广州举办,旨在加强水产病害的发生、传播与流行规律研究,在水产重大疫病的渔用疫苗和无公害渔药方面取得重点突破,研制一批水产疫苗和绿色渔药产品。该研讨会为加强各国淡水养殖病害情况交流与对接,搭建了互联互通平台,为进一步加强病害研究合作,实现中国—东南亚水产养殖病害联防联控,维护和保障区域水产品安全与渔业可持续发展,推动中国与东盟渔业不断向更深层次的合作奠定了良好基础。截至2017年,由中国科技部国际合作司主办,连续开展了多期"东盟国家主要农作物病虫害综合防治技术国际培训班",前后有来自越南、老挝、柬埔寨、尼泊尔等多个东南亚、南亚国家的农业专家学者汇聚这里,学习水稻、玉米等主要农作物病虫害综合防治技术的理论与实践②。

人才培训方面,2012年中国—东盟农业培训中心在广西农业职业技术学院揭牌。该中心由原农业部批准成立,积极推进中国与东盟各国农业的交流与培训,为中国与东盟各国加强农业合作架好桥梁,为服务中国—东盟友好合作作出贡献。此前广西农业职业技术学院已先后为东盟国家举办甘蔗、蔬菜、淡水渔业等技术培训班60多期,培训学员1190人次,在老挝、越南、印度尼西亚、缅甸等国建有农业示范

---

① http://www.gxnews.com.cn/staticpages/20170203/newgx5893b63f-15910177.shtml。
② http://new.ynau.edu.cn/info/1155/23795.htm。

基地。2017年12月中国—东盟柬埔寨农业促进中心广西培训基地、广西福沃得农业技术国际合作有限公司东盟农业合作（广西）培训基地、东盟水利农业技术培训基地在广西水利电力职业技术学院成立，进一步为中国与东南亚国家农业技术交流合作提供人才支持①。

（二）合作存在中的问题及面临的威胁

1. 农业投资规模小、资金支持不足

尽管我国对于东南亚国家投资存量在不断增长，但总量依旧很低，流量上每年多则7亿—8亿美元，少则只有3亿—4亿美元，而且占我国对东南亚国家投资总量比例很小，2016年投资存量占比仅有3.60%，大部分投资集中在制造业、租赁和商务服务业以及房地产服务业，累计占比超过了65%。这与农业自身性质有关，农业领域投入往往见效慢、投资期长，而且受限制因素多，比其他产业更加脆弱。往往需要比较大型的、资本实力雄厚的企业参与，而我国目前大型的农业生产企业不多、具有全球战略发展规划的更是少之又少。

目前，我国对"一带一路"沿线投资资金主要来源于亚洲基础设施投资银行、丝路基金、政策性银行、国有商业银行和部分股份制商业银行等。资金则大多投资于大型基础设施、能源产业项目，投资到农业领域的很少。各家国有商业银行贷款方面，由于农业投资的长期性，且利润率不高、又面临很大的风险，商业银行往往不愿意参与，金融服务方面创新不足。就投资基金而言，大多门槛较高，有很高的盈利性和投资规模要求。在外农业企业大多规模较小，很多农

---

① http://www.sohu.com/a/208027753_747031。

业项目都是服务于国家政策需要,盈利很少,甚至很多不盈利,进而很难申请到投资基金援助。例如,中国海外农业投资开发基金、中国—东盟投资合作基金等,单个投资项目最低投资额就要求不低于1500万美元,这对于很多在涉外农业来说都是达不到的,几乎超过80%的农业企业都被这些投资基金所拒之门外。再如中国—欧亚经济合作基金等,有很高的盈利性要求,要求项目的内部收益率达到12%以上,而涉外农业企业大多都需要从基础设施做起,前期投资很大,且基本没有回报,想申请这些基金投资,难度大,资金的使用成本高、持续性差。

贷款方面,以政策性银行为例,原农业部累计向中国进出口银行推荐416个贷款项目,金额为778.9亿元,而获批项目只有89个,金额为233.75亿元,其中涉外农业贷款仅仅获批25亿元,占获批资金仅有10.71%[①]。这还是在原农业部推荐下政策性银行的审批,如果涉外农企自行从商业银行审批贷款,更是难上加难。在投资资金,涉农贷款支持不足的情况下,还缺乏必要的金融创新支持。没有健全的涉外农业保险制度,缺乏必要农业专项基金,海外农业企业风险担保,资产抵押也没有建立健全机制。在此背景下,海外农业企业面临着严峻的资金形势,发展举步维艰。

2. 缺乏专业服务机构,专业人才不足

在与东南亚农业合作中,大部分企业对于目标国家缺乏必要的认识,对当地的资源、环境、风土人情缺乏必要的了解,进而对合作项目的风险收益评估不足,同时对当地的政治、政策环境了解不是很充分,极易受到突发情况的制约。

---

① 王琦、尹燕飞:"农业'走出去'投融资渠道的现状、问题及建议",《世界农业》2017年第5期。

正如上文中提到，由于对目标国家政策了解不充分，同时缺乏贸易谈判经验，在面对东南亚国家技术壁垒、绿色壁垒时往往缺乏应对能力。缺乏统一组织，与政府缺乏必要的信息交流，往往政府也难以了解到企业的真正需要。究其原因，就是缺乏专业的海外农业服务机构组织，没有专门的全面服务机构，企业根本得不到全面的、系统性服务，遇到问题往往求助无门。

与此同时，在与东南亚农业合作中反映出专业人才缺乏的问题。海外农业合作，对于专业人才的需求是多样的，综合性很强。要有丰富的农业专业知识，丰富的农业实践经验，同时，要对项目开展的国家有一定的了解，了解当地的地理环境特点、政策环境现状等等；同时还要有必要的金融法律知识，综合性要求很高。然而，农业领域专业人才本身就相对缺乏，同时还要具备多项素质，这样的人才更是十分匮乏，而相关辅助培训机构相对不足，企业也鲜有能力进行大规模的、长时期的培训工作。

3. 农产品入关难，频出各种贸易壁垒

近年来，东南亚国家开始重视对国内农业产业的保护，加大对中国出口产品的各种限制措施，绿色壁垒、技术壁垒层出不穷，而农业又是最容易受到贸易壁垒限制的领域。在中国贸易出口遭受贸易壁垒的次数中，农产品占比高达80%，从2010年到2016年，中国农产品贸易累计受到东南亚国家贸易壁垒次数达到1268多次，呈现波动中上升的趋势，仅2015年就遭受贸易壁垒达到124次。随着中国对东南亚农产品贸易的进一步扩大以及农产品贸易逆差逐渐减少，向贸易顺差过渡，东南亚国家对我国农产品贸易壁垒会进一步加剧。这也反映了两个方面的问题：一是我国农产品质量不高的问题；二是出口企业对贸易壁垒和各种农产品市

第一章 "一带一路"倡议：中国与沿线国家和地区的农业交往

场标准缺乏了解，一旦遭受贸易壁垒，往往难以应对。而目前我国相关协助、服务机构缺乏，充分了解东南亚国家的农业领域专业人才不足，难以为企业提供有效帮助，致使在贸易谈判中往往处于劣势。

4. 中国与东南亚国家外交摩擦不断

"南海问题"一直是我国与东南亚国家矛盾的焦点问题，加之美国的亚太战略的转移，美国对东南亚国家一系列不当行为推波助澜，企图在南海制造乱象，进而达到扰乱我国正常发展的目的。2015年5月和6月，日本海上自卫队与菲律宾海军在南海地区连续举行了两场联合军事演习。11月，在G20峰会期间，日本重申了支持美国向中国南海岛周边12海里内派遣军舰的行动。这些行为都不利于南海周边地区的和平稳定发展。好在杜特尔特就任菲律宾总统后，采取了比较正确的措施，主动与中国改善关系，把中国作为上任后东盟以外的首访国家，中菲关系缓和，"南海仲裁案"翻篇。但我们也必须清醒地认识到，"南海问题"的严峻性，因为这直接影响着我国发展的外部环境，影响着我国与东南亚国家的和平稳定关系。如何在保护我国主权和领土的同时，妥善处理与东南亚国家的关系，为我国发展创造良好环境，是值得深思的问题。

第三节
与沿线国家和地区农业合作的对策

目前，中国与"一带一路"沿线国家和地区的农业合作已经取得了一定的成绩,农产品贸易规模进一步扩大,结构逐渐优化,贸易品种更加丰富,农业投资规模不断增加,农业合作项目稳步推进,各大农业产业园区建设也进入加速阶段,农业技术交流更加频繁。当然,与"一带一路"沿线国家和地区农业交往中显露出来的问题,也应该引起我国的重视,为"一带一路"农业合作的未来发展铺垫基础。

一、农产品出口与农业供给侧结构性改革相结合,提升农产品质量

在与"一带一路"沿线国家和地区的农产品贸易中,无论是在俄罗斯,还是东南亚,我国农产品贸易都经常遭受各贸易壁垒的限制。这与沿线国家和地区贸易政策有一定关系,但究其根本还在于我国农产品质量不高,难以通过沿线国家和地区的贸易进口审核标准,所以要想进一步推进我国与"一带一路"沿线国家和地区的农产品贸易,就必须着力提高我国农产品的品质。这一点与我国推行供给侧结构性改革不谋而合。供给侧结构性改革就是要求,从提高质量出发,用改革推进结构调整,矫正要素配置的扭曲,提高供给结构对需求变化的适应性和灵活性。在农业方面就是要求,提高农业供给体系效率和质量,使农产品在保证数量的同时,提高质量、丰富品种,真正形成机构合理、保障有力的农产品有效供给体系,这也正是提高我国出口农产品质量,促进与"一带一路"沿线国家和地区农产品贸易合作的要求。

(一)促进农产品的专业化、规模化和产业化生产

我国农产品质量不高的一个重要原因就是生产的无组

织、分散化状态。由于个体经营规模小,没有规模经营优势,也难以提高生产效率,没有能力投入较大的资金和技术来提高农产品质量,也没有能力投入大量的机器设备,提高生产效率,而且分散经营,使得农产品生产质量参差不齐,生产环节难以把控。对市场供求缺乏正确的判断,需求高的往往没有人生产,已经过剩的却还有大量农户在种植。所以,要加快农村土地承包、经营使用权的流转,着力培养起一大批种植大户,农业生产合作社,农业生产企业,加大对农业的补贴,完善农业保险制度,形成农业生产的规模优势,提高农业生产的专业化、产业化、机械化水平,提高农业生产效率,以市场为导向,生产需求旺盛、品质较高的农业产品。

(二) 完善农产品质量监管体系,积极靠拢国际标准

提高农产品质量就要严格执行对农产品质量的监管,制定严格的农产品质量安全标准。目前,我国农产品质量监管体系比较单一,主要依靠政府监管,多部门都有监管职权,职责划分不清,监管缺位现象严重,一般都是依靠突发事件,采取专项整治,缺乏长期的一贯监督。因此,目前应该建立起三级农产品质量监督体系。首先,应该学习其他行业的经验,建立起农产品质量安全自律组织,对农产品质量安全,建立起行业标准,利用行业协会,对农产品质量进行监管。其次,要深化机构改革,整合监管机构,明确监管职责,将责任落实到具体部门,建立健全缺位监管追责制度。最后,形成社会监管网络,将农产品、食品监督的重任深化到具体生活中去。

与此同时,完善农产品质量认证体系。我国很多农产品出口时,其实已经通过了国内农产品质量安全认证,但还是

会被各种贸易壁垒拒之门外，原因在于我国农产品质量安全标准要求相对较低，与国际标准还有一定差距。在国外，要求食品加工业在管理上实行"良好生产操作规程 GMP"，在安全控制上普遍实行"危害分析与关键控制点 HACCP"体系和 ISO9000 族标准体系。而在我国的 5 万多个食品加工企业中，只有 133 个达到国家二级企业标准，HACCP 体系和 ISO9000 族标准体系的建立、应用更是薄弱[1]。所以，要提高我国农产品生产和质量安全认证标准，加大对农产品药物残留的检测力度，加大农产品检测的技术投入、资金投入和人才投入，改革现有的质量认证体系，对农产品质量要求进一步提高，逐步向国际先进水平靠拢。

未来伴随我国农业供给侧结构性改革的深入，农产品质量的提高，中国与"一带一路"沿线国家和地区农产品贸易规模将进一步扩大，贸易结构也将进一步优化，中高档农产品比例将逐渐上升。我国将逐渐向农产品国际标准靠拢，更加有力地应对国际农产品贸易壁垒，进一步深化与沿线国家等的农业贸易合作。

二、建立海外农业专业服务机构，加强人才培育

在我国与"一带一路"沿线国家和地区的农业合作中，专业农业服务机构的欠缺是非常严重的问题。目前尽管有部分机构提供服务，但是专业化程度低、服务水平有限，企业实际能够得到的帮助很小。为此，我国可以建立集农产品贸易、农业投资、农业技术交流等为一体的海外农业合作服务机构。该机构的服务可以围绕如下一些方面展开：对"一

---

[1] 郭顺财："厦门市农产品加工业现状与发展对策"，集美大学，2010 年。

带一路"沿线国家和地区整体环境、市场状况进行跟踪调查，为农产品出口和对沿线国家进行农业投资提供充分的信息；提供有关农产品领域的质量标准、入关条件以及农业生产过程中的技术服务等专业化咨询；协调各企业之间关系，保证政府与企业、企业与企业之间的信息畅通；为企业提供各种资金支持，协助建立农业专项资金，提供贸易贷款；为投资国，提供技术援助，加强与当地政府的协调，为项目合作提供良好环境等等，真正起到辅助中国与"一带一路"沿线国家和地区农业合作的作用。

除了建立专业机构外，加强对国际性农业人才的培养。国内方面，国家应鼓励各大专院校，建立健全相应学科、学院，通过财政资金国家补贴等形式，保证有关学科建设以及有关人才正常学习。也可以通过定向就业、定向培育方式，解决学生的后顾之忧，防止在目前社会氛围下，大多学生不愿意进入农业学科领域，而造成农业人才匮乏的状况。国外方面，主动帮助当地培养农业技术型人才，可以通过官方形式组织大规模的人才培训，同时尽可能地通过提高报酬，给予各种优惠条件的方式，吸引国外人才参与"一带一路"农业合作建设，为"一带一路"农业合作提供充足的人才支持。

三、加大资金支持力度，强化金融创新

目前，我国对"一带一路"农业资金投入不足，企业面临资金困境，直接制约着我国与"一带一路"沿线国家和地区的农业合作。因而，要加大对"一带一路"农业合作的支持力度，为企业提供充足的资金支持。针对农业长期性、风险大和银行、基金不愿参与的情况，国家可以利用财

政资金，建立专项农业投资基金，专门服务"一带一路"农业合作。这样，一方面为企业提供了必要的资金支持；另一方面政府还可以参与农业项目的经营管理，为在外企业提供各种帮助，创造各种便利条件。尽管我国的市场化改革一再强调要政企分开，政府只提供服务，而不应该过多参与企业的正常经营，但是海外农业合作有其特殊性，很多时候需要借助政府力量，来创造良好的在外发展环境。所以，不应过分僵化，应该灵活变通，政企合作共同推进农业合作项目顺利进行。

由于各种基金、商业银行等金融机构不愿投资海外农业项目的情况，可以逐步完善对海外农业项目的抵押担保制度，对项目的设备、厂房、设施等进行抵押，降低金融机构的资金风险。据有关调查显示，大部分企业还是希望能够通过资产抵押方式来获得资金支持，只是有关这一方面的制度还不够健全，很少有金融机构从事该业务，所以应该加快完善相关制度。同时还要完善相关领域的保险制度，增加商业险种，完善有关农产品出口，海外农业投资生产的保险体系，加快完善关于保险的承包、理赔等保险流程，创新险种，进一步降低资金风险，提高各金融机构的投资意愿。对于农业企业海外兴建基础设施方面，还可以利用海外援助资金，降低企业期初投资的巨额资金压力。还要加强企业与政府、金融机构的信息交流，保证信息畅通，使政府真正了解企业需要，并提供切实帮助，通过金融机构充分评估企业的风险收益，进而进行合理的资金投入。

四、大力扶植海外农业企业发展，培养大型农业国际化生产企业

目前，我国与"一带一路"沿线国家和地区的农业合作中，大部分企业都是中小企业，资金规模小，承受风险能力低，市场占有量小，产业链短，集中分布在种植环节，投入大但利润低，无论是在俄罗斯，还是在与东南亚国家的农业合作中，都是普遍存在的问题。在此情况下，往往还伴随有大量的劳务输出，引起较大的社会、舆论压力。同时，由于企业实力弱，往往也难于带动周边地区的发展，帮助当地进行必要的基础设施建设。目前，主要的大型农业生产商、粮商都是欧美企业，几乎掌握了全球的粮食运销，基本把持了国际农产品的定价规则，使我国在国际农产品竞争中处于劣势。

因此，国家要鼓励农业企业发展、壮大，提供一系列的优惠政策，加大对农业企业发展的支持力度，提供资金、技术、人才等全方位的支持，同时外交方面，加强与"一带一路"沿线国家和地区的友好合作交流，着力提高合作水平，妥善处理各种矛盾纠纷，在不损害国家主权和领土利益的前提下，以和平方式解决争端，深化与沿线国家和地区的经贸往来，为企业发展营造良好的外部环境。

企业自身也应该有长远的战略发展规划，在与"一带一路"沿线国家和地区开展农业合作过程中，逐步提升自身实力。一方面，要提高自身农产品的生产能力，在保证供给充足的同时，提高农产品质量，同时，逐步延长产业链，形成集种植、加工、仓储、物流等为一体的产业经营模式，对整个农产品生产、销售环节进行把控；另一方面，加大技

术研发、人才培训力度，从提供初级农产品向提供高端优质农产品过渡。加强品牌宣传，提高企业知名度。积极了解沿线国家和地区的有效信息，对目标市场进行有效评估，加强与同类型企业的合作交流，避免恶性竞争和重复建设，加强与政府的交流，积极寻求帮助，在合作交流中逐步发展壮大。

五、完善有关法律法规，加强市场化建设

在与俄罗斯的农业合作中，法律法规建设是薄弱环节，使得我国对外农业合作过程中往往得不到保护。俄罗斯政治较为腐败，市场的灰色地带很多，市场化程度低，使得中国企业在俄罗斯的农业合作举步维艰。与此同时，海外企业由于缺乏相应的法律法规约束，在海外农业合作中，不顾当地生态环境，破坏性建设，给当地环境造成不良影响，给我国与"一带一路"沿线国家和地区的农业合作造成不良影响，产生不良舆论压力。

针对这种现状，要加快完善"一带一路"农业合作有关法律法规。国内方面，关于海外农业合作领域的有关法律法规建设还不健全，缺乏有关的法律体系建设。所以，要建立健全我国海外农业发展合作有关法律体系，一方面起到保护海外企业农业合作的作用，在企业受到非法威胁时，提供政治法律援助；另一方面，规范海外农业合作建设，防止企业在海外农业合作中的破坏性建设和违规建设。国际方面，要加强与俄罗斯等沿线国家和地区的战略对话，共同促进农业合作领域的法律建设，使企业在合作过程中能够得到有效保护。共同推进市场化建设，建立农业合作的市场化机制，减少不必要的行政干预，减少市场灰色地带，形成合理有序

的市场开发、市场竞争环境。

六、坚持和平发展道路，营造良好发展环境

稳定的外部环境是一切经济合作的前提。对于农业这种抗风险能力低的产业来说更为重要。因此，我们要加强与"一带一路"沿线国家和地区的交流合作，加强政治对话，强调我国"一带一路"建设是立足于合作共赢，实现沿线国家和地区与中国的通力合作，深化交流，共同发展。妥善处理与沿线国家和地区的矛盾、争端，在维护国家安全、领土和主权完整的条件下，以和平、谈判方式解决争端，建立长期有效的战略对话机制，为"一带一路"农业合作营造良好的外部环境。

七、加强与沿线国家和地区的农业合作，扩大合作范围

在前文的分析中，发现中国与"一带一路"沿线国家和地区的农业合作集中度很高，大部分集中在与东南亚国家的合作中，有很高的集中性，中国与东南亚国家的农产品贸易额占中国与"一带一路"沿线国家和地区农产品总贸易额的70%左右，农业投资占中国对"一带一路"沿线国家和地区总投资额的60%左右，但是与沿线国家和地区贸易投资的总量都不大。在这种情况下，所面临的风险也是比较大的。一旦发生特殊情况，很难保证我国所需农产品的正常供应。

因此，要扩大与"一带一路"沿线国家和地区的农业合作，扩大与中亚5国、中东16国、西亚国家等的农业合

作,深化彼此间的农业贸易、农业投资以及农业技术交流合作,加大对这些国家的农业投资、技术援助力度,为投资于这些国家的农业项目、农业企业创造良好条件,提供更多的优惠政策。因地制宜地开展农业合作,对这些国家的国情、市场、农业发展现状等进行充分调研,了解彼此间的比较优势,有针对性地开展农业合作。

八、因地制宜,有针对性地开展合作

"一带一路"沿线国家和地区分布在东南亚、南亚、西亚、中东欧、独联体等广泛区域,各个区域特点不一,政治、经济、地理、文化、风俗习惯、发展状况等各不相同,因此在与"一带一路"沿线国家和地区开展合作过程中要因地制宜,要对各个区域有充分的了解,然后立足于各自优势展开合作。中国与俄罗斯之间主要开展粮食、水产品合作;中国与东南亚国家之间开展棕榈油、蔬菜水果方面的合作;中国与中亚国家开展棉花等方面的合作;中国与中东欧国家开展畜产品等方面的合作。学习西亚国家优秀的农业灌溉技术,学习中东欧国家优秀的农产品加工经验,对于农业技术落后国家给予必要的技术援助。充分利用当地的优势条件,发展互补性合作,充分了解各国的不同文化,求同存异避免合作中可能产生的冲突和矛盾。

第二章

"一带一路"倡议:中国与沿线国家和地区的矿产行业交往

随着"一带一路"倡议从畅想到实践的发展,以实现互利共赢为主旋律的矿产行业交往成为促进"一带一路"发展的重要组成部分。中国商务部2017年发布的"一带一路"沿线国家和地区投资数据显示,排在第一位的是能源和矿产行业投资,比重为50%以上;第二位的是交通基础设施建设、金融、房地产

等投资①。在"一带一路"沿线的66个国家中,绝大部分为发展中国家;它们在工业化进程中对大宗矿产资源需求十分巨大,矿产资源安全仍是实现中国与沿线各国可持续发展的重要保证。在"一带一路"倡议下,跨产业合作开发矿产资源,开拓矿业市场的新型国际矿业合作得到了沿线国家的支持与参与。随着国际矿业合作大型项目不断落成,有力地推动了沿线各国的工业化、城市化与产业化进程,从而实现了彼此之间社会经济的互利共赢。

第一节 与沿线国家和地区矿产行业交往概况

在"一带一路"倡议下,矿业合作项目建设时间周期长,较其他行业来说,要承担更多的风险和挑战。在风险和挑战面前,"一带一路"倡议下的矿业交往更要以"开放包容"和"互利互惠"为主要目的,推进沿线国家和地区基础设施建设,推动各国经济结构新格局构建,以此推进沿线国家和地区的经济发展和消费增进,达到互利互惠合作共赢的目标。

一、与沿线国家和地区矿产行业交往现状

中国与沿线国家和地区在古丝绸之路时期矿产行业就是

---

① 中国商务部发布"一带一路"沿线国家投资数据整理所得,http://data.mofcom.gov.cn/index.shtml。

第二章 "一带一路"倡议：中国与沿线国家和地区的矿产行业交往

彼此之间的一个重要交往领域。"一带一路"倡议提出后，矿产行业更是交往中的一个核心产业，共同推进彼此之间的社会经济发展。

（一）与沿线国家和地区矿产行业的交往

我国矿产资源领域"走出去"源于改革开放时期。随着对外开放水平的全面提高，我国境外矿业发展成果显著，相继建立了大批资源供给基地。新时期，为响应"一带一路"倡议，矿产资源领域通过"走出去"进行国际范围的产能合作，既是满足国内矿产资源需求的必然要求，也是资源行业提升核心竞争力、不断拓展壮大的必经之路。随着"一带一路"倡议的实施，"走出去"格局也将得到进一步地完善。在"一带一路"倡议中，中国对外矿业投资主要集中在六大经济走廊：新亚欧大陆桥经济带，以中国陕西、甘肃、宁夏、青海、新疆、西安、兰州、西宁为重点省、自治区和市，对哈萨克斯坦、独联体7国、中东欧16国进行矿业投资交往；中国—中亚—西亚经济带，以中国新疆为重点省份对中亚5国、西亚18国进行矿业投资交往；中巴经济带，以中国新疆为重点对巴基斯坦进行矿业投资交往；中蒙俄经济带，以中国东北3省、内蒙古为重点省份对蒙古国、俄罗斯进行矿业投资交往；中国—中南半岛经济带，以中国云南、广西为重点省份对越南、老挝、柬埔寨、缅甸、新加坡、马来西亚进行矿业投资交往；孟中印缅经济带，以中国云南以重点省份对印度、孟加拉、缅甸进行矿业投资交往①。

---

① 根据"一带一路"统计数据库地图整理所得，http://www.ydyln.com/skwx_ydyl/sublibrary? SiteID = 1&ID = 8721。

"一带一路"六大矿业发展经济走廊横跨环太平洋、特提斯—喜马拉雅、劳亚三大成矿域和乌拉尔—蒙古、西伯利亚、印度、阿拉伯、欧洲、塔里木—中朝等成矿区,复杂的成矿条件和良好的成矿背景,使得该区域矿产资源丰富,区内矿产占全球总量的61%,拥有巨大的矿业投资机会与合作基础[①]。更为重要的是,矿业国际产能合作是提升沿线国家和地区能源资源安全保障能力的重要举措。通过对六大矿业发展经济走廊沿线国家的外交、经济与交通运输业的分析,各国对转变经济发展方式、优化产业结构、产业升级换代有着迫切需求,这与我国矿产品供需以及有关产业结构方面有着很强的互补性。比如西亚地区的有色金属矿产,印度、越南的镍矿资源,柬埔寨、越南的钾盐资源等矿产资源是我国国民经济向高质量转型期间所大量需要的,而我国丰富的矿产资源和勘探技术也能为海外国家所用。中亚、南亚地区矿产资源丰富,但勘探开发能力很差,该地区的基础设施建设落后,城市化、工业化进程落后,在很大程度上可以利用我国在矿业领域丰富的开发经验和先进的技术水平。

2013年以来,在"一带一路"倡议下国际矿业合作关系持续深化,随着多边、双边国际矿业大会的召开,中国与一批世界上重要的地质大国、资源大国和国际组织建立合作关系。截至2017年年底,中国已经和全球140多个国家和国际组织建立合作关系,合作国家遍及全球六大洲。"一带一路"矿业合作倡议也进一步拓展了我国与东盟、非洲、南美洲等矿业国家的交流与合作,继续巩固我国与澳大利亚、加拿大、南非等矿业大国的友好合作,开拓我国与英

---

① 根据"一带一路"统计数据库地图整理所得,http://www.ydylcn.com/skwx_ydyl/sublibrary? SiteID = 1&ID = 8721。

国、荷兰等发达国家在新兴矿产资源管理、页岩气勘查开发、地质环境保护等领域的合作①。截至 2018 年第 1 季度,我国与欧盟、俄罗斯、瑞士等 26 个国家的地质调查机构签署了合作谅解备忘录和合作协议,与摩洛哥能源、矿业、水利与环境部以及沙特阿拉伯能源、工业与矿产资源部等 18 国分别签署了在地质和矿业领域的合作谅解备忘录,提升了矿业领域在双边战略合作中的重要地位②。

(二) 与沿线国家和地区矿产行业的投资

随着"一带一路"建设的持续推进,国际矿业合作迎来历史新机遇。国家统计局《2017 年国民经济和社会发展统计公报》显示,2013 年矿业对外直接投资首次超过 200 亿美元,创造 248.1 亿美元的历史高峰,随后一路下滑,至 2016 年仅相当于 2013 年投资额约 1/3,矿业对外直接投资流量位列各行业第六位③,年度上占中国对外直接投资总额约 5.1%,这一比重逐渐下降,但随着中国矿企"走出去"步伐逐渐加大,对外投资中矿业投资比重份额仍占据着重要地位。2016 年下半年开始,全球矿业市场出现复苏迹象,我国企业"走出去"参与境外矿业投资的热情高涨,2017 年对外投资流向矿业领域为 37.5 亿美元,同比增长 792.6%;流向租赁和商务服务业、批发和零售业、居民服务及其他服务业领域同比分别增长 14.4%、24.2%、

---

① 杜雪明、张寿庭、陈其慎:"从矿产资源方面浅谈中国与'一带一路'国家的战略合作",《中国矿业》2015 年第 1 期。
② 中国自然资源部发布《2017 中国矿产资源报告》,http://www.mlr.gov.cn/sjpd/zybg/。
③ 中国统计局发布《2017 年国民经济和社会发展统计公报》,http://www.stats.gov.cn/tjsj/zxfb/。

163.6%①。

中国对"一带一路"沿线国家和地区大型项目投资的行业结构已由最初单一油气行业,发展为以油气为主,通信、采矿业、金融等行业并重的多元结构,见表2-1。现阶段,国家投资的主要动机是寻求油气、矿石和土地等资源;次要动机是市场、效率寻求,如对交通业、金属、建筑、化学、金融等行业投资。截至2018年第1季度,由中方控股或参股的境外非油气矿业项目共计541处,矿业投资广泛分布在6大洲41个国家。在我国矿产行业海外投资项目中,正处于初步开采阶段的矿山有236处、开发建设阶段的矿山有35处、勘察发现阶段的矿山有289处、研究阶段进行可行性分析的矿山有63处、项目中存在关闭的矿山21处,其中,我国矿企"走出去"投资过程中将目标主要放在大型和超大型矿山项目上,这些项目投资总数占海外总数的83%,中型和小型投资项目仅占17%。

表2-1　　中国与沿线国家和地区"一带一路"行业投资汇总　　单位:亿美元

年份	油气	通信业	采矿业	公用和能源	化学	金融
2009	37.5	0.1	7.4	1.2	2.2	5.3
2010	17.8	0.8	2.4	1.8	21.1	0.1
2011	5	1.5	11.2	0.2	15.6	0.8
2012	0.6	0.8	7.6	0.1	1.1	1
2013	253.6	0.6	35.7	0.2	22	13.3
2014	15.3	28.9	3	1	16	3.2
2015	42.6	24.1	21.2	49.9	32	6.8
2016	34	89.3	44	35.7	51.2	5.1
2017	46	65.5	36	52.1	42.3	7.6

数据来源:Dealogic 数据库。

① 根据中国商务部发布对外非金融类投资数据整理,http://www.mof.gov.cn/zhengwuxinxi/caizhgshuju。

第二章 "一带一路"倡议：中国与沿线国家和地区的矿产行业交往

在"一带一路"倡议下，从矿业投资区域角度分析，中国矿业投资并购项目多分布在非洲、东南亚、澳大利亚以及北美。从项目投资目的国看，中国矿业投资目的国分布在全球40多个国家和地区，投资数量排名在前五位的国家分别是澳大利亚、津巴布韦、刚果（金）、南非和加拿大，而赞比亚、缅甸、印度尼西亚等正成为投资合作的热点地区，其中仅澳大利亚的矿山项目有38处，约占项目总量的22%[①]。

从矿业投资主体角度分析，据不完全统计约96家中国企业在海外进行矿山勘探与开发，统计表明中央国有企业27家，占海外企业总量的27%；地方国有企业37家，占海外企业总量39%；民营企业32家，占34%，总体上各占1/3，此外还有3家政府机构和4家基金。截至2018年第1季度，已宣布和完成金额超过1000万美元的矿业投资合作交易达22笔，累计金额97亿美元，其中中央国有矿企和地方国有矿企是大额投资并购的中坚力量[②]，如兖煤澳洲公司投资42亿美元收购澳大利亚力拓集团旗下的猎人谷煤矿资产，山东黄金集团斥资约10亿美元占股隶属于巴里克公司旗下的阿根廷贝拉德罗金矿。我们发现，民间矿企每笔投资额并不太大，但数量很多，如鹏欣（上海）公司、赣锋锂业公司等就是一直关注于新能源矿产投资的民间企业。近些年，它们在北美、南美、南太平洋等国家和地区多次投资于新能源矿产行业项目。由此可见，央企和地方国企仍是矿业投资合作的主力军。

从投资的矿山总数看，央企、地方国有矿企和民间矿企

---

① 国土资源部："国土部力推'一带一路'国际矿业合作"，《上海证券报》，2014年10月22日。

② 中国商务部发布"一带一路"数据库整理得，http://fec.mofcom.gov.cn/。

呈并驾齐驱态势，中央国有矿企投资的矿山项目为153处，地方国有矿企投资的矿山项目256处，民间矿企投资的矿山项目为262处。企业矿业投资合作方式更倾向于股权收购和兼并重组。截至2018年第1季度，中国矿业公司海外收购项目有26个，并购投资资产总计632亿元，其中完成权益交割的矿山、矿权海外项目总投资435.6亿元，预计投资或在进行中的项目有366亿元。显然，中国民营矿企在海外矿业投资市场的地位在不断提升，在未来"一带一路"矿业合作中，要积极发挥民营矿业资本对市场的敏锐性，推进民间矿企市场化进程，使得民间矿业企业成为"一带一路"中的中坚力量。

从矿业投资矿种角度看，矿业投资项目中矿种集中度很高，以首要矿种为统计对象，其中铁矿资源矿山119处、铜矿矿山89处、金矿矿山89处、煤炭矿山86处、铀矿矿山38处，前五位的矿产资源矿山项目总数占投资矿山总量的82%，其他矿产资源矿山项目数量均不超过35处。截至2018年第1季度完成的投资项目中，铜矿项目投资85亿元、铁矿石项目投资73亿元、煤炭项目投资68亿元、金矿项目投资71亿元。矿业投资项目中矿种覆盖面广，覆盖了《全国矿产资源规划（2016—2020年）》战略性矿产目录中列出24个矿种中的20个，涉及铀、煤、金刚石、钾盐、铁、锰、铬、铜、金、铝、钼、钴、铂族金属、钛、铌、锆、钪、锂、石墨、铅、锌、镍、磷酸盐等42个矿种①。值得关注的是，随着新能源、高端装备制造、信息技术等新兴产业的快速发展，锂、钴、石墨、铟、铋等战略性新兴矿种

---

① 中国国土资源部发布"一带一路"沿线国家投资数据整理得，http://www.sohu.com/a/220355746_543939。

第二章 "一带一路"倡议：中国与沿线国家和地区的矿产行业交往

成为我国企业投资的重要目标。虽然现阶段矿业合作投资项目总量不多，但权益矿查明的资源储量已经具备了一定规模，镍矿资源、金矿资源、稀土矿资源、铜矿资源等矿种资源总量为境内的50%，铀矿资源总量是境内的2倍左右，少数金属矿产、金刚石和锂矿资源总量是境内的5倍左右①。

二、与沿线国家和地区矿业交往的内部需求性与外部机理

通过对近年来沿线各国矿业生产和投资环境的分析，"一带一路"倡议下的矿业交往具有很强的内部需求性，政策沟通、设施联通、贸易畅通、资金融通、民心相通等"五通"所取得超预期的早期收获以及沿线各国矿业交往存在一定的外部风险。

（一）与沿线国家和地区矿业交往的内部需求性

2008—2016年，全球经济进入深度结构调整期，增长放缓。受市场因素影响，国际矿业市场也由繁荣进入低迷，矿产资源勘查开发受到巨大冲击。2013年国际矿产品价格大幅度上涨，2014年国际矿产品价格大幅下调、缩水。2015年国际矿产市场持续低迷。2016年以来，随着全球经济复苏，无论是发达经济体还是发展中经济体，都将矿业作为推动经济发展的主要动力，甚至把能源和矿产作为摆脱政

---

① 中国统计局发布"一带一路"矿业数据整理得，http://fec.mofcom.gov.cn/article/tjgjc-nhz/。

治和经济危机的工具[①]。重要矿业资源国频繁调整矿产行业大政方针，大多数国家通过调整矿产资源税费来改善财政问题，矿业对经济的拉动力不断回升。有数据显示，随着国际矿产资源价格的全面上涨，矿业下游产业产量增长幅度较大，煤炭、铜矿、铁矿等冶炼行业所需矿产资源价格上涨幅度较大，全球有色金属价格涨幅明显，而稀有、稀土和稀散等矿产资源大部分出现供应短缺的现象，矿业公司利润和市值回升，投资者信心增强。据普华永道统计，全球前50家矿业公司总利润经历了2015年的亏损320亿美元转为获利210亿美元，总负债从2680亿美元下降为2017年年末的2320亿美元。通过对全球前十大矿业公司的统计，2017年上半年合计净利润216亿美元，是2016年同期的3倍左右，接近2016年总额的57%[②]。安永公司对矿业和金属公司的一项调查，2012年以来，全球矿业公司并购总体呈现下降趋势，直到2017年全球矿业公司并购出现回升趋势，2018年接近一半的矿业公司计划进行并购[③]。

2018年，全球矿业趋势向好，但仍然面临着国家层面的政策风险制约、资源丰富区的地区冲突加剧以及经济发展的周期性波动等问题，矿业领域在经过长达9年的下行周期之后，我们期待着全球矿业从根本上全面回暖。在"一带一路"倡议下，沿线国家和地区之间的矿业交往正是为打造全球矿业命运共同体，携手推动矿业繁荣发展提供了新的契机。即从国家层面研究制定"一带一路"矿业合作规划，推进沿线国家和地区之间的双边、多边矿业合作发展机制，

---

① 闫卫东、孙春强：“矿业仍是推动世界经济发展的主要动力”，《中国矿业》2018年第1期。
② 普华永道发布2018年度《矿业投资报告》，https：//www.pwccn.com/。
③ 安永公司发布2017年度矿业报表，http：//www.ey.com/。

构筑矿业互助共赢共同体,达到共享全球经济发展成果,实现全球矿业领域的共同繁荣。随着"一带一路"倡议从畅想到实践的发展,必将推动"一带一路"沿线国家和地区的经济转型,改变全球矿产资源进出口贸易格局,即以广大发展中国家为矿产资源出口国,以少数发达国家为矿产资源进口国的矿业贸易旧秩序,有利于建设矿业往来全球化、自由化的新型矿业贸易体系。全球矿业贸易规则、政策体系和治理结构也将因此而改写,"一带一路"互助互赢共享的发展模式将得到更广泛的推广。

"一带一路"沿线六大经济带呈现的经济特征为东部高速发展的亚太经济圈、西部发达的欧洲经济圈、中部中亚—南亚凹陷发展经济圈,区内经济发展不平衡,产业结构差异较大,通过利用沿线国家和地区丰富的矿产资源进行基础设施建设以实现互通互联,实现经济结构的优势互补,实现区内产业结构升级。"一带一路"沿线六大经济带还是全球矿产资源的主产区和消费区,存在铁矿、铜矿、铝土矿等矿产资源主产区和消费区空间不匹配的问题,因此,经济带内国家之间矿产贸易互补性较强。其中,新亚欧大陆桥经济带、中蒙俄经济带矿业发展较完备,矿业合作领域主要侧重于矿山治理经验和勘探开发技术等方面,有利于促进我国矿业产业技术升级,交通基础设施建设过程中也对该地区过剩的产能进一步消耗,促进经济的可持续发展。例如,关于矿产资源选冶技术创新与应用,难处理资源选冶新技术、新方法,稀土资源绿色提取等相关技术进行交流学习,进一步加强了在矿山废水的化学成分及其排放,还有处理矿山废物的创新型技术等方面的合作。中国—中南半岛经济带、孟印中缅经济带主要矿产资源有金、硒、钨、锑、铜、煤炭等,该经济带共有68家有中国企业参与股份的公司,与中国的合作对该地区矿产行业换代升级起到了重要作用①。追溯到 2013 年,"一带一路"倡议下该地区矿产行业发生了变革性地政策调整,政策变化主要表现为经济发展去杠杆化,避免国家宏观调整对市场经济发展的阻碍;矿产行业的交易权发放更加透明化,有效缓解了国内投资者和境外投资者的矛盾冲突;国家权力机关、地方自治机关和开采单位之间具有连带责任;与国际标准同步;采矿信息的公开透明化。中国—中亚—西亚经济带、中巴经济带矿产资源丰富,主要有色金属矿产有钴、铁、锑、金—沙金、铝、铅、锌、镍、铜、钯、铂银、钨、铋等稀有金属矿,此外还有宝石、天然大理石等矿藏以及大量的煤矿、石墨矿、无烟煤矿,几乎包含门捷列夫元素周期表的所有元素②。"一带一路"倡议下,中国与该地区在采矿业和冶金业等领域的合作正不断加强,该地区对矿产勘探新技术方法、提高矿山的生产力、转变金属冶炼方式(由低加工向深加工转变)有着迫切的需求,与我国的矿业技术供给能力相匹配,具有很强的矿业开发勘探互补性。"一带一路"倡议下该地区建立了多个自由经济区,而且实行多行业免税政策,积极招商引资,扩大开放力度。

(二)与沿线国家和地区矿业交往的外部机理

近几年,新一轮矿业技术革命正在孕育兴起,重大颠覆性技术不断涌现,科技成果转化速度加快,矿业发展风起云涌。一方面,在环保等多重压力下,绿色矿业发展迎来前所未有的机遇;另一方面,随着工业化进程加快,从替补走向

---

① 赵东波、李英武:"各国'新丝绸之路'构建的战略研究",《东北亚论坛》2014 年第 1 期。

② 韩永辉、罗晓斐、邹建华:"中国与西亚地区贸易合作的竞争性和互补性研究——以'一带一路'战略为背景",《世界经济研究》2015 年第 3 期。

替代，矿业领域保障问题也随之而来。在"一带一路"倡议下，矿业交往正是考虑到新时代的发展需求，提倡充分发挥沿线国家和地区矿业领域的优势与潜力，形成资源优势互补、产业结构互补的互利合作格局，以达到沿线各国能够优化产业结构，加快产业分工升级，淘汰落后产能的目标，最终实现各国经济的腾飞。

一方面，"一带一路"建设贯穿亚、欧、非大陆66个国家，其中包括经济发达的欧洲国家，但主体仍是矿产资源丰富，经济发展及工业基础相对滞后的亚洲、非洲发展中国家。亚、非国家矿产资源勘查开发需求日增，但是基础性地质工作非常薄弱，几乎还没有形成相关的技术标准和规范，迫切需要开展矿业互利合作，促进本国矿产品贸易，吸收优势国家的勘查开发技术。2013年以来，各国矿业交往在基础性地质矿产调查、矿产勘查开发、重大基础建设中的工程地质、水文地质、灾害地质调查等方面取得了重大进展，这对于更好地保障矿产资源供给，促进各国矿业健康地走向世界来说具有积极意义。同时，亚、非国家大多处于工业化和城镇化发展阶段，对矿产资源的刚性需求仍将持续，传统的冶炼发展模式已经不能适应绿色生态矿业发展的新要求，只有走互惠共建的矿业发展模式才能少走弯路，才能建设资源节约型、环境友好型社会。

另一方面，随着矿业的现代化发展，对机械、材料、光学、电子、自动化等各个领域都不断提出更高的要求。我国和欧洲国家虽然在地矿工作有着良好的基础，从地质调查、矿产勘查到矿业开发，都有很强的技术力量和很丰富的经验。但是在应对地勘及矿产企业摆脱"饱和"，应对去库存、去产能，应对矿业结构升级，应对转变经济发展模式等方面仍需要互相借鉴，只有通过合作共享发展成果才能实现矿业的转型升级,才能为经济的持续发展提供新动力。在"一带一路"倡议下,中国和欧洲矿企与国家发展规划相结合,坚持走矿业发展专业化和市场化的道路,在合作共享中实现矿业发展从速度到质量的转变,想要在未来实现从矿业大国向矿业强国的转变对于中国和欧洲来说都是一个难得的机遇。

自从 2013 年以来,"一带一路"建设起步顺利,从已落成的重大项目中可以看到硕果累累,良好地诠释了自由化、开放化、包容化、互惠共通以及互利共赢的全球化精神,随着沿线国家和地区"五通"的持续发展为矿业交往提供良好的合作基础和外部投资环境。从政策层面分析,已有 70 多个国家和组织表达了支持和参与,超出了传统的"一带一路"范围,真正形成了具有广泛影响的国际合作框架,同时 34 个国家和国际组织与中国签署了共建"一带一路"政府间合作协议,推进了一系列条件成熟、标志性的项目落地①。目前,通过国家层面磋商,"一带一路"倡议已与澳大利亚"北部大开发"畅想、越南的"两廊一圈"构想、柬埔寨的"四角"战略、哈萨克斯坦的"光明大道"战略、俄罗斯的跨欧亚大通道建设、蒙古国的"草原之路"战略、孟加拉地区的"环孟加拉湾多领域经济技术合作"倡议、印度尼西亚的"全球海洋支点"战略实现了倡议上和实践上的对接。政策沟通的目的在于构建政府间多层次经济战略、宏观政策、重大规划等对接的良好机制,为矿业交往提供国家层面的战略引导和支持。从金融支撑层面分析,400 亿美元的丝路基金、1000 亿美元的亚洲基础设施投资银

---

① 马永欢、陈丽萍、沈镭等:"自然资源资产管理的国际进展及主要建议",《国土资源情报》2016 年第 2 期。

第二章 "一带一路"倡议：中国与沿线国家和地区的矿产行业交往

行先后成立并开始投资项目，不仅如此，沿线国家积极探讨建立或扩充各类双多边合作基金，共计20多个各类基金支持参与"一带一路"建设①。资金融通的目的在于加快矿业重点项目落成，为长周期项目建设提供了强有力支持。从设施联通层面看，互通互联建设把亚欧大陆的海陆空网连接起来，从而为彼此合作创造更好条件。目前，匈牙利—塞尔维亚高铁，雅万大铁路等交通基础设施建设陆续施工，中国与老挝、泰国等国家的泛亚铁路网建设正式启动，随之推进的是一批批高速公路设施铺设，与此同时，海上互通互联蓄势待发。设施联通的目的在于减轻矿业运输成本，有利于矿产资源在区内方便快捷安全的流通。

"一带一路"沿线各国的矿业交往也受外部风险影响面临着许多困境有待解决。首先，中部经济凹陷地区基础设施建设落后以及东、西部交通设施升级换代需求强烈，这成为矿业输出和经济发展的瓶颈。由于基础设施建设时间周期长，横跨地理范围较广，实现互联互通是当前的迫切需要。其次，"一带一路"沿线生态环境恶劣，存在明显的固体废弃物污染、水污染、大气污染等跨境复合污染问题，是全球气候变化敏感带，矿业勘探开发过程中受技术因素制约会对生态环境产生一定的影响，只有加强中国与沿线国家和地区矿产行业发展中涉及的生态环保领域进行国家层面的合作，才能确保全球生态环境建设的顺利进行。最后，还涉及全球层面的不安定因素影响，即恐怖主义和分裂势力已成为制约"一带一路"沿线国家和地区矿业发展不容忽视的重要因素。根据近些年的数据统计，北非—中东—西亚—中亚—南

---

① 于会录、董锁成、李宇等："丝绸之路经济带资源格局与合作开发模式研究"，《资源科学》2014年第2期。

亚—东南亚这一弧形"冲突震荡地带"安全情势不容乐观[①]，这一地区受民族宗教冲突问题的影响已发展成为经济不稳定区域，随着冲突的不断扩散，邻近国家如中亚五国、中国新疆等地区也受到了很大的安全威胁。

三、与沿线国家和地区矿产行业交往特征及存在问题

"一带一路"倡议下，中国与沿线国家和地区的矿产资源交往与对外开放早期阶段的大型国有矿业集团海外"找矿"之路和引进外资、先进技术开发本国矿产资源体系不同。"一带一路"沿线国家矿产资源丰富，但受限于交通基础设施建设滞后、产业结构不合理等问题，近年来中国经济高速发展，产业结构不断换代升级，基建技术领先全球。正是基于产业结构互补和资源禀赋整合的基础，"一带一路"矿产资源合作倡议将为各国的经济发展提供一个新的驱动点。

（一）与沿线国家和地区矿业交往的特征

在"一带一路"倡议初期，与沿线国家和地区的矿业交往更注重于基础地质调查与信息服务计划，加强沿线国家重点成矿区研究，开展乌拉尔—蒙古和环太平洋等成矿带的潜力评价，通过发挥基础地质调查的支撑服务作用，促进我国与"一带一路"沿线国家和地区开展新型矿业投资合作模式，即以油气、铁、铜、铝等矿产资源为重点，探索

[①] 韩永辉、邹建华："'一带一路'地区贸易合作可行性研究"，《世界经济研究》2015年第3期。

第二章 "一带一路"倡议：中国与沿线国家和地区的矿产行业交往

"矿电水路港"联合投资模式，推进勘查—开发—冶炼—加工—制造完整产业链的产能合作，建设一批绿色环保的石油化工、钢铁、有色等产能合作示范项目。在"一带一路"倡议下，互惠共赢的理念融入政策制定过程，与沿线国家和地区的矿业交往更注重于营造良好的矿业投资经营环境，在国家层面上制定矿业交往准则，各国逐渐放宽矿产投资准入限制，公平竞争，推进外商投资管理信息化建设。随着矿业重大项目的落成，各国矿业正在进入收获期。这表明只有推进矿业贸易投资自由化、便利化的举措，鼓励外资进行矿产资源勘查开发经营的举措才能从根本上实现本国矿业经济的发展。

中国与沿线国家和地区加强在矿业资本市场领域的互联互通，推进矿业资本市场双向开放，积极培育公开透明、健康发展的资本市场，加强对沿线各国的矿产勘查、矿山建设、矿产开发全周期给予多渠道融资支持。通过发展区域性矿产资源市场平台和矿业金融资本中心，加快资本市场服务体系建设，为矿业企业提供更便捷、更具有专业性的金融服务。随着矿业项目落地，招商国家不仅引入资本，也吸引了高新技术、高素质人才和管理经验用于尾矿处理、矿山环境治理和生态修复等项目。

在"一带一路"倡议下，一方面，通过举办中国国际矿业大会和中国—东盟、中俄、中蒙矿业合作论坛，完善"一带一路"沿线国家矿业合作论坛，有利于搭建"一带一路"地区、中国—欧洲、中国—中亚、中国—东南亚、中国—非洲等区域性多边与双边合作平台，加强矿业领域政策对话、经验交流、能力建设，推动全球矿业一体化发展。另一方面，中国积极参与联合国、亚太经合组织、上海合作组织等重要国际组织关于矿业倡议的研究制定，加强与沿线各

国矿业市场、政策、标准等领域对接，积极引导沿线国家行业协会、科研机构参与矿产贸易谈判和投资规则修订，推动建立区域性矿产品交易中心，加快实施矿业自由贸易区战略，进一步推动全球矿业一体化建设。

(二) 与沿线国家和地区矿业交往中存在的问题

在"一带一路"倡议下，与沿线国家和地区矿业交往中存在着政策性等风险问题，矿业发展落后国家存在着法律、法规不完善、政令多变等问题。比如，中国矿企获取矿权程序复杂且不透明、劳务签证控制严格、项目急需的技术人员入境受限、矿产开发项目经常受到当地居民的干扰和破坏并且缺乏行之有效的投资保护机制等问题。由于矿业投资项目具有周期长、盈利空间大等特点，在进入阶段，虽然我国矿企与开发国家政府签署了合作协议书，但是开发国出于本国经济利益和国家安全的考虑，会对我国矿企投资资产比重进行限制或变动政策法规，对我国矿企的决策权进行干扰。在运营阶段，我国矿企面临着环保问题、知识产权、劳务合同、税收等问题，由于法律政策反复多变，我国矿企适应能力跟不上当地政府和民众的要求，经常导致工程受阻，造成纠纷和事故。

沿线 66 个国家，40 多种语言，且多为经济发展落后地区，对于中国矿业的投资合作往往引起当地居民的反感和质疑，文化风险突出。在现实上，由于我国矿企对当地文化的理解度、认识度不高，只考虑经济问题，没有注重文化沟通导致的问题较多。习近平总书记提到"一带一路"的"民心相通"才应该是主要的追求目标，"民心沟通"正是文化交往。中国矿企"走出去"成效不大，有时候放大了政治因素，却没有意识到更重要的影响是文化原因。"一带一路"倡议下,与沿线国家矿业交往应当紧扣"利益共同体""命运共同体"的文化理念,探索面向多元文化实践的矿业发展新路径,不断思考如何通过跨文化的对话、理解来认知、解构和重塑新型海外矿企发展格局。

专栏 2-1
万宝矿业与缅甸铜矿项目

在"一带一路"倡议下,中国—缅甸莱比塘铜矿投资多次因民众抗议事件被地方政府叫停,民众对中国投资项目的不满情绪不断升级。一方面,缅甸民众长期遭受军政府统治的压制,民众普遍都对军方有着强烈的不满,抗议事件多是缅甸反对派用于攻击军方和政府的一种工具。在缅甸当地,很多地方媒体为了寻求销量对中国矿企的负面报道很多,夸大问题歪曲真相,引起群众的不满,如土地拆迁、环境保护、产品质量等。媒体对莱比塘抗议事件的报道,多是指责我国矿业对缅甸铜矿的投资,只注重经济效益,而忽视对基层民众给予帮助以及在社会、教育、医疗等民生领域的投资。另一方面,中国矿业的海外投资实力正在增强,但是缺乏应有的公共外交能力。中国矿企对自己的宣传不足,在莱比塘铜矿开发勘察阶段,中国矿业就承担了很多社会责任,总计投入了约7000万美元援助资金用于当地的公益事业,但外界了解不多,正是没有好好宣传的原因。

万宝矿业在经历了莱比塘铜矿风波后,加大力度雇佣精通缅语的中国工人,招聘缅甸本地居民。成立公共关系部,负责跟踪收集媒体报道,与当地媒体打交道并向媒体提供报道素材,争取让民众更多地了解该项目。莱比塘铜矿风波并不能说是中缅合作的失败,我们应当从中发现问题吸取经验,未来与沿线国家和地区的矿业交往合作中需要尽快结合当地政治、经济、文化教育等领域发展经济外交,也要适当发展文化软实力外交,以实现自身的长期发展,避免让动荡的政治因素影响商业运行。

同时，与沿线国家和地区矿业交往中存在着"共赢"问题的困惑，认为是中国转移"过剩产能"。在"一带一路"倡议下，中国矿业交往是基于市场原则的双赢行为，在矿业合作项目的选择上，我国矿企以项目所在国为主导，包括中国在内的其他国家为辅；在矿业合作项目资金投入上，不仅提供相关多边开发银行的援助贷款，还依照项目所在国和世界其他有意向的投资者共同市场原则进行投资，利益共享。中国提出"一带一路"倡议，开展跨国矿业领域投资合作，本质上是通过提高有效矿产资源供给来催生新的经济发展需求，实现全球经济区域平衡。在当前世界经济持续低迷的情况下，通过沿线各国矿业发展提供巨大产能和经济建设动力，将强有力地支持沿线国家推进工业化、现代化，有利于引领世界经济走出低迷，指明国际和区域合作的大方向，给全球投资者带来希望[1]。

对于中国转移"过剩产能"的提法，从中国实践来看，"过剩产能"的概念是相对的，中国改革开放初期，正是由于外资流入，同时配合从发达国家转移来的"过剩产能"，加上中国的廉价劳动力，才实现了经济的高速发展。"过剩产能"是无法转移的，能够转移的只是相应的技术、资金等要素。如果这些技术有助于转移目标国的经济发展，那就说明这种转移是有益的，而非有害的。对中国来说，除了所谓存在"产能过剩"的钢铁、水泥等行业，在长期发展过程中，中国的真正核心竞争力是矿产行业发展的技术与经验，也是"一带一路"国家发展矿业所急需的，中国坚持在"一带一路"矿业建设中，以自身发展经验助力区域内

---

[1] "习近平发表'一带一路'建设重要讲话"，http://www.xinhuanet.com/photo/2016-08/17/c_129237311.htm。

第二章 "一带一路"倡议：中国与沿线国家和地区的矿产行业交往  77

整体经济发展水平的提高①。

第二节
与沿线国家和地区矿产行业交往案例

在"一带一路"倡议，中国矿企的成功经验具有高度的相似性，如通过资源的优势互补才是矿业发展的根本动力，加大绿色环保矿产开发，提高矿产资源的深加工促进矿业结构升级，引进高素质人才加强制度管理等；在失败教训方面，应当转变经营管理思路，由重经济效益到重视文化沟通、因地制宜地学习当地法律法规等问题，希望为今后国际和区域矿业领域合作提供借鉴的经验和警示作用。

一、青山工业园的技术与矿业资源合作

2013年以来，中国与沿线国家和地区之间的矿产行业的交往合作已经取得了很大成效，积累了一大批矿业领域的交往事例，从中择取一些加以详细分析，为今后的矿业合作提供有益借鉴。

印度尼西亚作为"一带一路"矿业交往重点国家，具有矿产资源品种齐全，储量丰富等优势，国内优质的红土镍矿，占全球供应量的1/5。然而，由于基础设施建设薄弱、

---

① 郭爱君、毛锦凰："丝绸之路经济带：优势产业空间差异与产业空间布局战略研究"，《兰州大学学报》2016年第2期。

冶炼工艺落后、矿山勘探技术水平不足等原因，印度尼西亚早期吸引美、日、澳等国矿产企业投资勘探，多以原矿石出口，获得的价值水平很低。随着经济的发展，印度尼西亚政府意识到"全球最大的镍原矿出口国"路线行不通，要提高矿产资源附加值，通过以矿业发展带动其他产业的升级换代，实现经济的可持续发展。中国企业青山集团主要从事不锈钢及相关产品生产和销售，不锈钢粗钢年产400万吨左右，占全球不锈钢产量的1/9。青山集团具有完善的产业链和技术优势，首创的"RKEF + AOD"工艺，开创了世界不锈钢冶炼的新工艺，能够节约成本20%以上。

在"一带一路"倡议下，中国企业青山集团出海远航，青山工业园项目成功签约于中国—印度尼西亚经贸合作区。镍矿是冶炼不锈钢的重要原料，青山集团进军印度尼西亚镍矿冶炼，实现矿业公司和不锈钢生产企业的资源整合，这也是优势产能遇上优势资源的体现。青山工业园主要从事红土镍矿冶炼不锈钢生产，通过青山生产线将原矿石冶炼成镍铁，使原矿石价值翻了5倍左右，镍铁再进一步加工成不锈钢，使原矿石价值翻了10倍左右。同时，在中国企业完善设备、先进工艺的帮助下，印度尼西亚拥有了原矿—镍铁—不锈钢完整产业链，培养了印度尼西亚本土冶炼行业和不锈钢产业，未来相信印度尼西亚不锈钢企业能够拥有进军海外市场的能力。2015年第1季度生产2.2万吨镍铁，标志着青山集团在印度尼西亚落地生根，青山集团也通过对印度尼西亚镍矿的勘探、采掘、冶炼形成了全产业链发展模式，使得企业掌握了成本控制自主权，一定程度上摆脱了被动的国际镍价波动，打破不锈钢生产受到国际镍矿巨头控制的局面。

以青山工业园为核心的大型制造业重镇正在建设，区内镍铁冶炼工厂配建火力发电厂，加强万吨级码头、机场等基础设施建设。青山园区还培养了高层次的本地管理团队、技术熟练的当地产业工人,为当地居民提供就业。截至 2017 年年末,园区为当地人创造 1.2 万个就业岗位①。青山工业园还带动了整个地区城市化和现代化发展,帮助当地建设各类配套的生活服务设施,为当地居民免费供电、提供免费医疗、援助贫困村民、加强园区内的中国和本地员工的文化融合。

在"一带一路"倡议下,通过中国、印度尼西亚两国的矿业合作发展,实现了两国人民的友好合作,这是一个双赢战略,青山集团成功借助优势产能邂逅丰富资源正是"一带一路"战略的具体实践,这也是中国企业参与沿线国家合作寻求互惠共赢的一次有益尝试。"一带一路"沿线国家和地区,大多是新兴经济体和发展中国家,他们既是新兴市场的开发地,也是优质资源的聚集地,不少沿线国家和地区拥有丰富的矿产、能源资源,实现资源优势向经济优势转变,是沿线国家和地区共同的愿景。只有创造出新的比较优势,才能真正地推进全球经济一体化,实现沿线各国互惠共赢,青山集团通过优势产能合作,带动资源优势国家的合作模式值得推广。

二、山东黄金集团在阿根廷的并购活动

在"一带一路"倡议下,与沿线国家和地区矿业合作发展畅想为山东黄金集团海外发展提供了国家层面的保障,集团出资收购巴理克旗下阿根廷最大金矿、南美第二大金矿

---

① 袁国华、王世虎、罗世兴:"矿产资源'走出去'面临的形势与工作设想",《中国国土资源经济》2017 年第 4 期。

贝拉德罗金矿50%股权,该项目成功落地也是"一带一路"战略的具体实践。

山东黄金集团具有勘探世界级大型金矿区的丰富经验,在深部找矿、资源勘探与开采领域累积了大量丰富成熟的科研技术,很多科研项目与成果达到了国际一流水准,但是企业内部资金链并非很充足,借助"一带一路"基金的扶持,为矿业股权收购的顺利进行提供了资本优势,达到产融结合的效能,实现了矿业与金融的互补及优化组合。这场矿业合作谈判历时14个月,累计投入工作人员120人,内部召开各类专题会议143次,形成会议纪要73份,存档资料45盒①。山东黄金集团负责人积极向国家有关部委以及阿根廷政府实时汇报收购合作进度,与巴理克高管层进行反复磋商、沟通交流,并且聘请熟知当地文化习俗的国际知名咨询机构对收购项目进行法务、税务调查,力图将投资风险降低到最小,山东黄金集团如此重视收购前的商务谈判过程和细节,也是在为未来更广阔的开发合作奠定基础。

成功并购阿根廷贝拉德罗金矿后,山东黄金集团重视海外人才培养以及管理经验的提升,注重将企业文化与发展"生态矿山"经济模式联系在一起,注重提高矿山开发安全保障、绿色生产投入。山东黄金集团注重吸纳当地的中级、高级管理人才,其中本地员工328人,占员工总人数的58%;中国员工235人,占员工总人数的42%。积极培育国际化项目管理团队,积极推动专家平台搭建,集团自主创新互联网+国际工程服务平台,实施全球视频会议与工程监控系统,实时实地监控项目现场。山东黄金集团有着健全完善的企业文化体系,以追求卓越,创新进取为企业精神,以诚

---

① 王安建、王高尚:《矿产资源与国家经济发展》,地震出版社2016年版。

第二章 "一带一路"倡议：中国与沿线国家和地区的矿产行业交往

信、责任、包容为企业核心价值观，让更多的个人和更大的范围因山东黄金集团的存在而受益为企业理想目标①。正是这充满正能量的企业发展理念，使得山东黄金集团提出"生态矿山"发展模式，即以生态文明理念延长矿产资源产业链，不断提高矿山环保安全投入，加强核心矿区和尾矿区绿化覆盖率，以矿业发展带动社区和谐发展的循环模式获得了阿根廷矿业行业的广泛认可。

专栏 2-2

中国铝业与秘鲁铜矿项目

在"一带一路"倡议下，中国铝业与秘鲁政府达成 Toromocho 铜矿开发项目的协议，这也成为中国矿企海外所持的最大铜矿项目。2014年第一季度该铜矿共产出 31407 吨铜矿和 5500 吨锌矿，截至 2016 年年末，该铜矿产量为 350 万吨，取代中国成为仅次于智利的第二大铜矿生产国，但是该铜矿多次因污染问题和工人因待遇罢工问题被政府叫停②。中国铝业秘鲁项目的问题在于，长期以来，我国矿业在对外投资过程中只关注"政府许可"而不注重"民间许可"，地方工人因待遇问题多次组织罢工正是由于我国矿企没有处理好与当地居民的关系，不重视劳工法等问题，最终导致投资项目搁浅。从中铝秘鲁铜矿风波的事件中，我们应当认识到，"一带一路"倡议下，与沿线国家和地区的矿业交往要重视学习国外文化和市场经验，注重并购后的整合过程，从理念到方式上适应国际规则。

---

① 陈俊楠、张辉："我国参与矿业领域国际组织合作形式及建议"，《中国矿业》2017 年第 8 期。
② 刘益康："矿业企业'走出去'须甄别高低风险国家"，《地质勘查导报》2015 年第 6 期。

第三节
与沿线国家和地区矿产行业交往展望

中国与沿线国家和地区之间的矿业交往已经取得了很大成效,但也面临着诸多问题。在此背景下,结合现有交往中的事例经验,今后我国与沿线国家和地区的矿业交往可以不断完善制度等规则,以使双方实现共赢效果。

一、创新国际矿业产能合作模式

在"一带一路"倡议下,矿业产能合作具有高风险、高投入、长周期的特点,单靠企业单打独斗无法满足境外矿业投资的巨大资金需求,我国至今仍未建立针对境外矿业投资的有效融资渠道。加快对国际矿业产能合作重点项目进行多元化的资金支持模式的构建,引导矿企利用"一带一路"矿业产能合作基金、丝路基金、亚洲投资银行、开发银行等金融机构资金用于对合作项目投资前的风险勘查,不断完善"走出去"矿企投融资平台,支持优质项目在证券市场融资,鼓励优质企业上市融资。引导中国矿企积极寻求国际资本市场融资,中国矿企可以在国外证券交易所上市融资,借助国际资本市场资金满足发展需求,同时国际资本市场对上市公司的要求也会促使中国矿企规范化运营,更快与世界接轨。

与沿线国家和地区矿业产能合作中,要积极引导矿业企业建立多元化经营模式,发展从勘探开发到冶炼深加工的完整产业链模式,增强在仓储、物流、航运等环节的控制能力。通过开展矿产品多元化经营模式,以优势矿产资源带动产业升级,不断提升矿业整合能力,也将有利于中国矿企扩大海外市场竞争能力和提升话语权。中国矿企在参与矿业国际产能合作的进程中,由于境外矿产勘探开发与投融资活动涉及面广、专业性强,要注重引进和培养国际人才。尤其是通晓外语、专业技术过硬、具备国际化经营能力的专业技术服务团队和人才是必不可少的关键要素。

二、构建多边矿业保障机制

在"一带一路"倡议下,与沿线国家和地区的矿业交往多立足于国家外交层面的总体战略部署和能源矿产安全发展的需要,这种政府间的国际矿业产能合作直接建立了高效沟通协商渠道,为矿业发展提供了双边合作保障机制。但是,随着中国矿企"走出去"规模的不断扩大,应当注意拓展合作机制,由双边向多边发展,从政府间矿业产能合作向矿产行业间合作、矿业企业独立自主"走出去"搭建合作渠道的多边合作转变。应当重视我国矿产行业协会在行业自律、企业社会责任、协调沟通等方面所起的作用,中国矿产行业协会包括地质、稀有矿产、非金属矿产、钢铁等资源领域,涵盖了勘探、开发、冶炼加工、贸易的完整产业链①。政府部门应当加大对矿产行业协会、矿业企业的支持和保障力度,通过与行业、企业建立起及时有效的沟通机制

---

① 马朋林、毕云龙:"'一带一路'资源国际合作机制建设思考和建议",《山东大学学报》2016年第3期。

加以引导，充分利用社会组织等资源统筹增强企业独立自主发展的实力，才能为"一带一路"倡议下的矿业合作交往增添活力与动力。

三、加快中国矿企诚信规范标准建设

由于矿产资源具有资产这一经济属性，在勘探开发阶段不可避免地围绕着这一经济属性进行经济活动。近年来，受矿业失信成本较低、矿业产权变现快、矿业投资回报率高等因素的影响，在矿产勘探、开发、产权转移过程中操作违规、造假、违法转包、成果资料虚假、矿权评估虚高等现象时有发生[①]。这些失信行为不仅破坏了矿业勘探市场发展的正常秩序，也损害了矿业投资者、矿产开发国、矿权投资人等各方利益，进一步制约了矿产行业健康有序的发展。与沿线国家和地区的矿业交往中需要诚信规范标准，而国际矿业健康、有序地发展更需要诚信制度。随着中国矿企、勘察单位"走出去"规模不断扩大，只有建立起具有中国特色社会主义精神的诚信体系标准规范，不断使我们的诚信体系标准得到国际矿业认可，才能在国际矿业市场上树立起中国矿企的好形象，才能使中国矿企与沿线国家建立起更为牢固的投资合作关系。

2017年，国务院出台的《关于取消一批行政许可事项的决定》中规定，地质勘查资质审批取消后，国土资源部通过制定发布矿业、地质勘查诚信规范标准，充分发挥矿产

---

① 刘盼盼："海外矿业投资：'走出去'掌握通行的游戏规则"，《中国矿业》2017年第5期。

行业组织自律作用①，建立矿企、地质勘查单位诚信"黑名单"制度等，推动对失信者实行联合惩戒监管，加强事中事后监管②。建立矿产行业诚信规范标准不仅是市场完善与发展的需要，也是适应政府职能转变，维护公平竞争、开放有序的矿业市场发展的需要。随着我国矿企诚信规范标准建设的推进，我国矿业社会信用体系已将逐步建立起来，但仍需要进一步加强标准体系的建立，如进一步制定和完善矿产行业勘探开发准则，盯紧国际矿业市场地质勘查标准设计和规范的更新；进一步推动矿产行业执业能力测评标准化、制度化发展；加快制定矿产行业体系内部信用等级评价标准等。

---

① 国务院发布《关于取消一批行政许可事项的决定》，http://www.gov.cn/zhengce/content/。

② 袁新涛："'一带一路'建设的国家战略分析"，《理论月刊》2014 年第 11 期。

第三章

"一带一路"倡议:中国与沿线国家和地区的交通①、能源交往

  能源供应是影响和制约一国政治和经济发展的重要因素,其中,资源禀赋和相关技术又是能源发展的重中之重。所以,实现多国的能源互通与技术合作是破除一国能源发展瓶颈的主要途径,但一直以来能源被西方发达国家所掌控,在全球能源的合作中,中国基本处于主要能源组织的

---

 ① 目前,能源运输方式主要包括海上运输和管道运输,"一带一路"能源运输通道的建设重点主要集中于管道项目,所以讨论的交通发展主要是指能源管道的建设情况。

边缘地位①。"一带一路"倡议的实施对于改变这种西重东轻的格局具有深远的意义，同时对于"一带一路"沿线国家和地区能源与交通产业的发展是一次重要且难得的机遇。随着对"一带一路"认同度的提高，未来将有更多国家和地区加入"一带一路"的倡议合作中，尤其是非洲国家。纵观60多个沿线国家和地区，资源禀赋迥异，经济互补性很强。在"一带一路"的倡议下，沿线各国将构建以能源基础设施建设为基本依托的多条经济走廊，辐射形成涵盖能源上中下游领域的不同产业园区，实现能源资源与技术的互通有无。

第一节
与沿线国家和地区的能源合作格局

在气候变化、技术进步、经济发展等因素叠加作用下，全球能源格局将发生深刻的变化。在能源供需结构方面，天然气或将逐步代替煤炭的地位而成为第二大能源，同时新能源的供需量也将持续增加；在能源消费方面，发展中国家和发达国家将呈现出不同的走势，能源消费的重心将逐渐向发展经济体转移，发达国家的能源消费总量则基本保持不变；能源贸易重心会随着消费重心的转移而移向亚太地区。在这样的国际背景下，"一带一路"倡议的能源互联与绿色低碳

---

① 管清友、何帆："中国的能源安全与国际能源合作"，《世界经济与政治》2007年第11期。

第三章 "一带一路"倡议：中国与沿线国家和地区的交通、能源交往

发展战略的主张将对沿线国家可持续发展乃至世界的可持续发展产生深远的影响。

一、"一带一路"沿线能源分布及消费的对比

（一）"一带一路"沿线能源分布

1. 化石能源分布情况

油气线可称之为一个国家的生命线，尽管20世纪70年代以来全球能源供给结构逐渐向多元化方向发展，但化石能源仍然主导着全球能源市场。"一带一路"沿线国家化石能源丰富，但是分布不均，如表3-1、表3-2所示。

表3-1　　　　　世界分地区石油探明储量概况表　　　　单位：十亿桶

国别或地区	2015年年底储量	2016年年底		
		储量	占总量比	储产比
美国	48.0	48.0	2.8%	10.6
加拿大	171.5	171.5	10.0%	105.1
墨西哥	8.0	8.0	0.5%	8.9
北美洲总计	227.5	227.5	13.3%	32.3
阿塞拜疆*	7.0	7.0	0.4%	23.1
丹麦	0.5	0.4	*	8.5
意大利	0.6	0.5	*	18.8
哈萨克斯坦*	30.0	30.0	1.8%	49.0
挪威	8.0	7.6	0.4%	10.4
罗马尼亚*	0.6	0.6	*	20.7
俄罗斯*	102.4	109.5	6.4%	26.6
土库曼斯坦*	0.6	0.6	*	6.3
英国	2.5	2.5	0.1%	6.9

续表

国别或地区	2015 年年底储量	2016 年年底		
		储量	占总量比	储产比
乌兹别克斯坦*	0.6	0.6	*	20.3
其他欧洲及欧亚大陆国家	2.1	2.1	0.1%	15.6
欧洲及欧亚大陆总计	154.9	161.5	9.5%	24.9
伊朗*	158.4	158.4	9.3%	94.1
伊拉克*	142.5	153.0	9.0%	93.6
科威特*	101.5	101.5	5.9%	88.0
阿曼*	5.3	5.4	0.3%	14.6
卡塔尔*	25.2	25.2	1.5%	36.3
沙特阿拉伯*	266.6	266.5	15.6%	59.0
叙利亚*	2.5	2.5	0.1%	273.2
阿拉伯联合酋长国*	97.8	97.8	5.7%	65.6
也门*	3.0	3.0	0.2%	^
其他中东国家	0.2	0.2	*	2.6
中东国家总计	803.0	813.5	47.7%	69.9
阿尔及利亚	12.2	12.2	0.7%	21.1
安哥拉	11.8	11.6	0.7%	17.5
乍得	1.5	1.5	0.1%	56.1
刚果共和国	1.6	1.6	0.1%	18.4
埃及	3.5	3.5	0.2%	13.7
赤道几内亚	1.1	1.1	0.1%	10.7
加蓬	2.0	2.0	0.1%	24.1
利比亚	48.4	48.4	2.8%	310.1
尼日利亚	37.1	37.1	2.2%	49.3
南苏丹	3.5	3.5	0.2%	80.9
苏丹	1.5	1.5	0.1%	39.6
突尼斯	0.4	0.4	*	18.4
其他非洲国家	3.7	3.7	0.2%	43.2

第三章 "一带一路"倡议：中国与沿线国家和地区的交通、能源交往

续表

国别或地区	2015年年底储量	2016年年底		
		储量	占总量比	储产比
非洲总计	128.2	128.0	7.5%	44.3
澳大利亚	4.0	4.0	0.2%	30.3
文莱*	1.1	1.1	0.1%	24.9
中国*	25.7	25.7	1.5%	17.5
印度*	4.8	4.7	0.3%	14.9
印度尼西亚*	3.6	3.3	0.2%	10.3
马来西亚*	3.6	3.6	0.2%	14.0
泰国*	0.4	0.4	*	2.3
越南*	4.4	4.4	0.3%	36.2
其他亚太地区国家	1.3	1.3	0.1%	12.5
亚太地区总计	48.8	48.4	2.8%	16.5
世界总计	1691.5	1706.7	100%	50.6
其中：经合组织	244.5	244.0	14.3%	28.8
非经合组织	1447.0	1462.7	85.7%	57.9
石油输出国组织	1210.3	1220.5	71.5%	84.7
非石油输出国组织	481.1	486.2	28.5%	25.2
欧盟	5.2	5.1	0.3%	9.3
独联体	141.1	148.2	8.7%	28.6

注：1. ^表示超过500年；*表示低于0.05%；n/a表示不详。
2. 加*的国家属于"一带一路"沿线国家。
3. 数据来源：《2017年BP世界能源统计年鉴》。

表3-2　　　　　　世界各地区天然气探明储量统计表　　　　　单位：万亿立方米

国别或区域	2015年年底储量	2016年年底		
		储量	占全部份额	储产比
美国	8.7	8.7	4.7%	11.6
加拿大	2.2	2.2	1.2%	14.3
墨西哥	0.2	0.2	0.1%	5.2
北美洲总计	11.1	11.1	6.0%	11.7

续表

国别或区域	2015年年底储量	2016年年底		
		储量	占全部份额	储产比
阿塞拜疆*	1.1	1.1	0.6%	65.8
丹麦	+	+	*	2.9
德国	+	+	*	5.3
意大利	+	+	*	6.6
哈萨克斯坦*	1.0	1.0	0.5%	48.3
荷兰	0.7	0.7	0.4%	17.4
挪威	1.9	1.8	0.9%	15.1
波兰	0.1	0.1	*	23.0
罗马尼亚*	0.1	0.1	0.1%	12.0
俄罗斯*	32.3	32.3	17.3%	55.7
土库曼斯坦*	17.5	17.5	9.4%	261.7
乌克兰*	0.6	0.6	0.3%	33.2
英国	0.2	0.2	0.1%	5.0
乌兹别克斯坦*	1.1	1.1	0.6%	17.3
其他欧洲及欧亚大陆国家	0.2	0.2	0.1%	23.2
欧洲及欧亚大陆总计	56.8	56.7	30.4%	56.3
巴林*	0.2	0.2	0.1%	10.5
伊朗*	33.5	33.5	18.0%	165.5
伊拉克*	3.7	3.7	2.0%	^
以色列*	0.2	0.2	0.1%	16.8
科威特*	1.8	1.8	1.0%	104.2
阿曼*	0.7	0.7	0.4%	19.9
卡塔尔*	24.3	24.3	13.0%	134.1
沙特阿拉伯*	8.4	8.4	4.5%	77.0
叙利亚*	0.3	0.3	0.2%	79.1
阿拉伯联合酋长国*	6.1	6.1	3.3%	98.5
也门*	0.3	0.3	0.1%	365.8
其他中东国家	+	+	*	52.6
中东国家总计	79.4	79.4	42.5%	124.5

第三章 "一带一路"倡议：中国与沿线国家和地区的交通、能源交往

续表

国别或区域	2015年年底储量	2016年年底		
		储量	占全部份额	储产比
阿尔及利亚	4.5	4.5	2.4%	49.3
埃及	1.8	1.8	1.0%	44.1
利比亚	1.5	1.5	0.8%	149.2
尼日利亚	5.3	5.3	2.8%	117.7
其他非洲国家	1.1	1.1	0.6%	54.9
非洲总计	14.2	14.3	7.6%	68.4
澳大利亚	3.5	3.5	1.9%	38.1
孟加拉国*	0.2	0.2	0.1%	7.5
文莱*	0.3	0.3	0.1%	24.6
中国*	4.8	5.4	2.9%	38.8
印度	1.3	1.2	0.7%	44.4
印度尼西亚*	2.8	2.9	1.5%	41.1
马来西亚*	1.2	1.2	0.6%	15.8
缅甸*	0.5	1.2	0.6%	63.0
巴基斯坦*	0.5	0.5	0.2%	10.9
巴布亚新几内亚	0.1	0.2	0.1%	20.1
泰国*	0.2	0.2	0.1%	5.4
越南*	0.6	0.6	0.3%	57.6
其他亚太地区国家	0.3	0.3	0.1%	13.7
亚太地区总计	16.2	17.5	9.4%	30.2
世界总计	185.4	186.6	100%	52.5

注：1. ^表示超过500年；+表示低于0.05；*低于表示0.05%；n/a表示不详。

2. 加*的国家属于"一带一路"沿线国家。

3. 数据来源：《2017年BP世界能源统计年鉴》。

中东地区石油和天然气资源极其丰富，可开采储量接近全球的一半，分别为47.7%和42.5%；欧亚大陆地区的油气储量位居其次。其中，俄罗斯和哈萨克斯坦的石油比重较高，分别为6.4%和1.8%，另外，俄罗斯和土库曼斯坦的天然气储量全球占比分别高达17.3%和9.4%；与中国交好的非洲地区，其油气可开采量不可小觑，开采潜力巨大。其中，利比亚和尼日利亚的石油储量占非洲地区的比重较大，阿尔及利亚和尼日利亚的天然气储量在非洲地区较为突出，如图3-1所示。

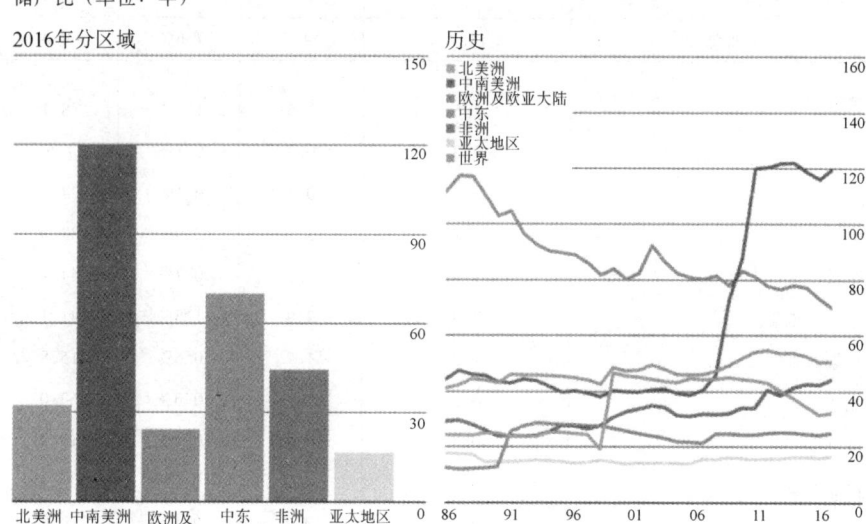

图3-1 2016年世界分区域石油储产比

资料来源：《2017年BP世界能源统计年鉴》。

非洲的石油储产比仅次于中东和拉美地区，在中东石油储产比历年大幅下降的同时，非洲的指标却稳中有升，尤其利比亚的储产比最高，为310.1%；对于亚太地区，油气储量相对弱于其他地方，中国、澳大利亚和印度尼西亚的储量较为丰富，另外，缅甸和越南的天然气储产比较高，具备较大的开采潜力。

从表3-3中可以看到，亚太地区的煤炭储量具备明显的优势，占世界总储量的46.5%，同时，中国的储量最高，

第三章 "一带一路"倡议：中国与沿线国家和地区的交通、能源交往

为21.4%；欧亚大陆的煤炭储量次之，为28.3%，其中，俄罗斯和哈萨克斯坦的储量较高；中东和非洲地区的占比极小，共占世界总量的1.3%。但我们应该从图3-2注意到，亚太地区煤炭的储产比较低，仅高于中东及非洲。

表3-3　　　　　　　　2016年底煤炭全部探明储量①概况　　　　　单位：百万吨

国别或地区	储量	占总量比例	储产比
美国	251582	22.1%	381
加拿大	6582	0.6%	109
墨西哥	1211	0.1%	151
北美洲总计	259375	22.8%	356
保加利亚*	2366	0.2%	75
捷克共和国*	3676	0.3%	80
德国	36212	3.2%	206
希腊	2876	0.3%	87
匈牙利*	2909	0.3%	311
哈萨克斯坦*	25605	2.2%	250
波兰*	24161	2.1%	184
罗马尼亚*	291	*	13
俄罗斯*	160364	14.1%	417
塞尔维亚*	7514	0.7%	196
西班牙	1187	0.1%	^
土耳其*	11353	1.0%	163
乌克兰*	34375	3.0%	^
英国	70	*	17
乌兹别克斯坦*	1375	0.1%	355
其他欧洲及欧亚大陆国家	7790	0.7%	201
欧洲及欧亚大陆总计	322124	28.3%	284

① 全部探明储量一般通常是指：通过地质与工程信息以合理的确定性表明，在现有的经济与作业条件下，将来可以从已知储层采出的煤炭储量。

续表

国别或地区	储量	占总量比例	储产比
南非	9893	0.9%	39
津巴布韦	502	*	186
其他非洲国家	2822	0.2%	276
中东	1203	0.1%	^
中东国家及非洲总计	14420	1.3%	54
澳大利亚	144818	12.7%	294
中国*	244010	21.4%	72
印度*	94769	8.3%	137
印度尼西亚*	25573	2.2%	59
日本	350	*	261
蒙古国*	2520	0.2%	66
新西兰	7575	0.7%	^
巴基斯坦*	3064	0.3%	^
韩国	326	*	189
泰国*	1063	0.1%	63
越南*	3360	0.3%	85
其他亚太地区国家	1968	0.2%	29
亚太地区总计	529396	46.5%	102
世界总计	1139331	100.0%	153

注：1. ^超过 500 年；* 低于 0.05%。

2. 数据来源：《2017 年 BP 世界能源统计年鉴》。

综上所述，"一带一路"沿线国家虽然仅有 66 个，但是化石能源的储量占据全球大半。另外，从上述表格中还可以看到，尽管能源储量丰富，但还是存在分布不均的问题。其中，石油和天然气资源主要集中分布在中东、俄罗斯和里海地区，其他沿线国家油气储量相对稀少；而对于煤炭来说，亚太地区储量丰富，但中东等地储量极少。可以看出，有效的能源合作对"一带一路"沿线各国经济发展显得尤

第三章 "一带一路"倡议：中国与沿线国家和地区的交通、能源交往

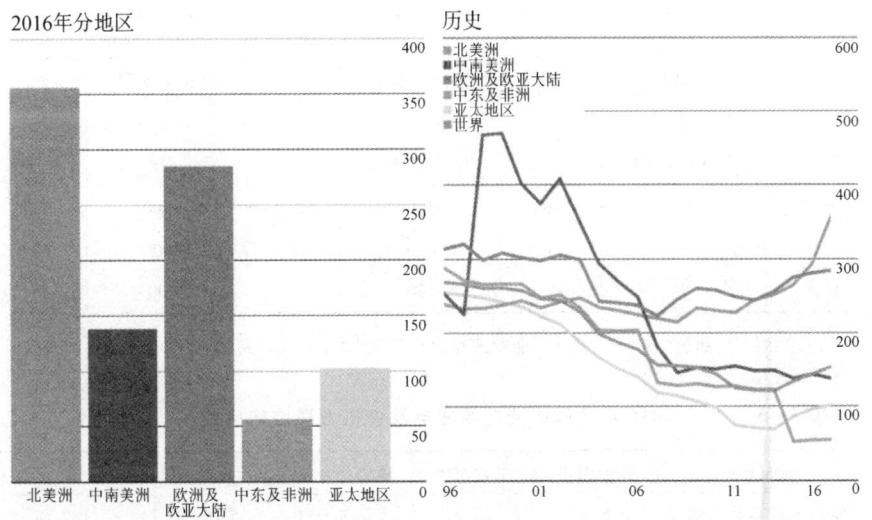

图3-2 世界煤炭储产比统计情况

数据来源：《2017年BP世界能源统计年鉴》。

为重要。

2. 清洁能源分布情况

相较于化石能源，"一带一路"沿线国家和地区的清洁能源也极其丰富，如表3-4所示。亚洲地区的水能储藏量占世界总量近一半，风能和太阳能的占比也居先列。非洲地区的清洁能源储藏量也很丰富，尤其风能和太阳能的储量占比分别为32%和40%，在未来的清洁能源发展方面显具优势。

目前全球清洁能源发电的主要能源来自于水能、风能、太阳能、核能以及生物燃料，见表3-5所示。从上文分析可以知道，亚洲水能、风能和太阳能的蕴藏量居世界第一，其次是非洲。丰富的清洁能源为"一带一路"沿线国家和地区实现能源互联网提供了充分的资源基础，这也是实现能源互联网最基础且最关键的一环。

表3-4　　　世界部分地区主要清洁能源分布统计

地区	水能		风能		太阳能	
	理论储藏量（万亿千瓦·时/年）	占比（%）	理论储藏量（万亿千瓦·时/年）	占比（%）	理论储藏量（万亿千瓦·时/年）	占比（%）
亚洲	18	46	500	25	37500	25
非洲	4	10	650	32	60000	40
欧洲	2	5	150	8	3000	2

资料来源：王敏："'一带一路'能源战略合作研究"，《经济研究参考》2016年第22期。

表3-5　　2016年全球清洁能源发电及装机容量结构比例　　　单位：%

项目	核能发电	水力发电	风力发电	太阳能发电	生物燃料发电
发电装机容量结构	5.5	18.3	7.8	5.0	1.9
全球发电结构	9.8	16.5	3.6	1.1	2.3

资料来源：IEA（2016）。

从水电方面来看，（见表3-6），中国现已成为世界水力发电第一国，而且在水力发电前几名的国家里，"一带一路"沿线国家和地区占据一半。根据权威报告，亚洲是最具潜能的水力发电地区，每年的发电量预计可达到7195TWh。

表3-6　　　　2015年水电装机容量统计表

	总装机容量（GW）	2015年装机容量增加值（GW）	产量（TWh）
中国*	319	19	1126
美国	102	0.1	250
巴西	92	2.5	382
加拿大	79	0.7	376
印度*	52	1.9	120
俄罗斯*	51	0.2	160

资料来源：REN21，IHA（2015）。

第三章 "一带一路"倡议：中国与沿线国家和地区的交通、能源交往

从太阳能方面来看。目前，太阳能发电主要有两种形式，分别是光伏发电（PV）和聚光太阳能发电（CSOP）。由于光伏发电效率大大地优于聚光太阳能发电，所以世界各地主要以光伏发电为主。表3-7统计了2016年通过聚光太阳能装机容量的情况，西班牙居于首位，为2362MW。同时，在装机容量位居前几位的国家中，"一带一路"沿线国家占据大半。

表3-7　　　2016年聚光太阳能（CSP）装机容量概况　　　单位：MW

国家	CSP装机容量
西班牙	2362
美国	1804
印度*	454
智利*	220
中国*	204
北非	201
摩洛哥*	183
阿拉伯*	100
澳大利亚	48
阿尔及利亚*	25

资料来源：Statista（2016）。

从图3-3的统计情况可以看出，2016年中国的光伏装机容量占据世界之首，占到世界总光伏装机容量的23%，美国、日本、德国以及意大利位居其后。另外可以发现，光伏发电量大的地方主要集中在光能资源较少的地区，即欧洲和中国；而资源丰富的非洲以及中东地区光伏发电量落后于世界平均水平。

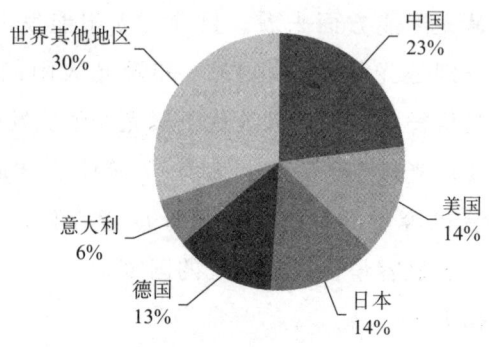

图 3-3 2016 年世界累积光伏（PV）装机容量

资料来源：HIS（2016）。

从风能方面来看，2016 年中国的风电装机容量占居全球首位，印度位居第四。结合表 3-8 可知，欧洲的风能资源远少于非洲和亚洲地区，而欧洲国家则是世界风力发电的主力军，这说明非、亚两地区在风力发电方面有极大的发展空间。

表 3-8   2016 年全球风电累计装机容量

	风电装机容量（MW）	比例（%）
中国	168690	34.7
美国	82184	16.9
德国	50018	10.3
印度	28700	5.9
西班牙	23074	4.7
英国	14543	3.0
法国	12066	2.5
加拿大	11900	2.4
巴西	10740	2.2
意大利	9257	1.9
其他国家	75577	15.5

资料来源：GWEC。

从生物燃料方面看，见图3-4。随着技术的发展，生物燃料逐渐在世界范围内兴起。从图3-4可以看出，尽管世界生物燃料增长率的贡献主要来自美洲，但欧亚大陆地区的增长量也在不断扩大，据《2017年BP世界能源统计年鉴》估计，在生物柴油产量上升的6.5%中，印度尼西亚占了一半以上的增量（约114.9万吨油当量）。

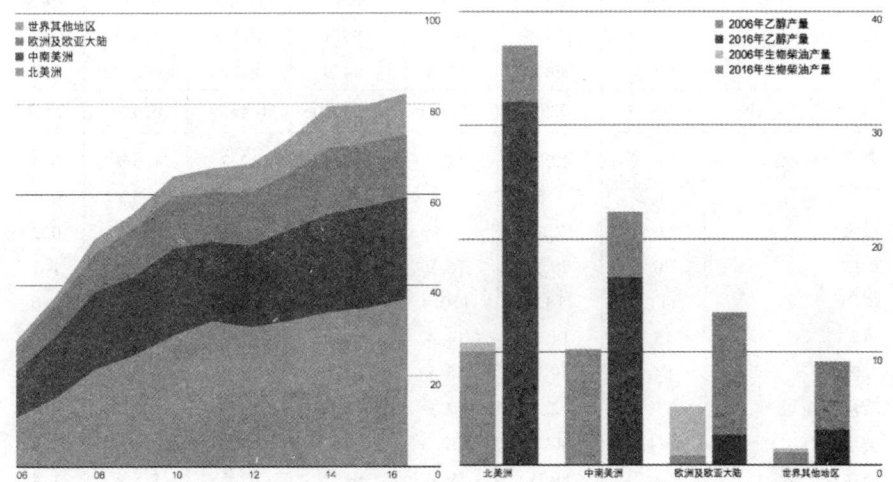

图3-4 世界生物燃料产量

数据来源：《2017年BP世界能源统计年鉴》。

综上所述，尽管"一带一路"沿线国家清洁能源丰富，但是开发利用率很低。目前，欧洲与亚洲的中国和印度等地区风电技术领先，中国和欧洲太阳能技术领先。而在"一带一路"战略的合作下，有利于能源互济与技术共享，解决如今不平衡的局面。

（二）"一带一路"沿线国家能源消费与分布不呈正相关

随着各地区经济增长的差异以及环保低碳的倡议下，世界各国的能源消费总量和结构处在不断变化之中。表3-9、表3-10和表3-11分别呈现了石油、天然气和煤炭消费量的变化情况。

表3-9　　　　　　　石油总消费量统计表　　　　　　单位：百万吨

国别或地区	2012年	2013年	2014年	2015年	2016年 消费量	2016年 增长率	2016年 占比
美国	817	832.1	838.1	856.5	863.1	0.5%	19.5
加拿大	102.3	103.5	103.1	99.1	100.9	1.5%	2.3
墨西哥	92.3	89.8	85.4	84.4	82.8	-2.1%	1.9
北美洲总计	1011.6	1025.4	1026.6	1040.0	1046.9	0.4%	23.7
奥地利	12.5	12.7	12.5	12.5	12.7	1.3%	0.3
阿塞拜疆*	4.2	4.5	4.4	4.5	4.6	1.5%	0.1
丹麦	7.8	7.7	7.8	8.0	8.0	0.3%	0.2
法国	80.3	79.3	76.9	76.8	76.4	-1.9%	1.7
德国	111.4	113.4	110.4	110.0	113.0	2.4%	2.6
希腊	15.3	14.5	14.4	14.9	15.4	2.8%	0.3
意大利	64.2	59.4	55.8	57.6	58.1	0.5%	1.3
哈萨克斯坦*	11.5	12.1	12.3	13.2	13.2	-0.2%	0.3
俄罗斯*	144.6	144.3	152.3	144.2	148.0	2.4%	3.3
西班牙	64.7	59.3	59.0	61.2	62.5	1.8%	1.4
瑞典	14.6	14.4	14.5	14.1	14.7	3.7%	0.3
瑞士	11.2	11.8	10.6	10.7	10.2	-5.4%	0.2
土库曼斯坦*	6.0	6.2	6.5	6.6	6.7	0.8%	0.2
英国	71.4	70.3	69.8	71.8	73.1	1.7%	1.7
乌兹别克斯坦*	3.0	2.9	2.7	2.7	2.8	0.7%	0.1
欧洲及欧亚大陆总计	882.1	864.3	858.8	865.9	884.6	1.9%	20
伊朗*	85.7	93.6	90.4	84.5	83.8	-1.1%	1.9
以色列*	13.9	11.5	10.6	11.4	11.6	1.9%	0.3
科威特*	24.4	22.7	21.0	22.3	22.0	-1.5%	0.5
卡塔尔*	8.2	9.3	9.7	10.7	11.7	9.2%	0.3
沙特阿拉伯*	146.2	147.3	159.8	166.6	167.9	0.5%	3.8
阿拉伯联合酋长国*	35.0	35.5	38.6	40.9	43.5	6.1%	1.0
其他中东国家	76.0	78.8	78.2	76.5	77.3	0.8%	1.7

续表

国别或地区	2012年	2013年	2014年	2015年	2016年 消费量	2016年 增长率	2016年 占比
中东国家总计	389.5	398.6	408.4	412.8	417.8	0.9%	9.5
阿尔及利亚	16.8	17.6	17.7	19.5	18.9	-3.2%	0.4
埃及	35.3	35.8	38.3	39.6	40.6	2.3%	0.9
南非	26.5	27.3	27.0	27.9	26.9	-3.6%	0.6
其他非洲国家	90.0	94.8	94.5	95.1	98.9	3.7%	2.2
非洲总计	168.6	175.4	177.5	182.1	185.4	1.5%	4.2
澳大利亚	47.9	48.2	48.1	47.9	47.8	-0.3%	1.1
孟加拉国*	5.4	5.3	5.8	6.2	6.6	6.0%	0.1
中国*	487.1	508.1	528.0	561.8	578.7	2.7%	13.1
中国香港*	17.2	17.6	16.6	18.3	18.9	3.2%	0.4
印度*	173.6	175.3	180.8	195.8	212.7	8.3%	4.8
印度尼西亚*	74.4	74.5	75.3	71.8	72.6	0.8%	1.6
日本	217.7	107.4	197.0	189.0	184.3	-2.8%	4.2
马来西亚*	32.9	34.9	34.9	35.5	36.3	1.8%	0.8
新西兰	7.0	7.1	7.2	7.5	7.7	1.8%	0.2
巴基斯坦*	20.0	21.9	22.6	24.6	27.5	11.4%	0.6
菲律宾*	14.4	14.9	16.1	18.3	19.9	8.5%	0.5
新加坡*	63.4	64.2	65.8	69.4	72.2	3.7%	1.6
韩国	108.8	108.3	107.9	113.8	122.1	7.1%	2.8
中国台湾	44.6	45.1	46.1	46.5	46.7	0.1%	1.1
泰国*	52.3	54.5	55.0	57.3	59.0	2.6%	1.3
越南*	17.1	17.3	18.0	18.8	20.1	6.2%	0.5
其他亚太地区国家	19.7	20.6	21.7	23.2	24.4	4.6%	0.6
亚太地区总计	1403.4	1425.2	1447.0	1505.8	1557.3	3.1%	35.2
世界总计	4176.2	4220.9	4254.8	4341.0	4418.2	1.5%	100

注：1. 欧洲及欧亚大陆国家只选取了部分重要数据陈列在表格里。

2. 加*的国家属于"一带一路"沿线国家。

3. 数据来源：《2017年BP世界能源统计年鉴》。

从石油的消费总量增长率看,世界各地的石油消费量普遍呈缓速上涨的趋势。其中,亚太地区2016年的消费增长量最大,为3.1%,高于世界总消费的增长率1.5%。同时,大部分的增长主要来自于"一带一路"沿线国家。从石油消费量看,亚太地区的消费量最高,占到世界总消费量的35.2%,而石油储藏量高的中东地区和欧亚大陆地区分别只占到9.5%和20%[①]。

世界各地的天然气消费量总体呈增长趋势,如表3-10所示。2016年中东地区和亚太地区的天然气消费增长最快,分别为3.5%和2.7%。从天然气消费量来看,北美国家、欧洲及欧亚地区以及亚太地区的消费占比居高,都在20%以上。而富含天然气的中东地区,其天然气消费量占比只有14.4%,仅高于非洲。

表3-10　　　　　　　　天然气消费总量统计表　　　　　单位:百万吨油当量

国家或地区	2012年	2013年	2014年	2015年	2016年 消费量	年增长率	份额
美国	657.4	675.5	690.0	710.5	716.3	0.5%	22.4%
加拿大	90.2	93.5	93.8	92.2	89.9	-2.8%	2.8%
墨西哥	71.9	74.9	78.1	78.4	80.6	2.5%	2.5%
北美洲总计	819.5	843.9	862.0	881.2	886.8	0.4%	27.7%
奥地利	8.1	7.7	7.1	7.5	7.9	4.4%	0.2%
阿塞拜疆*	7.7	7.7	8.5	9.6	9.4	-2.2%	0.3%
白俄罗斯*	16.7	16.7	16.5	14.0	15.3	9.0%	0.5%
比利时	14.4	14.2	12.4	13.6	13.9	1.8%	0.4%
法国	38.2	38.8	32.6	35.1	38.3	9.0%	1.2%

① 石油丰富的欧亚大陆地区实际的石油消费总量还要远低于20%。因为表3-5统计的是欧洲及欧亚大陆地区消费总量的占比,而且从表3-5可以看到欧亚大陆的石油消费量占比总体很低,西欧的石油消费占比较高。

第三章 "一带一路"倡议：中国与沿线国家和地区的交通、能源交往

续表

国家或地区	2012年	2013年	2014年	2015年	2016年 消费量	2016年 年增长率	2016年 份额
德国	69.7	73.1	63.5	66.2	72.4	9.2%	2.3%
意大利	61.4	57.4	50.7	55.3	58.1	4.7%	1.8%
哈萨克斯坦*	9.7	10.1	11.3	11.6	12.0	3.8%	0.4%
荷兰	32.4	32.8	28.6	28.3	30.2	6.4%	0.9%
俄罗斯*	374.6	372.1	368.7	362.5	351.8	-3.2%	11.0%
西班牙	28.6	26.1	23.7	24.6	25.2	2.0%	0.8%
土库曼斯坦*	23.7	20.6	23.0	26.5	26.6	*	0.8%
乌克兰*	44.6	38.9	33.1	25.9	26.1	0.3%	0.8%
英国	66.5	65.7	60.0	61.3	69.0	12.2%	2.2%
乌兹别克斯坦*	42.5	42.2	43.9	45.2	46.2	2.0%	1.4%
欧洲及欧亚大陆总计	966.6	949.0	905.0	909.2	926.9	1.7%	28.9%
伊朗*	145.4	146.6	165.3	171.7	180.7	5.0%	5.6%
以色列*	2.3	6.2	6.8	7.6	8.7	14.5%	0.3%
科威特*	16.6	16.8	16.6	19.2	19.7	2.5%	0.6%
卡塔尔*	21.1	34.1	32.8	39.5	37.5	-5.4%	1.2%
沙特阿拉伯*	89.4	90.0	92.1	94.0	98.4	4.4%	3.1%
阿拉伯联合酋长国*	56.9	60.2	59.3	66.4	69.0	3.6%	2.2%
其他中东国家	39.9	42.4	41.7	45.9	47.1	2.3%	1.5%
中东国家总计	373.5	396.3	414.7	444.3	461.1	3.5%	14.4%
阿尔及利亚	27.9	30.0	33.7	35.5	36.0	1.2%	1.1%
埃及	47.3	46.3	43.2	43.0	46.1	7.0%	1.4%
南非	4.0	4.1	4.5	4.6	4.6	1.3%	0.1%
其他非洲国家	29.3	30.4	32.9	39.2	37.6	-4.4%	1.2%
非洲总计	108.6	110.9	114.3	122.2	124.3	1.4%	3.9%
澳大利亚	30.4	32.0	34.3	38.6	37.0	-4.4%	1.2%
孟加拉国*	20.0	20.5	21.5	24.2	24.8	2.2%	0.8%
中国*	135.8	154.7	169.6	175.3	189.3	7.7%	5.9%
中国香港*	2.5	2.4	2.3	2.9	3.0	2.4%	0.1%

续表

国家或地区	2012 年	2013 年	2014 年	2015 年	2016 年 消费量	2016 年 年增长率	2016 年 份额
印度*	64.0	44.4	43.9	41.2	45.1	9.2%	1.4%
印度尼西亚*	38.0	36.7	36.8	36.4	33.9	-7.0%	1.1%
日本	105.2	105.2	106.2	102.1	100.1	-2.2%	3.1%
马来西亚*	31.9	36.3	38.0	37.6	38.7	2.7%	1.2%
新西兰	3.8	4.0	4.4	4.0	4.2	4.3%	0.1%
巴基斯坦*	39.4	38.4	37.7	39.2	40.9	4.2%	1.3%
菲律宾*	3.3	3.0	3.2	3.0	3.4	14.3%	0.1%
新加坡*	8.5	9.5	9.8	11.0	11.3	2.5%	0.4%
韩国	45.2	47.3	43.0	39.3	40.9	4.0%	1.3%
中国台湾	14.7	14.7	15.5	16.5	17.2	3.6%	0.5%
泰国*	41.8	42.0	42.9	43.8	43.5	-1.0%	1.4%
越南*	8.4	8.8	9.2	9.6	9.6	0.2%	0.3%
其他亚太地区国家	5.6	5.8	6.5	7.0	7.2	2.7%	0.2%
亚太地区总计	598.6	605.6	624.9	631.6	650.3	2.7%	20.3%
世界总计	3010.5	3054.4	3073.0	3146.7	3204.1	1.5%	100.0%

注：1. *表示低于 0.05%。

2. 100 万吨油当量大约等于 11.1 亿立方米天然气。

3. 数据来源：《2017 年 BP 世界能源统计年鉴》。

煤炭的消费量总体呈下降趋势（见表 3-11）。2016 年世界各地的煤炭消费量下降 1.7%，除非洲地区略有增长外，其他国家以中东地区和北美地区为首都有不同程度的下降。从煤炭消费量来看，亚太地区的消费最高，占世界消费总量的 73.8%，欧洲及欧亚大陆地区其次。

第三章 "一带一路"倡议：中国与沿线国家和地区的交通、能源交往

表 3-11　　　　　　　　煤炭消费总量统计表　　　　　　单位：百万吨油当量

国家或地区	2013 年	2014 年	2015 年	2016 年 消费量	2016 年 年增长率	2016 年 份额
美国	454.6	453.5	391.8	358.4	-8.8%	9.6%
加拿大	20.8	19.7	19.6	18.7	-5.2%	0.5%
墨西哥	12.7	12.7	12.7	9.8	-22.9%	0.3%
北美洲总计	488.1	486.0	424.2	386.9	-9.0%	10.4%
阿塞拜疆	+	+	+	+	-	*
白俄罗斯	0.9	0.8	0.7	0.8	16.5%	*
法国	11.6	8.6	8.4	8.3	-1.1%	0.2%
德国	82.8	79.6	78.5	75.3	-4.3%	2.0%
意大利	13.5	13.1	12.3	10.9	-11.9%	0.3%
哈萨克斯坦	36.3	41.0	35.8	35.6	-0.8%	1.0%
立陶宛	0.3	0.2	0.2	0.2	4.8%	*
波兰	53.4	49.4	48.7	48.8	*	1.3%
俄罗斯	90.5	87.6	92.2	87.3	-5.5%	2.3%
斯洛伐克	3.5	3.4	3.3	3.1	-5.0%	0.1%
土耳其	31.6	36.1	34.7	38.4	10.3%	1.0%
土库曼斯坦	-	-	-	-	-	-
乌克兰	41.6	35.6	27.3	31.5	14.9%	0.8%
英国	36.8	29.7	23.0	11.0	-52.5%	0.3%
乌兹别克斯坦	1.1	1.2	1.1	1.0	-10.1%	*
欧洲及欧亚大陆总计	508.1	487.3	471.3	451.6	-4.5%	12.1%
伊朗	1.4	1.6	1.6	1.7	4.3%	*
以色列	7.4	6.9	6.7	5.7	-15.5%	0.2%
科威特	-	-	-	-	-	-
卡塔尔	-	-	-	-	-	-
沙特阿拉伯	0.1	0.1	0.1	0.1	-	*
阿拉伯联合酋长国	1.4	1.5	1.3	1.3	-	-
其他中东国家	0.5	0.7	0.5	0.5	*	*
中东国家总计	10.9	10.8	10.2	9.3	-9.5%	0.2%

续表

国家或地区	2013年	2014年	2015年	2016年 消费量	2016年 年增长率	2016年 份额
阿尔及利亚	0.2	0.2	0.1	0.1	—	*
埃及	0.4	0.4	0.4	0.4	4.3%	*
南非	88.6	89.8	83.4	85.1	1.8%	2.3%
其他非洲国家	8.3	11.9	11.4	10.3	-10.3%	0.3%
非洲总计	97.5	102.3	95.3	95.9	0.4%	2.6%
澳大利亚	43.0	42.6	44.1	43.8	-0.9%	1.2%
孟加拉国	1.0	0.8	0.7	0.8	17.0%	*
中国	1969.1	1954.5	1913.6	1887.6	-1.6%	50.6%
中国香港	7.8	8.1	6.7	6.7	-0.3%	0.2%
印度	352.8	387.5	396.6	411.9	3.6%	11.0%
印度尼西亚	57.0	45.1	51.2	62.7	22.2%	1.7%
日本	121.2	119.1	119.9	119.9	-0.2%	3.2%
马来西亚	15.1	15.4	16.9	19.9	17.6%	0.5%
新西兰	1.5	1.5	1.4	1.2	-15.4%	*
巴基斯坦	3.2	4.7	4.7	5.4	15.1%	0.1%
菲律宾	10.0	10.6	11.6	13.5	16.0%	0.4%
新加坡	0.3	0.4	0.4	0.4	-6.5%	*
韩国	81.9	84.6	85.5	81.6	-4.8%	2.2%
中国台湾	38.6	39.0	37.8	38.6	1.7%	1.0%
泰国	16.3	17.9	17.6	17.7	0.7%	0.5%
越南	15.8	18.9	22.3	21.3	-4.4%	0.6%
其他亚太地区国家	13.8	16.0	16.9	20.6	21.3%	0.6%
亚太地区总计	2748.3	2767.0	2747.7	2753.6	-0.1%	73.8%
世界总计	3887.0	3889.4	3784.7	3732.0	-1.7%	100.0%

注：1. +低于0.05；*低于0.05%。

2. 数据来源：《2017年BP世界能源统计年鉴》。

第三章 "一带一路"倡议：中国与沿线国家和地区的交通、能源交往

另外，从能源消费结构来看，煤炭的消费量在不断缩减，石油的消费情况基本保持稳定，而天然气的消费在不断扩大。

二、"一带一路"沿线能源合作进展

从上述分析可以看到，"一带一路"沿线国家能源丰富，但分布不均。同时，能源分布与消费不呈正相关，即油气资源禀赋高的中东、中亚等地区能源消费总量较低，而油气资源相对匮乏的亚太地区能源消费总量很高。"一带一路"能源合作不仅有助于解决一国能源供需不均的困局，还能够推进绿色能源革命，推动各国共同应对环境问题，实现全球资源的有效利用。目前，"一带一路"能源合作的主要方式包括基础设施建设、能源利用与转型、能源服务与治理等。

（一）我国"一带一路"能源通道发展现状

能源运输通道是基础设施建设的重点投资项目，也是保障能源运输安全的重要枢纽。目前，能源运输通道主要包括海上运输、管道运输。海运主要有运量大、通过能力强以及运费低的优点。管道主要适用于陆地运输，是最安全、最经济和对环境破坏最小的运输方式，是各国油田与油港、炼油中心之间的纽带。从全球跨国石油运输量来看，35%的石油通过海上运输，不到25%通过管道运输，海运是国际石油贸易的最主要方式[①]。

"一带一路"沿线地域的海上运输通道主要包括北印度

---

① 管清友、何帆："中国的能源安全与国际能源合作"，《世界经济与政治》2007年第11期。

洋、马六甲海峡、霍尔木兹海峡、中国南海等①。目前，中国沿岸地区的原油码头设计能力已满足进口接卸需要，大型液化天然气（LNG）接收站已建成13座②。管道运输通道主要包括：西北方向，中哈原油管道、中亚—中国天然气管道A、B、C、D线，土库曼斯坦—中国天然气管道；东北方向，中俄原油管道二线和中俄东线天然气管道；西南方向，中缅原油/天然气管道。其中，中亚天然气管道途经乌兹别克斯坦、哈萨克斯坦，最终到达霍尔果斯口岸，并与国内的西气东输二线和三线相连。该管道自2009年12月A线竣工投产以来，经过多年建设，目前已形成A、B、C三线并行输气格局，每年输气能力达到550亿立方米。截至2017年11月29日，中亚天然气管道累计向国内输送天然气突破2000亿立方米。每年从中亚国家输送到国内的天然气，约占全国同期消费总量的15%以上。土库曼斯坦—中国天然气管道于2018年1月31日在塔吉克斯坦境内部分开始铺设，预计该天然气管道每年可以从土库曼斯坦向中国输送250亿—300亿立方米天然气，该天然气管道将于2020年1月起全面运行。中俄原油管道二线也于2018年1月正式通油，这标志着我国东北能源运输通道俄油进口的第二通道正式投入运营，每年从该通道进口的俄油量将从现在的1500万吨增加到3000万吨③。

从上可以看出，我国"一带一路"能源通道目前呈海陆并举的多元化发展状态，在不断地完善和巩固西北、东北、西南和海上的油气进口通道。2017年国家发展和改革

---

① 谢瑾、肖晔、张丽雪等："'一带一路'沿线国家能源供给潜力与能源地缘政治格局分析"，《世界地理研究》2017年第6期。
② 资料来源：国家发展和改革委员会网站。
③ 资料整理于"一带一路"能源合作网。

第三章 "一带一路"倡议：中国与沿线国家和地区的交通、能源交往

委员会、国家能源局联合发文强调，我国应继续加强陆海内外联动、东西双向开放，从而促进"一带一路"沿线国家和地区的能源互联互通，全面提升油气供需互补互济水平，推动油气管道标准的国际化。预计到2025年，基本形成"陆海并重"的能源通道格局。

（二）"一带一路"沿线能源互联网建设

随着技术进步和环保要求的提高，促进能源跨国流动、以电代油，实现能源可持续发展以及改善环境问题，将成为能源产业发展的新趋势。2015年9月26日，习近平总书记在联合国发展峰会上倡议构建全球能源互联网，推动以清洁能源和绿色方式满足全球电力需求。全球能源互联网的战略构想，是促进国内智能电网、储能、新能源等新兴产业发展的重要推手，是落实"一带一路"能源合作的重要举措①。

全球能源互联网不仅需要完善各国国内电力网的建设，还需要在洲际之间建设电力网络。反观"一带一路"沿线国家和地区，大部分地区能源丰富，但碍于技术落后电力系统极不发达，具备很大的开发潜能；而中国已具备成熟的特高压技术和直流输电技术。在"一带一路"能源合作的倡议下，形成了技术共享与能源互济的共赢局面。目前，我国与"一带一路"沿线国家和地区的电力合作主要包括资源开发与电源建设、输变电工程以及跨国电网互联互通项目②。截至2016年年底，我国共参与沿线25个国家共240个煤电项目，总装机容量达到了251054MW。其中，规划中

---

① 魏钧、邓文靓、吴向京："全球能源互联网：我国能源供给侧改革的新契机"，《价格理论与实践》2016年第8期。

② 张春成："一带一路沿线将成为全球电力投资注池"，《中国能源报》，2018年2月26日第4版。

和已签约的项目共 52 个，建设中的项目共 54 个，运营中的项目共 114 个。电网项目也随着特高压和智能电网技术的成熟取得了很大的进展，如表 3-12 所示。

表 3-12　中国与"一带一路"沿线国家合作的电网项目

合作国家	现役电网项目	规划电网项目
蒙古国	呼伦贝尔新巴尔虎右旗—哈敝日嘎口岸 10 千伏交流工程；兴安盟阿尔山市—送贝尔口岸 10 千伏交流工程；阿勒泰清河县—科布多省 35 千伏交流工程	蒙古锡伯敖包—天津 ±660 千伏直流工程；布斯敖包—山东 ±800 千伏直流工程
俄罗斯	布拉戈维申斯克市—黑河 ±500 千伏直流工程和 110 千伏交流工程；布拉戈维申斯克市—爱辉 220 千伏交流工程	叶尔科夫齐—河北霸州 ±800 千伏特高压直流工程；西西伯利亚库兹巴斯—河南 ±1100 千伏特高压直流工程
巴基斯坦	—	新疆伊犁—巴基斯坦伊斯兰堡 ±660 千伏直流工程
哈萨克斯坦	—	埃基巴斯图兹—南阳 ±1100 千伏特高压直流工程
东南亚	—	缅甸达桑—越南眉莫的输电线路；中国景洪—泰国他宏的输电线路；柬埔寨 Sambor—越南 Tan Dinh 输电线路；溪洛渡—浙西 ±800 千伏特高压直流工程

资料来源：高世宪、朱跃中：《依托"一带一路"深化国际能源合作》，中国经济出版社 2016 年版。

三、"一带一路"倡议下能源合作的新格局

（一）世界能源贸易中心向亚太地区转移

从世界各国的能源消费比较看，"一带一路"沿线发展

第三章 "一带一路"倡议：中国与沿线国家和地区的交通、能源交往

中国家的能源消费量普遍在上升，以中国和印度两大经济体为首，而西方发达国家的能源消费量在逐步缩小。据估计，到21世纪20年代初期，中国将成为世界最大的石油进口国，印度则是最大的煤炭进口国[①]，由此中国和印度将成为化石能源消费量和自我产量缺口最大的国家，可以预知能源贸易的重心将从大西洋盆地转向亚太地区，亚洲或成为世界最重要的能源贸易中心。

（二）中亚地区已成为能源战略的博弈重地

随着能源技术的提高和交通等基建设施的改善，中亚地区的陆地能源逐渐被发掘释放。同时，中亚紧邻里海地区，而里海是仅次于波斯湾、俄罗斯西伯利亚的世界第三大油气产区和能源基地。里海向北通向俄罗斯西伯利亚，向南连接中东地区，处于油气市场枢纽地位。在"一带一路"倡议下，中国加快了与中亚地区的合作，一方面，在公路、铁路、管道、电网等基建建设过程中给予了中亚地区大力的支持和帮助；另一方面，在化石能源和新能源等领域都拓宽了开发规模。但在此过程中，要面临与俄罗斯、美国、日本等大国的能源博弈。

（三）继续推动中非深度合作

从表3-4统计对比中可以发现，非洲蕴藏着丰富的清洁能源，具备很大的开发潜力。尽管非洲中的大多数国家不是"一带一路"沿线国家的一员，但在"一带一路"能源与交通战略的部署中，从来都没有放弃与非洲的合作。根据

---

① 刘佳骏："'一带一路'战略背景下中国能源合作新格局"，《国际经济合作》2015年第10期。

Aid Data 数据显示，2000 年至 2011 年，中国以 750 亿美元的资金在非洲 50 个国家建设了超过 1700 个项目，涵盖交通、水坝等。仅 2015 年，中国在非洲的交通建设投资就超过了 1310 亿美元。到 2025 年，还有 70 亿美元用于非洲的机场建设。

（四）进一步推进能源结算改革

在 2018 年 3 月 26 日，经过 17 年探索的中国原油期货终于在上海国际能源中心挂牌交易，这是中国能源金融发展的一个里程碑。中国原油期货以人民币计价，可以转换成黄金。这将对美国一直在国际原油贸易结算中的主导地位构成冲击。为了支持原油等货物期货市场对外开放，政府出台了对境外机构投资者从事中国境内原油期货交易所得暂不征收企业所得税等一系列优惠政策。中国原油期货上市，可以为石油石化及相关企业提供保值避险的工具，为整个石油产业链带来新的发展机遇。更重要的是，能源期货的上市能够为中国建立有影响力的能源基准价格，扩大能源贸易以人民币结算的规模，推进人民币国际化的进程①。同时，中国在"一带一路"沿线国家和地区的能源运输管道、电网等基建网络已逐步成形，这为能源交易通道创造了有利的条件，进而为促进亚洲能源定价中心的发展提供有力的支持。

---

① 资料整理于 wind 万德金融。

第三章 "一带一路"倡议：中国与沿线国家和地区的交通、能源交往

第二节
与沿线国家和地区交通能源交往的案例

目前，中国与"一带一路"沿线各国的交通能源合作正如火如荼地进行。在这些项目进展中，有的博采众长、和衷共济，有的却一波三折、功败垂成。下面分别以中巴能源合作和中伊能源合作作为成功与失败的案例，对成败原因进行梳理和分析。

一、"一带一路"能源合作"样板工程"——中巴能源合作

在"一带一路"倡议下，中巴两国以经济走廊为中心，以瓜达尔港、交通技术设施、能源以及产业合作为重点，打造"1+4"的合作格局。能源与交通合作项目是中巴经济走廊的重中之重。中巴经济走廊的能源项目共有21个，包括14个优先实施项目和7个积极推进项目，总装机容量约1704.5万千瓦，投资总额约305亿美元。截至2016年年底，完工及在建的能源合作项目有11个，总装机容量817万千瓦，投资额约160亿美元，建成投产后将基本解决巴基斯坦电力短缺问题。

专栏 3-1

巴基斯坦能源概况

巴基斯坦能源匮乏，能源消费结构严重失衡，主要面对两大挑战：一是对石油和天然气的依存度高达 80% 左右，并且 2016 年的需求量增速分别达到了 11.4% 和 4.2%，且高度依赖进口。二是电力短缺，输配电设备老化、电力基础设施薄弱、电力的供需缺口很大。油气资源匮乏以及电力市场落后成为制约其经济发展的主要障碍。巴基斯坦对风能、太阳能等清洁资源的利用处于初级阶段。

目前，巴基斯坦的发电模式主要包括火力发电、核能发电、水力发电。其中，火力发电在巴基斯坦的电力供应中占主导地位，并且以油气燃料为主。尽管巴基斯坦有较为丰富的煤炭资源（占世界储煤量 0.3%），但限于煤炭发电的开发技术落后，发电量较小。所以一直以来都主要通过进口油气来保证火力发电的能源供应，给政府带来很大的财政压力。在同中国进行深入的能源合作之后，煤炭已成为巴基斯坦重点发展的发电能源，预计在未来巴基斯坦的电力能源结构将发生重要的变化。水力发电在巴基斯坦的电力系统中同样发挥着重要的作用。巴基斯坦的水能资源很丰富，发展水电具有明显的自然优势，但是大多数水电站位于巴基斯坦的北部，而主要用电城市集中在中部和南部。由于输电距离远且输电设备老化，导致输电损失高企。核能发电是巴基斯坦政府一直的关注点，中国对于巴基斯坦的核电领域也给予了大力的资金和技术支持，目前共援助巴政府修建了 4 座核电站。

（一）中巴经济走廊能源合作模式

在中巴能源合作项目的推进过程中，双方政府探索出了两国能源项目务实合作的多层次模式，即"编制规划—政府协议—企业合同—融资贷款—项目执行"和"产业＋金

第三章 "一带一路"倡议：中国与沿线国家和地区的交通、能源交往

融"的模式。一方面为企业提供了优质的服务；另一方面实现了项目的商业化运营①。

在编制规划阶段，为确保能源项目切实满足巴方需求，2014年双方政府组织专家团队根据巴基斯坦资源禀赋、能源需求、相关技术以及经济发展需求制定了中巴经济走廊的能源合作规划。短期内因地制宜发展水电、风电和太阳能发电等项目，解决当前电力紧缺的困境；中长期合理规划各类能源消费比重，优化能源消费结构。

受安全局势、巴基斯坦基础设施老化等因素的影响，在巴基斯坦进行电力投资面临着很大的风险。与此同时，中巴合作还面临一系列政策障碍。为保障能源合作项目的顺利落地，规避各类风险、清除障碍，双方于2014年11月亚洲太平洋经济合作组织会议期间商签了能源合作政府间协议，制定了中巴经济走廊能源合作项目的保险、融资、备案等政策和快速绿色通道。巴方也出台了一系列支持政策，涵盖汇兑保障机制、电费支付政策、施工人员安全防卫措施以及税收和土地政策。在该协议商定的框架下，双方企业就合作内容和条件等进行磋商，签署合作合同，推进项目的快速启动。

对于融资贷款环节，我国已有多家银行和信用保险金融机构参与到中巴经济走廊能源项目中，提供了多种形式的投资模式、项目担保等。为了协调企业与金融机构之间的合作，中巴双方设计了产业和金融的全方位合作模式，从项目一开始的编制和协议谈判阶段，金融机构就深入参与其中，为项目提供高效的资金支持和保障。

在项目执行阶段，中巴两国政府提供一站式办公服务，

---

① 张玉清："一带一路能源合作模式探讨——以中巴经济走廊能源项目为例"，《国际石油经济》2017年第12期。

及时解决企业在巴基斯坦面临的港口、通关、税收、安保等一系列问题，确保项目的顺利进行。为了保证项目能够适应国内外能源形势的变化，中巴政府还建立了能源项目调整和评估机制，随时对各项目进行评估，终止有问题的项目，扩容进展良好的项目。在该合作模式下，推进了一项又一项工程的顺利实施和竣工，为解决巴基斯坦能源问题提供了极大的帮助。

（二）中巴能源合作的旗舰项目[①]

1. 达沃风电项目

达沃风电项目是中巴经济走廊能源合作14个优先项目之一，也是第一个完成融资关闭并开工的中方投资项目。项目投资额为1.15亿美元，装机容量5万千瓦，年发电量可达1.3亿千瓦时。项目于2015年4月20日正式开工建设，2017年4月4日进入商业运行。该项目不仅有效缓解了巴基斯坦电力供需矛盾，还在工程建设中帮助当地居民解决了就业、教育、医疗、饮水等问题，普惠大众。

2. 中兴能源巴基斯坦90万千伏发电项目

中兴能源巴基斯坦90万千伏发电项目位于巴基斯坦旁遮普省巴哈瓦尔布市真纳光伏产业园，占地面积4500英亩，总规模为900兆瓦，年发电量4.8亿千瓦时，可以解决巴基斯坦20万个家庭的日常用电，全部建成后将成为全世界单体最大光伏发电项目。该项目总投资15亿美元，中国进出口银行、国家开发银行、江苏银行、渤海银行提供银团贷款，中国出口信用保险公司承保海外投资险，中合担保等机构提供担保支持。建设期间向巴基斯坦政府累计缴纳税款

---

① 根据外交部、商务部、"一带一路"能源合作网相关项目资料整理所得。

第三章 "一带一路"倡议：中国与沿线国家和地区的交通、能源交往

1641万美元。

项目于2015年4月开工，仅启动90天后就完成了5万千瓦并网发电。2016年6月8日，完成一期30万千瓦并网发电，成为中巴经济走廊首个完成融资、首个建成并网发电的能源项目，领跑"一带一路"国际项目建设。工程建设期间，为当地创造3000多个就业岗位，拉动了当地的就业。在旁遮普省胡沙布地区的Pheera和Wadgal两个偏远的山村，中兴能源还开展了50千瓦风光互补项目，项目建成通电后，每年可提供清洁电力7.1万千瓦时，可解决当地80户村民的生活用电。

3. 萨希瓦尔燃煤发电项目

萨希瓦尔燃煤发电项目位于旁遮普省萨希瓦尔市东北约15公里处，工程建设规模为2台66万千瓦超临界燃煤发电机组，占地面积约405公顷。项目装机容量132万千瓦，每年平均发电90亿千瓦时，将满足巴基斯坦1000万人口的用电需求，有望填补巴基斯坦四分之一的用电缺口，为当地经济发展提供强大的能源支持。

项目于2015年7月31日正式开工，于2017年6月底顺利完成电站两台机组全面投产发电的目标，比原定竣工日期提前了半年。创造了中国海外同类型机组建设速度新纪录，并被沙赫巴兹称为"萨希瓦尔速度"。该电站已成为迄今为止中巴经济走廊建设速度最快、装机容量最大、技术领先、节能环保的高效清洁燃煤电站。项目采取EPC模式建设，由华能山东公司负责具体运营管理，运营期为30年。项目建设期间，创造直接就业机会1万余个；项目运营期间，每年提供5000余个就业与专业技能培训机会。

4. 塔尔煤田Ⅱ区块煤电一体化项目

塔尔煤田Ⅱ区块煤电一体化项目是中巴经济走廊和巴基

斯坦国内首个煤电一体化项目。2014年11月和2015年4月，中巴两国分别签署了项目融资备忘录和贷款条件书。该项目由中国机械设备工程股份有限公司（CMEC）与巴基斯坦安格鲁集团共同开发，并由CMEC执行建设。项目总投资20亿美元，融资模式为F+EPC，以中信保为依托，中国国家开发银行牵手中国工商银行、中国建设银行组成中方银团。项目于2016年4月3日正式实现融资关闭并正式开工，工期为42个月。

项目年产褐煤380万吨及配套66万千瓦燃煤电站，年发电量44.72亿千瓦时。该项目的实施促进巴基斯坦利用本国资源替代进口石油和天然气，平衡国际收支。随着煤矿不断扩产，将促使煤炭价格降低，从而直接降低发电成本，改善巴基斯坦电价居高不下的局面，缓解电力供需矛盾。

5. 卡洛特水电站项目

卡洛特水电站项目位于吉拉姆河干流上，是吉拉姆河规划梯级开发的第四级。该项目首个被载入中国和巴基斯坦联合声明的水电投资项目，也是巴基斯坦境内首个完全使用中国技术和中国标注的海外水电项目。2015年4月20日项目开工，工期为5年。该项目由中国长江三峡集团公司采用BOOT模式开发，运营期为30年。

项目总投资17.4亿美元，装机容量72万千瓦，每年平均发电32.06亿千瓦时，为提高清洁能源占比、优化能源结构作出积极贡献。项目建设期间，创造直接就业机会2200余个。项目建设将新建或改造公路11公里，建设跨Jehlum河钢筋混凝土公路大桥2座，建设跨Jehlum河悬索步行桥1座，建设永久房屋13000平方米，建成医疗机构、清真寺等公共设施约10个，对改善民生、拉动就业、加强基础设施建设发挥了重要的作用。

第三章 "一带一路"倡议：中国与沿线国家和地区的交通、能源交往

二、"一带一路"能源合作的曲折之路——中伊能源合作

伊朗是一个能源资源丰富的国家，但受制于诸多因素，中国与它的能源合作存在一个不断变化的曲折经历。

专栏 3-2

伊朗的能源战略

伊朗是世界上石油探明储量第三（1584 亿桶，仅次于沙特阿拉伯、加拿大）和天然气探明储量第一（33.5 万立方米）① 的国家，南扼能源要道霍尔木兹海峡，占据世界地缘政治的关键地位，是大国博弈的必争之地。目前，伊朗的常规油田共计 38 个，重油田 9 个，凝析油气田 19 个。根据数据分析公司 Global Data 分析，伊朗将在 2021 年前可以拥有包括原先油气田在内的共 66 个油气田。尽管伊朗储油丰富，但是一直以来都是汽油的进口国。伊朗历财年前 8 个月（2017 年 3 月 21 日开始）的汽油产量平均达到 7440 万升/天，而伊朗每天消耗近 8300 万升的汽油②。预估计直到最大的凝析油加工——波斯湾之星炼油厂（PG-SR）③ 二期全面投产时，伊朗的汽油产量便可以实现自给自足。

2013 年 11 月随着国际制裁部分解除后，伊朗便开始寻找海外公司投资国内能源领域。在第 21 届莫斯科国际石油大会上，伊朗国家石油公司向参会各方自荐了价值 1000 亿美元的 41 个在伊石油天然气项目，包括油气田开发、油田伴生石油气采集、天然气液化厂建设等。到 2015 年 12 月禁运解除后，伊朗以更加积极的态度参与到国际贸易市场中，向世界各地出口石油和天然气，在稳定与亚洲国家能源贸易的同

---

① 数据来自表 3-1 和表 3-2。
② 数据来源：商务部网站。
③ 二期全面达产后，PGSR 将每天生产 3600 万升汽油。

时，加大发展欧洲市场，力争占据世界油气市场的高地。同年，伊朗政府还规划了52个石油和天然气开发项目①。随后，与国际石油公司签订勘探开发协议，开发国内油气田，油气在伊朗的能源产销结构中仍占据极其重要位置。

（一）"出师未捷"的早期中伊油气合作项目

中国与伊朗的大规模能源合作可以追溯到1996年，当时中国的炼油厂迅速增加，伊朗的原油大量流入中国市场。尽管长期以来中伊两方能源合作不断，尤其在伊朗受制裁期间，中国独占伊方的能源开发市场。但是这段合作之路并不是一帆风顺，中方在此过程中蒙受了不少损失。在西方制裁的松绑以及"一带一路"倡议提出的背景下，与伊朗进行能源合作的空间极大，伊方也为进一步推进能源战略而出台了新的合作合同模式，但面临的风险和挑战还很大。

1. 亚达瓦兰油田项目

亚达瓦兰油田位于伊朗胡齐斯坦省，已探明原油储量300亿桶。2004年10月28日，中、伊两方签署了亚达瓦兰油田项目开发备忘录，由中国石油化工集团公司以"回购"方式开发亚达瓦兰油田。根据协议，中国石油化工集团公司将在25年内每年从伊朗购买1000万吨液化天然气，总价值达1000亿美元。

2007年12月9日，中国石油化工集团公司与伊朗国家石油公司正式签署了开发亚达瓦兰油田的合同。按照合同，该油田全部的开发资金由中方承担。中国石油化工集团公司

---

① 刘明德、马鑫茹："'一带一路'与海外利益专题研究：当前伊朗的能源政策及其对中国的影响"，《党政研究》2017年第2期。

计划用四年的时间分三期进行开发。其中,第一期共投资20亿美元,建成45口油井,日产原油量8.5万桶。但是此协议由于美国对伊朗的制裁而最终停滞不前。

2. 北帕尔斯油气田项目

2006年12月22日,中国海洋石油集团公司与伊朗签署价值160亿美元的液化天然气合作谅解备忘录,计划为期8年的北帕尔斯油气田开发工程,建设液化天然气工程和输送设备,并且将生产的一半份额的液化天然气出口到中国,伊朗将向中海油供应25年的天然气。

然而,合作消息一经发布,就在美国政界引起轩然大波,甚至有议员要求用《达马托法》审核中伊这份能源合作协议。当时中国主要石油公司都在美国证券交易所挂牌上市,这为美国方面通过金融市场施压中国创造了条件。2011年10月,由于项目进展缓慢,伊朗方面叫停了北帕尔斯油气田项目。

3. 南帕尔斯气田开采项目

南帕尔斯气田位于波斯湾伊朗和卡塔尔的交界处,共9700平方公里,其中3700平方公里归伊朗所有,是全球储量最大的非混合天然气气田。据估算,归伊朗部分的气田拥有14万亿立方米天然气和180亿桶天然气凝析液。

在2009年,由于美国的制裁,法国道达尔石油公司撤资该项目,由中国石油天然气集团公司接手开发南帕尔斯气田第11期工程,该项目价值约47亿美元。但是后来由于美欧的严厉制裁,中国石油天然气集团公司在项目上遇到结算不便、贸易困难、运输设备等难题。到2012年7月,因无法达到工程进度而不得不放弃第11区块的开发,随后中国石油天然气集团公司撤走中方的全部工人。

4. 勘探开发伊朗3区块(KUHDASHI)项目

伊朗3区块位于伊朗西南部，面积达8240平方公里。2005年，中国石油天然气集团公司在伊朗第一轮对外招标中中标3区块，同年6月就开始作业。项目进入后，第一口探井B-1井勘探成功，估算稳定日产70吨原油，具备良好的商业前景。但在接下来的勘探中，由于忽略了区块存在的不利地质条件，连续钻探的两口井都失败了。伊朗3区块在勘探期仅获得B构造一个发现，而对B构造的油气进行开发可行性论证后，认为在苛刻的回购合同模式下难以进入商业开发阶段。经过6年的探测，在2011年勘探期结束后，由于区块不具备商业开发价值，中国石油天然气集团公司不得不退出。尽管这个区块的油储藏量不错，但由于伊朗的"回购合同"太严苛以及低孔裂缝性碳酸盐油藏勘探经验不足和技术的不成熟，导致项目的失败①。

5. 南阿扎德甘油田项目

2018年初，法国道达尔公司、荷兰皇家壳牌公司、日本Inpex石油公司和中国石油天然气集团公司等数家全球领先的石油和天然气公司提交了开发伊朗最大的油田——阿扎德甘油田的研究报告。

事实上，早在1999年伊朗就在石油资源丰富的西南部胡齐斯坦省发现了阿扎德甘油田。最初，伊朗政府与日本Inpex石油公司签署合作计划，推动该项目的开发。但后来因为美国对伊朗的制裁，Inpex放弃了这个项目。随后，伊朗国家石油公司便把这个项目切分为南阿扎德甘和北阿扎德甘，都交由中国石油天然气集团公司开发。

根据中伊协议，在油田开发首阶段，中国石油天然气集

---

① 段海岗、孙作兴、王晓州等："伊朗3区块回购合同项目勘探实践与启示"，《中国石油勘探》2013年第3期。

第三章 "一带一路"倡议：中国与沿线国家和地区的交通、能源交往

团公司在南阿扎德甘油田应开采 185 口油井，但是由于内外环境都很严峻，继续把项目进行下去亏本的可能性很大，静观其变成为一种战略选择，所以当时只打了 7 口油井。但随着伊朗新总统上台，对伊朗的制裁开始松动，西方油企随之开始重返伊朗能源市场，伊朗开始对中国施加压力。后来在2014 年 5 月，伊朗政府以中国石油天然气集团公司拖延工期为由撤销了 25 亿元石油项目合同。

（二）中伊能源合作的困境缘由

从上述的几个案例看，中国和伊朗能源合作挫折主要来自以下两个原因：一是国际政治带来的风险，以美国为首的西方制裁团对伊朗的打压和封锁，都会波及中国企业。首先是开采设备短缺，尽管很多国产设备可以运到伊朗，但是还需要西方的技术和设备加以支持，有时还会出现一些中国设备制造商因为要开拓美国市场而拒绝伊朗能源项目的需求；另外资金方面也存在很大问题，根据中国石油天然气集团公司员工分析，伊朗境内外美元、欧元这两大货币资金流转通道基本已被卡死，特别是中国石油天然气集团公司旗下的昆仑银行被列入制裁名单后，中国石油天然气集团公司在伊项目的资金流转成为最大的难题。就算美元、欧元能够找到新的伊朗境内外资金流转路径，一旦资金被欧美敏感的金融监管机构截获，后果不堪设想①。

二是伊朗本国对中国企业的限制，主要受困于"回购合同"以及"当地化"两个因素。"回购合同"是伊朗针对海外企业投资本国能源开采项目而专门设定的合同模式。在

---

① 王家兴、葛海明："新一轮经济制裁下伊朗回购合同商务运作风险及应对策略"，《中国外资》2012 年第 21 期。

这种合同模式中，中国企业要先垫付项目所有的开发成本，并且要满足伊方的要求。在油田产油之后，伊朗会按照比例给中国企业售油分成以作为还款和报酬，中国企业没有作业权。倘若产油量达不到设计要求，又或者油价很低，那么中国企业可能完全没有收益。所以，必须有极大的产油量才能让中国企业有回报。至于"当地化"条件，主要是指项目要雇佣本地人、利用本地资源。"当地化"要求外国企业使用伊朗当地设备、材料以及服务占51%以上工作量。倘若完成不了，就要接受罚款。"当地化"意味着程序繁琐，成本不受控制，倘若超出合同的成本上限，超出部分也由外国公司自己负责。同时，"当地化"的条款含义含糊不清，怎样解释和执行也无确定标准。具有法律效力的各层级规范相对分散，有些规范性文件不透明，地方产业政策"朝令夕改"，使得外国投资企业应对各类不可预见法律风险成本也随之增加①。

第三节
与沿线国家和地区交通、能源交往展望

"一带一路"沿线国家和地区具有能源丰富但分布不均。其中，油气资源主要集中于中东、中亚和俄罗斯地区，煤炭资源集中于亚太地区；清洁能源主要集中于亚洲和非洲

---

① 王家兴、葛海明："新一轮经济制裁下伊朗回购合同商务运作风险及应对策略"，《中国外资》2012 年第 21 期。

第三章 "一带一路"倡议：中国与沿线国家和地区的交通、能源交往

地区。同时，能源消费与分布不呈正相关，消费主要集中在能源储量较少的亚太地区。在这样的背景下，"一带一路"倡议为沿线各国创造了互联互通、加强能源交往的大好时机。但由于沿线国家社会发展程度相差很大、又是战略重地，让"一带一路"交通能源未来的合作充满了复杂性和挑战性。

一、"一带一路"能源合作的潜在风险

（一）地缘政治风险

"一带一路"沿线国家和地区东西、南北交汇，是大国竞争资源的博弈焦点。在与"一带一路"沿线国家和地区的能源合作中，必会受到美国、俄罗斯、印度等大国博弈的影响。

首先，美国对于中国经济崛起充满疑虑和偏见，频频推出"中国威胁论"的论调，试图通过加强美日联盟来制衡中国。一是通过介入东亚、东南亚安全事务来刺激个别国家对华挑衅，破坏了区域能源合作的政治环境。二是美国通过规划"新丝绸之路"来介入中亚事务，尤其关于哈萨克斯坦方面，一边加大对哈萨克斯坦的经济援助，一边给其施压，要求哈政府将石油更多地通过美国主导的巴杰线出口到西方市场，并威胁要阻止国际金融机构向中哈管线提供贷款。此外，美国还计划在里海铺设一条海底输油管道，与哈油田相连[①]。

其次，俄罗斯与中亚能源方面存在着千丝万缕的联系，

---

① 韩立冬、王海燕："中哈能源管道博弈与前景"，《金融发展评论》2008年第4期。

并且俄罗斯将中亚地区视为重要的战略后方,"俄罗斯对外政策的优先方向是进一步巩固独联体,致力于加强独联体地区一体化进程,优先任务是建立欧亚经济联盟"①。中国与中亚地区能源合作的深化无疑会引发俄罗斯的疑虑。比如,俄罗斯对中哈输油管道颇为关心,认为它可能取代"安大线"计划;担心"中乌吉铁路"使用的轨道与俄式轨不能对接,导致中亚国家离心俄罗斯。

最后,印度对中国影响力的扩大有所顾虑,况且两国存在国际能源贸易竞争的关系。印度极其重视在南亚的影响力,并且积极与中亚、东南亚进行双边、多边的合作,努力扩大与哈萨克斯坦等中亚国家的能源贸易合作。2013年7月,《印度斯坦时报》就曾发文质疑中国与哈萨克斯坦的卡沙甘油田项目合作是"抢了印度的合同"②。此外,印度还希望通过"季风"计划构建以其为中心的环印度洋区域合作,掌握印度洋的海洋通道安全,以此来抗衡中国的"21世纪海上丝绸之路"。

除了以上大国带来的风险,还有"一带一路"沿线国家本身也存在风险。大部分国家的经济实力相对落后,参与全球化程度低,政局不稳且有的国家之间相互有冲突矛盾,很可能受政局变化或他国挑拨而转变合作立场,比如在缅甸、斯里兰卡等国的失败案例,都是由于地缘政治风险造成的。

(二)国别风险

从"一带一路"沿线国家和地区的情况来看,国别风

---

① 陈玉荣:《2013年俄罗斯外交:大国风范,成就突出》,世界知识出版社2014年版。
② 杨晨曦:"'一带一路'区域能源合作中的大国因素及应对策略",《新视野》2014年第4期。

第三章 "一带一路"倡议：中国与沿线国家和地区的交通、能源交往

险主要涵盖政治风险、法律风险、经济政策风险以及社会风险①。其中，政治风险、法律风险和经济政策风险是能源企业在海外主要面临的国别风险，而社会风险也主要受到政治风险的影响。

首先，政治风险是指一国发生的政治事件或与其他国家发生摩擦而对能源企业造成的不利影响。这一风险主要集中在中东地区，其中，伊拉克、伊朗等国家由于能源丰富、战略位置极其重要，世界大国对中东事务干涉不断，再加上对淡水资源和石油资源的争夺以及宗教纷争。从上述中伊能源交往的案例中，尽管后来伊朗的制裁稍见"松绑"，但美国对伊朗的态度一直很强硬，尤其在特朗普上台之后，称伊核协议是美国签署过的"最糟糕协议"，并要求美国的欧洲盟友采取更严厉的措施。虽然在2018年年初特朗普撤销对伊朗的制裁，但警告这是最后一次撤销指令。而西方制裁对中伊能源合作的不利影响也可以从上述案例了解到。在这个过程当中，中国能源企业在设备运输、资金流通、技术支持等方面受到了很大的影响，不得不延迟工期，有的甚至被取消项目合同，给中国企业带来不小的损失。另外，中亚地区也是冲突较为集中的地区，例如土库曼斯坦的民主改革给国内的政局带来了动荡。

其次，法律风险主要由于东道国法律不健全、不规范，法律条款含糊不清给能源公司带来经济损失的可能性。"一带一路"沿线国家和地区多为经济发展中的国家，法律水平不高，各项匹配制度并不完善，而且还存在较为严重的腐败现象。在中伊能源合作中，"当地化"条件给中企带来了

---

① 赵睿、贾儒楠："浅议'一带一路'战略中的国别风险管控——基于国别经济风险评估模型的研究"，《上海金融》2017年第3期。

很大的法律风险，一方面"当地化"条件定义含糊不清；另一方面合同缺乏权威且规范的法律条文来解释，更严重的是在模棱两可的情况下，法律解释带有随意性。面对此种情况，中企显然处在法律弱势的困境中。

再次，经济政策风险主要是指一国制定的经济政策引起经济的变化、物价水平的波动从而导致企业亏损的可能性。"一带一路"沿线国家和地区大部分经济水平普遍不高，再加上有的国家政局不稳、社会冲突频发，对国家的经济环境产生不利影响，由此对海外企业的利益造成了严重的威胁和困扰。

最后，社会风险是指一国发生社会冲突而危及社会稳定和正常秩序的可能性，比如失业、民族矛盾、宗教信仰等因素。大部分"一带一路"沿线国家和地区的社会环境复杂，民族构成多样，宗教冲突不断，导致价值观差异较大，地区动荡与恐怖分子活动等问题危及到了我国能源企业的项目安全。

此外，地缘政治风险和国别风险常常具有"连带效应"，加重了能源合作项目的困境。更主要的是，这些风险威胁到了能源的安全问题。主要体现在对能源价格和能源运输安全的影响。能源价格除了受到市场供需、投资者期望等正常因素影响外，还会受到政治风险的影响，比如两伊战争引发的石油危机；欧美为打压俄罗斯而联手压低油价等。油价的频繁波动给石油贸易国带来很大的负面影响。当油价大幅攀升时，石油进口国的进口成本会上升，国际收支恶化，输入通货膨胀，导致经济停滞等[①]。另外，能源运输安全也

---

① 管清友、何帆："中国的能源安全与国际能源合作"，《世界经济与政治》2007年第11期。

受到上述风险的影响。目前,中国能源运输安全主要集中在海路上,即太平洋航线。中国有 75% 的进口原油来自中东和非洲,10% 来自于南美,其余部分分别来自俄罗斯和中亚。所以,中国进口原油的运输严重依赖马六甲海峡。而马六甲海峡是国际政治中的敏感地区,海盗活动频繁,各国领海纷争事故多发①。

二、"一带一路"能源合作的建议

(一)完善"一带一路"能源合作的法律制度

首先,在双边合作中,要全面了解合作方的能源战略部署和当地的能源法治政策,以双方利益最大化为目标构建能源合作的具体协议和规则。从中巴能源合作的例子来看,双方政府积极协调与沟通、制定好项目规则,对于合作项目的实施极其重要。尽管中国与沿线各国无论从政治上还是经济上差异都很大,但是只要将"一带一路"倡议与对方的战略部署进行友好对接,双方政府积极协调配合,就可以实现双方的利益最大化,中巴能源的合作也证实了这一点。

其次,完善多边能源合作机制。目前,中国与沿线各国共同构建了中亚区域经济合作机构、亚太经合组织、上海合作组织以及亚信会议等机制来协调和处理区域能源合作的问题,但还存在相互协调能力弱,对能源的运输安全、价格等法律条文不明确等问题。为此,可以构建以份额为基础的权利分配机制,以能源基础设施互联互通、贸易畅通、资金融

---

① 谢瑾、肖晔、张丽雪等:"'一带一路'沿线国家能源供给潜力与能源地缘政治格局分析",《世界地理研究》2017 年第 6 期。

通为主要目标，积极协调和制定能源合作规则。同时，还要构建组织机构，制定议事程序和监督机制，从而提高制度保障①。

最后，完善国内能源法治体系，从而推动国际能源合作法律制度的发展。习近平总书记在2014年中央财经领导小组的讲话中曾指出，"要推动能源体制革命，打通能源发展快车道。坚定不移推进改革，还原能源商品属性，构建有效竞争的市场结构和市场体系，形成主要由市场决定能源价格的机制，转变政府对能源的监管方式，建立健全能源法治体系"②。可以看出，政府已把能源法治列为我国法治建设的重要内容。所以，要以国内外能源发展的实际情况为背景，以"一带一路"能源与交通实施的需求为基础，完善国内能源法律制度，由此推进"一带一路"能源合作的区域法制建设。

（二）加强能源金融建设，推动人民币结算和流通

首先，实现产业与金融的完全对接。从中巴能源合作的成功案例中可以看到，金融与产业的融合对于项目的顺利进行起着至关重要的作用。中国企业在能源项目的合作中，自始至终都需要大量的资金支持。如果金融机构从项目计划阶段就参与其中，不仅可以根据项目随时调整资金投资方案，还可以根据当地的金融情况预控风险，防止不必要的损失发生。此外，金融与产业的融合，一方面可以对传统金融产品有所创新，开拓海外金融市场；另一方面还能提高中国企业对外投资数量，提升中企的定价话语权。

---

① 任虎："中国与'一带一路'沿线国家能源合作法律制度研究"，《国际经济合作》2016年第9期。

② "习近平：积极推动我国能源生产和消费革命"，新华网，2014年6月13日。

其次，要加快人民币国际化进程。一方面，提升人民币的流通和结算可以逐渐剔除美元单方面统治能源交易的弊端。比如在伊朗受到制裁期间，因为美元、欧元的资金流通通道被卡死，使能源项目的开展受到很大影响，导致工期拖延等一系列问题。另一方面，通过人民币结算可以实现货币交易的多元化，从而逐步获得"一带一路"能源合作的定价权。

（三）推动"一带一路"能源绿色发展

首先，绿色"一带一路"能源建设是保护生态环境、实现可持续发展的内在要求。中国应大力开发清洁能源合作项目，进一步推进"一带一路"能源互联网建设。这样既有利于增进沿线各国政府、企业和群众的理解和支持，让更多的国家认识到"一带一路"倡议不是地缘政治的工具，而是经济发展的机遇，又有利于避免大国以破坏生态为理由阻碍"一带一路"能源合作的推进。

另外，面对破坏日益严重的生态环境和气候，良好的生态环境成为各国经济发展的基本条件和需求，预防污染也是各国的共同责任，而能源绿色化发展必然是未来能源市场的主导方向。中国作为世界能源消费第一大国，应起到引领带头的示范作用，尤其在"一带一路"能源与交通建设的过程中，要积极推进绿色投资、绿色贸易和绿色金融体系的发展，实现"一带一路"利益共同体经济发展和环境保护的双赢。

第四章

"一带一路"倡议：中国与沿线国家和地区的金融交往

金融融通是"一带一路"倡议中的重要组成部分，与"一带一路"建设是整体与部分的关系。"一带一路"倡议中具体项目的落地离不开金融的保障服务，项目的开发、运营都需要巨额资金的支持。通过安全高效的金融服务来保障相关项目的顺利实施，为"一带一路"建设起到了保驾护航的作用。2013年提出"一带一路"倡议以来，我国与沿线国家和地区之间的金融交往不断深入，至今已经形成了一个

 中国与沿线国家和地区行业交往现状及趋势

由双边、区域性和国际性金融组织为载体的交往网络。

第一节
与沿线国家和地区金融交往概况

互联互通是"一带一路"倡议的重要目标,其前提则是基础设施建设的互联互通。在"一带一路"沿线国家中,要实现其他领域目标的畅通离不开金融的作用,为了更好地实现开发性金融,必须要做好金融市场的构建,而金融机构在"一带一路"建设中扮演的是至关重要的,且是最牢固的底层支持角色。开发性金融主要以多边组织亚洲基础设施投资银行和丝路基金为主,单边金融机构以中国开发银行和中国进出口银行为主,国有四大银行参与度较高,目前与东盟的联系最为密切,在其他地区还要继续加强合作力度。

一、与沿线国家和地区的金融联系

与沿线国家和地区的金融交往,虽然涉及多个层面,但主要集中在金融机构之间的互设、相互投资等方面。

(一) 与沿线国家和地区建立金融交往

1. 中国与沿线国家和地区的金融机构在对方国家互设分支机构

截至2015年年末,共有9家中资银行在"一带一路"沿线的24个国家设立了56个一级分支机构(见表4-1)。

第四章 "一带一路"倡议:中国与沿线国家和地区的金融交往

表4-1　　中国在"一带一路"沿线国家设立金融机构情况

所属地区	一级分支机构数目	分行	子行	代表处	合资银行
南亚8国	2	2			
东南亚11国	24	17	5	2	1
东亚蒙古国	1			1	
中亚5国	2		2		
独联体7国	6		4	2	
西亚18国	16	9	3	4	
中东欧16国	5	4	1		

数据来源:中国银监会网站,http://www.cbrc.gov.cn/chinese/home/docViewPage/301.html。

中国金融机构在"一带一路"沿线国家和地区设立分支机构中(见表4-2、表4-3),中国银行、中国工商银行设置的分支机构较为广泛,但还是有中东欧、西亚、独联体、中亚国家尚未大量涉及。除两大政策性银行和五大商业银行外,其他银行走出去的步伐相对较小,仅有一些零散的分支机构铺设,如中国招商银行仅在新加坡设有分支机构,富滇银行在老挝设有分支机构。中国的金融机构仍需要加大"走出去"的力度,大力发展开发性金融。

表4-2　　　　"一带一路"沿线国家设立金融机构情况

所属地区	国别	中国银行	中国农业银行	中国工商银行	中国建设银行	中国交通银行	国家开发银行	中国进出口银行
南亚8国	不丹							
	尼泊尔							
	阿富汗							
	孟加拉国							
	巴基斯坦			√				
	印度			√				
	斯里兰卡							
	马尔代夫							

续表

所属地区	国别	中国银行	中国农业银行	中国工商银行	中国建设银行	中国交通银行	国家开发银行	中国进出口银行
东南亚11国及蒙古国	缅甸	√		√				
	菲律宾	√						
	文莱							
	印度尼西亚	√		√				
	新加坡	√	√	√	√	√		
	马来西亚	√		√				
	越南	√	√	√	√	√		
	泰国	√		√				
	老挝	√		√				
	柬埔寨	√		√				
	东帝汶							
	蒙古国	√						
中亚5国	土库曼斯坦							
	哈萨克斯坦	√		√				
	乌兹别克斯坦							
	吉尔吉斯斯坦							
	塔吉克斯坦							
独联体7国	俄罗斯	√	√	√	√		√	√
	乌克兰							
	白俄罗斯							
	摩尔多瓦							
	格鲁吉亚							
	阿塞拜疆							
	亚美尼亚							
西亚18国	土耳其	√		√				
	伊朗							
	叙利亚							
	伊拉克							

续表

所属地区	国别	中国银行	中国农业银行	中国工商银行	中国建设银行	中国交通银行	国家开发银行	中国进出口银行
西亚18国	阿拉伯联合酋长国	√	√	√	√			
	沙特阿拉伯			√				
	卡塔尔			√				
	巴林	√						
	科威特			√				
	黎巴嫩							
	阿曼							
	也门							
	约旦							
	以色列							
	巴勒斯坦							
	埃及的西奈半岛地区						√	
	希腊							
	塞浦路斯							
中东欧16国	波兰	√		√				
	捷克	√						
	斯洛伐克							
	匈牙利	√						
	斯洛文尼亚							
	克罗地亚							
	罗马尼亚							
	保加利亚							
	塞尔维亚							
	黑山							
	马其顿							
	波黑							
	阿尔巴尼亚							
	爱沙尼亚							
	立陶宛							
	拉脱维亚							

资料来源：中国银监会网站，http://www.cbrc.gov.cn/chinese/home/docViewPage/301.html。

表 4-3　中国商业银行、政策性银行海外分支机构分布情况

金融机构名称	金融机构个数	境外分支机构
国家开发银行	6	莫斯科代表处、伦敦代表处、开罗代表处、万象代表处、加拉加斯代表处、里约热内卢代表处
中国进出口银行	4	巴黎分行、圣彼得堡代表处、西北非代表处、东南非代表处
中国银行	96	新加坡分行、加东支行、大坡支行、小坡支行、淡滨尼支行、唐城支行、东京分行、横滨分行、大阪分行、大手町分行、神户分行、名古屋分行、哈萨克中国银行、亚联分行、首尔分行、安山分行、大邱分行、九老分行、中国银行（澳大利亚）有限公司、悉尼分行、中国城分行、墨尔本分行、好事围分行、珀斯分行、巴拉玛打分行、博士山分行、布里斯班分行、中国银行（泰国）股份有限公司、罗勇分行、胡志明市分行、马尼拉分行、金边分行、五洲支行、马来西亚中国银行、麻坡分行、槟城分行、巴生分行、新山分行、蒲种分行、古晋分行、雅加达分行、泗水分行、棉兰分行、中国银行中东（迪拜）有限公司、巴林代表处、乌兰巴托代表处、中银航空租赁私人有限公司、中银国际（新加坡）有限公司、伦敦分行、中国银行（英国）有限公司、中国银行（英国）有限公司伦敦中国城分行、中国银行（英国）有限公司曼彻斯特分行、中国银行（英国）有限公司格拉斯哥分行、中国银行（英国）有限公司伯明翰分行、中银国际（英国）有限公司、法兰克福分行、汉堡分行、杜塞尔多夫分行、柏林分行、巴黎分行、十三区分行、里昂分行、罗马分行、米兰分行、匈牙利中国银行、卢森堡分行、中国银行（卢森堡）有限公司、中国银行（卢森堡）有限公司鹿特丹分行、中国银行（卢森堡）有限公司布鲁塞尔分行、中国银行（卢森堡）有限公司波兰分行、中国银行（卢森堡）有限公司斯德哥尔摩分行、中国银行（卢森堡）有限公司里斯本分行、俄罗斯中国银

第四章 "一带一路"倡议：中国与沿线国家和地区的金融交往

续表

金融机构名称	金融机构个数	境外分支机构
中国银行	96	行、中国银行（俄罗斯）哈巴罗夫斯克分行、中国银行（俄罗斯）滨海分行、纽约分行、纽约华埠分行、洛杉矶分行、芝加哥分行、中国银行（加拿大）有限公司多伦多中区分行、大多伦多中心分行暨VIP客户服务中心、多伦多万锦分行、多伦多北约克分行、多伦多密西沙加分行、温哥华分行、温哥华烈治文分行、卡尔加里分行、蒙特利尔分行、开曼分行巴拿马分行、科隆分行、中国银行（巴西）有限公司、赞比亚中国银行约翰内斯堡分行、内罗毕代表处、罗安达代表处
中国农业银行	14	法兰克福分行、迪拜国际金融中心分行、新加坡分行、香港分行、东京分行、纽约分行、首尔分行、悉尼分行、中国农业银行（莫斯科）有限公司、中国农业银行（英国）有限公司、台北代表处、温哥华代表处、农银国际控股有限公司、农银财务有限公司
中国工商银行	49	阿布扎比分行、釜山分行、华商银行、多哈分行、河内分行、香港分行、工银亚洲、工银阿拉木图、工银印度尼西亚、工银澳门、工银马来西亚、迪拜分行、工银泰国、工银国际、卡拉奇分行、孟买分行、金边分行、首尔分行、新加坡分行、东京分行、万象分行、科威特分行、仰光分行、阿姆斯特丹分行、布鲁塞尔分行、法兰克福分行、工银欧洲、工银伦敦、伦敦分行、工银莫斯科、工银标准、工银土耳其、卢森堡分行、米兰分行、巴黎分行、华沙分行、布拉格分行、马德里分行、苏黎世分行、工银加拿大、工银金融、工银墨西哥、工银美国、纽约分行、工银阿根廷、工银秘鲁、工银巴西、悉尼分行、工银新西兰

续表

金融机构名称	金融机构个数	境外分支机构
中国建设银行	38	香港分行、新加坡分行、法兰克福分行、约堡分行开普敦分行、东京分行、大阪分行、首尔分行、伦敦分行、纽约分行、胡志明市分行、悉尼分行、墨尔本分行、布里斯班分行、迪拜国际金融中心分行、台北分行、卢森堡分行、澳门分行、多伦多分行、苏黎世分行、智利分行、珀斯分行、中国建设银行（亚洲）股份有限公司、中国建设银行（伦敦）有限公司、中国建设银行（俄罗斯）有限责任公司、中国建设银行（欧洲）有限公司、中国建设银行（欧洲）有限公司、巴黎分行中国建设银行（欧洲）有限公司、阿姆斯特丹分行中国建设银行（欧洲）有限公司、巴塞罗那分行中国建设银行（欧洲）有限公司、米兰分行中国建设银行（欧洲）有限公司、华沙分行中国建设银行（新西兰）有限公司、中国建设银行（巴西）股份有限公司、中国建设银行（巴西）股份有限公司、开曼分行中国建设银行（马来西亚）有限公司、中国建设银行（印度尼西亚）股份有限公司、建信租赁（国际）有限公司、建银国际（控股）有限公司

资料来源：根据各大银行网站（http://www.boc.cn/aboutboc/ab6/）、（http://www.icbc.com.cn/ICBC/）、（http://www.ccb.com/cn/v3/head_content/sitemap.html）、（http://www.cdb.com.cn/gykh/zzjg/fzjg/）、（http://www.eximbank.gov.cn/tm/branch/index_105.html）、（http://www.abchina.com/cn/AboutABC/nonghzx/fzjg/jnbranch_org/）相关资料统计所得。

截至2017年9月份，国家开发银行在"一带一路"沿线国家和地区累计发放贷款1789亿美元，余额超过1100亿美元。国家开发银行于2017年12月，在中国香港以私募方式成功发行3.5亿美元5年期固息"一带一路"专项债，债券在香港联交所上市，这次专项债是国家开发银行发行的首笔"一带一路"专项债，是创新内地与香港金融市场的大胆尝试。2014年至今，中国进出口银行在"一带一路"沿

第四章 "一带一路"倡议：中国与沿线国家和地区的金融交往

线国家和地区累计签约项目逾 900 个，签约金额超 6000 亿元，发放贷款 4500 多亿元，累计支持商务合同金额超过 3600 亿美元，项目分布于"一带一路"沿线 50 个国家，重点投资于设施联通、贸易合作、产业投资、能源合作等领域。截至 2017 年 11 月末，中国银行投资"一带一路"重大项目约 520 个，2015 年至 2017 年 11 月间，对沿线国家各类授信支持约 980 亿美元。

除了我国在沿线国家和地区设立金融机构外，沿线国家和地区也在我国设立分支机构，见表 4－4。

表 4－4　　"一带一路"沿线国家在我国设立金融机构情况

所属地区	一级分支机构数目	分行	子行	代表处
南亚 8 国	17	7		10
东南亚 11 国	23	9	7	7
东亚蒙古国	1			1
中亚 5 国	2			2
独联体 7 国	11	1		10
西亚 18 国	13	1		12
中东欧 16 国				

数据来源：根据中国银监会网站（www.cbrc.gov.cn/chinese/home/docViewPage/301.html）相关数据统计所得。

与东南亚国家金融交往密切，就设置金融机构数目来看，我国在该地区设立了较为广泛的分支机构网络，共 25 家一级机构，其中包括 18 家分行、5 家子行、1 家代表处、1 家合资银行。东南亚的银行在中国也设立了较多的金融机构，共设立了 21 家一级机构，包括 9 家分行、7 家子行、7 家代表处。中国银监会已与越南、柬埔寨、泰国、马来西亚、新加坡、印度尼西亚、菲律宾的银行监管机构签署了 MOU，与马来西亚和新加坡资本市场监管机构签署了 QDII

监管合作换文[1]。

与南亚地区交往较为缓慢,截至2017年11月,我国金融机构在印度和巴基斯坦各设有一家分行;而印度在我国设有9家一级分支机构,其中包括7家分行、5家代表处;巴基斯坦在我国设有5家分支机构、5家代表处。中国银监会与印度和巴基斯坦的银行监管机构签署了MOU,还与巴基斯坦签署了跨境危机管理合作协议。

西亚18国中有些国家金融市场发达,诸如阿拉伯联合酋长国、卡塔尔、巴林,其中阿拉伯联合酋长国和卡塔尔已建立金融自由区,并拥有独立的监管体系。近年来,中资银行加速在西亚国家的金融布局,目前已在16国设立了3家子行、9家分行、4家代表处。当地银行在华设立12家代表处、1家分行。中国银监会与土耳其、阿拉伯联合酋长国、卡塔尔、巴林、科威特和以色列分别签署了MOU[2]。

与中东欧地区的金融交往进展地十分缓慢,截至2018年年初,中国工商银行、中国银行在波兰设立2家分行,中国银行在匈牙利设有1家子行、1家分行,中国银行在捷克设有1家分行。中东欧16国银行并没有在我国设立机构。中国银监会与波兰、匈牙利、捷克、立陶宛等国监管机构分别签署了MOU[3]。

在独联体国家中,我国在俄罗斯设置4家子行、2家代表处;俄罗斯在我国设置1家分行、9家代表处。而与剩余6国金融交往较为稀疏,白俄罗斯在中国设立1家代表处,但没有中资银行在独联体其他六国设立分支机构。中国银监

---

[1] 资料来源:中国银监会网站,www.cbrc.gov.cn/chinese/home/docViewPage/301.html。
[2] 资料来源:中国银监会网站,www.cbrc.gov.cn/chinese/home/docViewPage/301.html。
[3] 资料来源:中国银监会网站,www.cbrc.gov.cn/chinese/home/docViewPage/301.html。

会在 2007 年分别与乌克兰和白俄罗斯的监管当局签署了 MOU①。

2. 成立或参与亚洲投资银行、丝路基金组织等区域性金融组织以促进"一带一路"建设

（1）亚洲基础设施投资银行。法定股本 1000 亿美元的亚洲投资银行是一个政府间性质的亚洲区域多边开发机构，重点支持基础设施建设，成立目的是为了促进亚洲区域建设的互联互通和经济一体化，同时加强中国与亚洲国家和地区的合作，是首个由中国倡议设立的多边金融机构。亚洲投资银行已在 12 个成员国中开展了 24 个基础设施投资项目，项目贷款总额 42 亿美元，撬动了 200 多亿美元的公共和私营部门资金。24 个项目主要涉及能源、交通、基础设施等领域，位于亚洲及周边发展中国家。截至 2017 年 12 月，其成员从开业时的 57 个成员扩展到 84 个。至 2018 年 3 月，在亚洲投资银行 84 个成员中共有 45 个"一带一路"沿线国家，占比超过 50%，而在金砖国家中占比达到 60%，而上合组织成员国全是"一带一路"沿线国家，这说明"一带一路"倡议得到了多个国际组织的支持，是符合各国人民利益、共谋发展的共赢倡议。而从各商业银行在亚洲投资银行成员设置金融机构的比例来看，中国银行、中国工商银行与多边金融机构的交往较为密切，这也反映了我国金融机构"走出去"的步伐正在逐步加快，如表 4-5 所示。

（2）丝路基金。丝路基金作为单边金融机构，其性质接近于主权投资基金，其定位于中长期的开放性投资基金。截至 2017 年 12 月 8 日，丝路基金已签约 17 个项目，承诺投资约 70 亿美元，支持项目涉及总投资金额达 800 亿美元。

---

① 资料来源：中国银监会网站，www.cbrc.gov.cn/chinese/home/docViewPage/301.html。

表 4-5　各商业银行在亚洲投资银行成员国设置分支机构的比例

商业银行	比例
中国银行	33.33%
中国农业银行	9.52%
中国工商银行	22.62%
中国建设银行	9.52%

数据来源：根据各大商业银行网站（http://www.boc.cn/aboutboc/ab6/）、（http://www.icbc.com.cn/ICBC/）、（http://www.ccb.com/cn/v3/head_content/sitemap.html）、（http://www.abchina.com/cn/AboutABC/nonghzx/fzjg/jnbranch_org/）的相关资料统计所得。

2017年5月，中国宣布向丝路基金再增资1000亿人民币，这一举措加强了丝路基金为"一带一路"建设提供多元化的币种和可持续的能力。由于汇兑成本和支付不便等原因，"一带一路"沿线国家对跨境支付和结算货币的需求更加强烈，在将来，丝路基金将通过推进投融资币种多元化满足各类投融资方和项目的需求。

（3）金砖国家开发银行。金砖国家开发银行法定资本金1000亿美元，首批到位资金500亿美元，金砖五国平分金砖发展银行的股权，这意味着中国出资额将达100亿美元，主要资助金砖国家及其他发展中国家的基础设施建设。

（4）上海合作组织开发银行。2015年12月，李克强总理在上海合作组织成员国政府首脑理事会第十三次会议上表示，将稳妥推进组建上合组织开发银行进程。上合组织成员国为中国、俄罗斯、哈萨克斯坦、吉尔吉斯斯坦、塔吉克斯坦、乌兹别克斯坦、印度、巴基斯坦。2015年12月，上海合作组织各成员国政府首脑（总理）郑州会议重申支持丝绸之路经济带建设倡议，并发表了区域经济合作声明。

3. 引导国际性金融组织参与"一带一路"建设

从2015年亚洲基础设施投资银行（AIIB）成立以来，其已经与世界银行、亚洲开发银行和欧洲复兴开发银行等多

第四章 "一带一路"倡议：中国与沿线国家和地区的金融交往

个国际金融组织签署了合作协议。2018年2月，伊斯兰世界最大的发展机构——伊斯兰开发银行（IDB）与亚洲投资银行建立合作伙伴关系，解决非洲及其他发展中国家基础设施缺口，这一行为将扩大亚洲投资银行的全球影响力和贷款规模。资本规模分别达到1000亿美元和1500亿美元的亚洲投资银行和伊斯兰开发银行之间的合作，将成为一股有力的融资力量。目前，伊斯兰开发银行已经为250多个项目提供了122亿美元资金支持，土耳其、印度尼西亚、巴基斯坦、埃及和土库曼斯坦是主要的资金接收方。

2017年11月27日，中国—中东欧银联体正式成立，这是由中国国家开发银行与中东欧金融机构共同发起的。这是推动中国—中东欧"16+1合作"框架下的多边金融合作机制。中国国家开发银行将在5年内向银联体成员行提供开发性金融合作贷款，总额度为20亿等值欧元，用于国家开发银行与其他银联体成员行和未来观察员行开展广泛合作。

相比当前中资银行主要为"一带一路"基建项目提供项目融资服务，汇丰、渣打等英资银行则依靠以往在"一带一路"沿线国家地区的长期经营经验，提供包括贸易融资、现金管理、开设账户、汇率风险对冲等更加宽泛的金融服务。2018年1月，国家开发银行与渣打集团在北京签署《国家开发银行与渣打银行100亿元人民币"一带一路"项目授信贷款备忘录》。根据备忘录，双方同意在未来五年内"一带一路"领域项目合作金额为100亿元等值人民币。

2017年12月，根据第九次中英经济财金对话，中英双方将成立首期10亿美元双边投资基金的提议，以扩大就业、促进贸易发展，支持"一带一路"为目的的倡议。此基金将由中英机构主管，立足于商业化和市场化，将投资于中英及第三方市场的创新、可持续和消费驱动型增长机会。

（二）在沿线国家和地区的投融资活动

支付和结算功能所依托的进出口贸易和对外直接投资是发挥人民币国际化的重要途径。2014年至2016年，我国在"一带一路"沿线国家投资累计超过500亿美元。2016年，中国对"一带一路"沿线国家直接投资达到153.4亿美元，同比下降19%，占同期总额的7.8%。截至2016年年末，中国对"一带一路"沿线国家的直接投资存量为1294.1亿美元，占中国对外直接投资存量的9.5%。中国企业已经在沿线20个国家建立了56个经贸合作区，累计投资超过185亿美元，为东道国增加了近11亿美元的税收和18万个就业岗位。

从投资存量看，截至2016年年末，位列前10的国家是：新加坡、俄罗斯、印度尼西亚、老挝、哈萨克斯坦、越南、阿拉伯联合酋长国、巴基斯坦、缅甸、泰国。与上年相比，泰国、越南新进入前十名，哈萨克斯坦位次提高，如图4-1、图4-2所示。

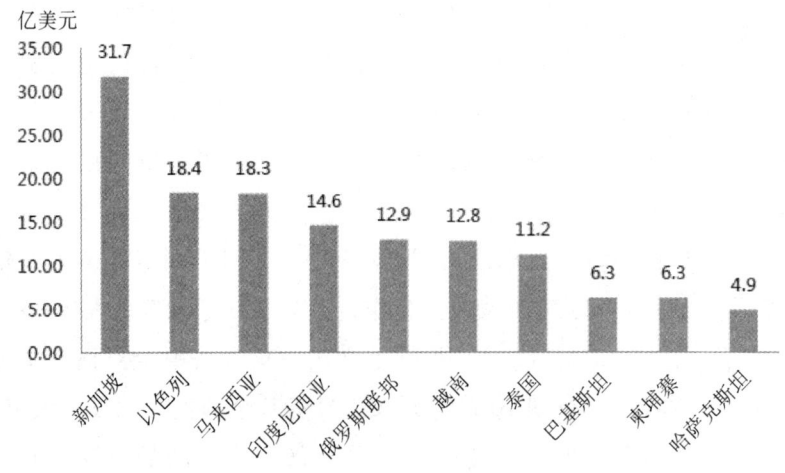

图4-1　2016年中国对"一带一路"国家投资流量前10国别分布

资料来源：《中国对外投资合作发展报告2017》，商务部，http://fec.mofcom.gov.cn/article/fwydyl/tjsj/。

第四章 "一带一路"倡议：中国与沿线国家和地区的金融交往

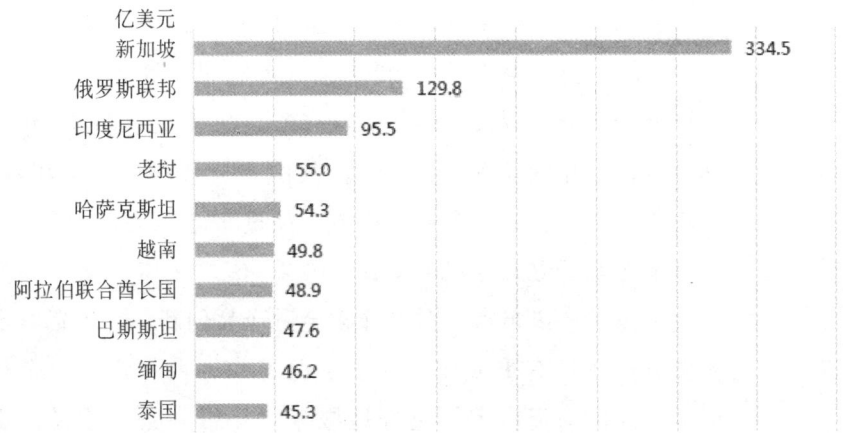

图 4 – 2 2016 年末中国对"一带一路"国家投资存量前 10 国别分布

资料来源：《中国对外投资合作发展报告 2017》，商务部，http://fec.mofcom.gov.cn/article/fwydyl/tjsj/。

2016 年，中国对"一带一路"沿线国家和地区的投资行业日趋多元化，投资存量分布在多个行业领域，包括采矿业、制造业、租赁和商务服务业、建筑业、批发零售业、电力热力供应、农林牧渔等。以东盟为例，如图 4 – 3 所示。

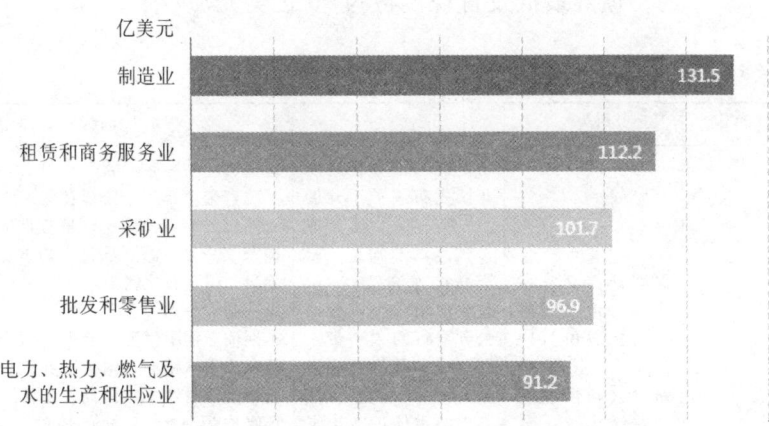

图 4 – 3 2016 年年末中国对东盟直接投资存量行业分布

资料来源：《中国对外投资合作发展报告 2017》，商务部，http://fec.mofcom.gov.cn/article/fwydyl/tjsj/。

并购项目大幅增加，投资总额下降。2016年中国企业对"一带一路"沿线国家和地区并购项目115起，较2015年增加14起并购，并购金额66.4亿美元，同比下降28.1%，占并购总额的4.9%。其中，马来西亚、柬埔寨、捷克等国家吸引中国企业并购投资超过5亿美元。

债券融资方式方兴未艾，见表4-6。"一带一路"债券发行主体进一步丰富，对于探索金融产品创新，完善资本市场服务体系具有重大作用，也是促进"一带一路"资金融通，进而推动资本市场更好地服务"一带一路"建设的重要举措。截至3月9日，中国银行间市场交易商协会支持波兰、匈牙利等"一带一路"沿线境外发行人以及招商局港口等有助于基础设施互联互通的境外企业，在银行间债券市场注册熊猫债累计超过1200亿元，发行超过480亿元。2018年1月，亚洲投资银行表示，或在2018年6月底前首次发行以美元计价的债券。债券最早的发行窗口将是2018年上半年末，计划将2018年总放贷额度限制在30亿美元之内，债券最低发行规模将为10亿美元。

表4-6　　　　　　　　"一带一路"债券融资情况

时间	事件	意义	具体内容
2018年3月	深圳证券交易所主板上市公司恒逸石化股份有限公司"一带一路"公司债券成功发行	成为深圳证券交易所正式发布《关于开展"一带一路"债券业务试点的通知》（以下简称《通知》）后首单由境内上市公司公开发行的"一带一路"公司债券，标志着"一带一路"债券发行主体进一步丰富，交易所债券市场助力国家"一带一路"倡议在文莱首次落地。	恒逸石化"一带一路"公募公司债券募集资金全部用于公司在文莱的PMB石油化工项目，该项目是首批被列入国家"一带一路"项目库的重点建设项目，恒逸石化属于《通知》明确的第三类"一带一路"债券发行主体。本期债券由中信证券股份有限公司担任牵头主承销商，国信证券股份有限公司担任联席主承销商，主体和债项评级均为AA+，发行规模5亿元，期限为2+1年期，票面利率为6.47%，全场认购倍数达3.41倍，反映了市场投资者对交易所推出"一带一路"公司债的高度认可。

第四章 "一带一路"倡议：中国与沿线国家和地区的金融交往

续表

时间	事件	意义	具体内容
2018年2月	招商局港口控股有限公司及普洛斯洛华中国海外控股（香港）有限公司"一带一路"公司债券在深交所成功发行。	市场首批公开发行的"一带一路"熊猫公司债券。	由招商证券承销，主体和债项评级均为AAA，发行规模分别为人民币5亿元及12亿元，期限分别为3年及9年，票面利率分别为5.15%及5.65%，全场认购倍数分别为3.58倍及1.27倍，募集资金分别用于收购斯里兰卡汉班托塔港股权及欧洲沿线物流基础设施资产。
2018年1月	红狮控股集团有限公司"一带一路"建设公司债券在上交所成功发行。	是首家国内企业公开发行的"一带一路"建设公司债券。	此次公开发行的红狮控股"一带一路"建设公司债券由国泰君安证券股份有限公司承销，发行规模为3亿元，利率6.34%，全场认购倍数2.67倍，期限为3年，主体和债项评级均为AAA，募集资金将用于老挝万象红狮水泥项目的相关装备购置。项目建成后预计年产高标号水泥200万吨，可满足老挝大型基础设施建设对高品质水泥的需求，提升老挝水泥工业的整体水平。
2017年3月	俄罗斯铝业联合公司在上交所非公开发行熊猫债券。	这是首单俄罗斯大型骨干企业在中国发行的熊猫债券，也是首单"一带一路"沿线国家企业发行的熊猫债券。	俄铝公司是世界第二大原铝及铝合金生产商，是首家在我国发行熊猫债券的"一带一路"沿线国家企业。本期债券由中国国际金融有限公司承销，期限3年（附2年末投资者回售权），债项评级为AAA，发行规模10亿元，票面利率为5.5%。

资料来源：根据公开资料整理（https：//www.yidaiyilu.gov.cn/yw.htm）。

二、与沿线国家和地区金融交往的特征

纵观2013年以来,我国与"一带一路"沿线国家和地区的金融交往活动,明显具有如下一些特征:

(一)金融行业放开步伐越来越快

"一带一路"项目顺利实施需要各国通力合作,这在管理层方面表现为各国金融监管的相互协调合作。对于中国来说,需要考虑到中国经济增长、结构转变和货币政策稳定有效的前提下,渐进地放开监管、简政放权,给金融更大的力度支持"一带一路"建设。2018年4月,在博鳌亚洲论坛上,中国人民银行行长易纲进一步阐明了扩大金融业对外开放的具体措施和时间表。为此,我们不难看出,中国将怀着更加开放的态度进一步放开中国金融市场,中国未来的趋势必将是与国际接轨,这给外商投资者以更大的信心来参与"一带一路"项目。

(二)人民币国际化更加深化

"一带一路"沿线人民币结算范围进一步扩大,更多国家和地区的央行将人民币纳入外汇储备,人民币国际化的路越走越宽阔,而这有利于降低汇率风险,减小大宗商品大幅波动带来的危害,有助于"一带一路"项目的顺利实施。

人民币结算方面。截至2016年6月,人民币业务清算行已拓展到20个,其中7个在"一带一路"沿线国家和地区;中国与"一带一路"沿线国家和地区经常项下跨境人民币结算金额超过2.63万亿元。2015年10月8日,人民币跨境支付系统(CIPS)顺利推出,给境内外金融机构人民

第四章 "一带一路"倡议：中国与沿线国家和地区的金融交往

币跨境和离岸业务提供资金清算和结算服务。

随着人民币国际地位的提升，外贸刺激更多国家选择把人民币作为外汇储备。现在已有一批国家央行披露在外汇储备中持有人民币资产的计划，显示人民币已位列世界储备货币之中。比利时央行购买了2亿欧元（2.445亿美元）的人民币；斯洛伐克央行也购买了人民币。欧洲央行卖出了价值5亿欧元的美元储备，转而投资人民币资产，表明对人民币的信心，而且也给其他央行看好购入人民币的信心。2016年10月，国际货币基金组织（IMF）将人民币纳入特别提款权货币篮子，自此人民币加入到包括欧元、美元、日元和英镑的全球主要储备货币之列，之后国际地位稳步提升。白俄罗斯、马来西亚、泰国、柬埔寨、俄罗斯和菲律宾等国已将人民币纳入其外汇储备。伴随"一带一路"的推进，人民币国际化进程必定会更加深入，如表4-7所示。

表4-7 人民币国际化最新情况一览表

时间	事件	具体内容
2018年4月	博鳌亚洲论坛	金融业对外开放将与汇率形成机制改革和资本项目可兑换改革进程相互配合，共同推进。利率市场双轨融合是未来改革方向。经中英共同努力，目前"沪伦通"准备工作进展顺利，将争取于2018年年内开通"沪伦通"。
2018年1月	巴基斯坦国家银行（央行）批准了贸易商在与中国的双边贸易中使用人民币作为结算货币。	其声明表示，巴中两国的公共和私营企业在双边贸易和投资活动中可以自由选择使用人民币，央行已经制定了相关法规以促进人民币在贸易和投资中使用。巴中双边贸易使用人民币结算不仅可以帮助巴方缓解美元储备持续走低的外汇储备压力，同时也可以让巴基斯坦成为人民币国际化的一块"试验田"。

续表

时间	事件	具体内容
2018年2月	中国外汇交易中心发布《关于发展人民币对泰铢直接交易的公告》。	公告提到,经中国人民银行授权,自2018年2月5日起银行间外汇市场完善人民币对泰铢交易方式,从人民币对泰铢区域交易发展为人民币对泰铢直接交易。其中还提到,人民币对泰铢直接交易暂不收取交易手续费,暂免期至2020年7月31日。此举将明显减轻了企业在对泰国贸易投资中的汇兑成本,也减少了汇率波动风险,方便了中泰双边贸易投资活动。泰铢是中国外汇交易中心挂牌和人民币直接交易的第24种货币。
2018年1月	中国央行已与泰国中央银行续签了中泰双边本币互换协议,规模保持为700亿元人民币/3700亿泰铢。	互换协议有效期三年,经双方同意可以展期。自2017年下半年以来,中国央行已相继与蒙古银行、阿根廷央行、瑞士央行、中国香港金融管理局等签署了总规模为6350亿元人民币的双边本币互换协议。推行人民币结算能够使进出口企业实现双赢,有利于稳定贸易需求,人民银行与其他央行或货币当局签署的本币互换协议,则为扩大使用人民币结算提供了资金来源。同时,人民币结算也为互换协议搭建了一个做通贸易的平台,促进货币互换做实。
2018年1月	德国央行目前已经决定将中国的人民币纳入自己的外汇储备,中国货币的国际地位进一步增强。	此决定是在欧洲央行向人民币资产进行了相当于5亿欧元(6.11亿美元)的投资之后。
2016年12月	香港交易所"深港通"开通	"沪港通"和"深港通"不仅打开了总市值70万亿元人民币的庞大市场,还将吸引全球投资用人民币投资我国的A股,中国资本市场与国际资本市场互联互通的时代开始了。

资料来源:公开资料整理(https://www.yidaiyilu.gov.cn/yw.htm)。

第四章 "一带一路"倡议：中国与沿线国家和地区的金融交往

（三）初步形成了一个多层次构成的金融服务网络

2013年以来，在"一带一路"倡议下，中国与沿线国家和地区之间的金融交往更加紧密，至今已经形成了一个由国内金融机构互设、区域金融组织支持和国际金融金融组织参与"一带一路"建立的金融网络，为化解沿线国家经济建设的巨额资金需求铺垫了必要基础。

（四）形成以中国资本流入沿线国家为主的金融交往格局

与沿线国家和地区的金融交往，基本以中国金融机构延伸到沿线国家和地区为主，沿线国家和地区金融机构渗入较少。在资金流动上，也是以中国资本流向沿线国家和地区为主，帮助它们发展社会经济，提升彼此的经济增长，改善基础设施，构建现代交通网络等。

第二节
与沿线国家和地区金融交往的案例

中国与沿线国家和地区的金融交往是在共商共建共享的原则下推进的，在实践过程中已经积累了众多有益的经验，为今后更加顺利地推进金融交往，下面在众多的案例中择取金融基础设施的例子加以分析，以从中梳理和总结成功与失误的经历。

一、银联

随着我国经济快速发展、对外开放程度提升，中国全球贸易水准不断地提高，在商品类别、贸易结构、出口额度、结算方式等方面都有了很大的全球影响力，这些构成了"中国式支付"走向海外的经济基础。"中国式支付"在世界的普及有利于金融技术的推广，深化人民币国际化进程。以银联为代表的中国金融技术和金融基础设施正逐步走向"一带一路"国家和市场，如表4-8所示。

表4-8　　　　　"一带一路"沿线国家银联卡使用状况

所属地区	国别	进展状况
东南亚	菲律宾	2017年2月，银联国际宣布，与菲律宾转接网络BancNet签署发卡合作协议，共同推动后者会员银行大规模发行银联芯片卡。这也是首个基于APN芯片标准授权的发卡项目落地，银联通过技术标准输出带动产品和服务"走出去"取得的新进展。
	柬埔寨	2017年2月，银联与菲律宾第二大收单机构——首都银行（Metrobank）达成合作，2017年9月底前实现该行旗下所有商户可用银联卡，且均支持银联"云闪付"服务。至此，菲律宾三大收单机构全面开通了银联卡受理业务。在当地所有ATM已受理银联卡的基础上，商户的受理覆盖率也将进一步提升。在柬埔寨，银联卡已可在80% ATM和90% POS终端使用，当地6家银行发行了借记卡、信用卡等多款银联卡产品。
	印度尼西亚	2017年11月，银联国际与印度尼西亚最大ATM转接网络Rintis签署发卡合作协议，约定未来五年推动后者成员银行大规模发行银联—PRIMA芯片卡。这也是银联向亚洲支付联盟（APN）会员机构授权芯片卡标准后，通过技术标准合作带动产品"走出去"的又一进展。在印度尼西亚，超过95%的ATM和近70%商家POS终端受理银联卡，在巴厘岛等游客经常到访的目的地和重点商圈，银联卡的使用更为便利。同时，印度尼西亚已累计发行了超过130万张金卡、白金卡、钻石卡等多种银联卡产品，越来越多当地居民在日常消费和国际出行中使用银联卡。

第四章 "一带一路"倡议：中国与沿线国家和地区的金融交往

续表

所属地区	国别	进展状况
南亚	巴基斯坦	当地几乎所有POS终端和80%的ATM受理银联卡，10家银行累计发行超过410万张银联卡。目前，"银联"已发展成为巴基斯坦发卡数量第二的国际卡品牌，且这些卡片90%的交易都发生在巴基斯坦，说明银联卡已成为本地居民日常消费的重要支付工具。
	斯里兰卡	2017年10月，银联国际宣布，与斯里兰卡Hatton National Bank、Sampath银行、锡兰商业银行（Commercial Bank of Ceylon）三家主流机构开通银联卡受理业务，实现这些银行旗下ATM和商家全面受理银联卡。预计到2018年年初，斯里兰卡的POS终端受理覆盖率将达50%以上，基本满足到访持卡人的支付需求。
中亚	哈萨克斯坦	哈萨克斯坦已有超过80%的ATM和POS终端支持银联卡，短短两年时间，哈萨克斯坦ATM和POS终端的银联卡受理覆盖率从50%和20%，快速提升到目前的80%，银联在当地已累计发行超过130万张银联卡。银联两年内实现发卡量突破130万张。
独联体国家	俄罗斯	目前，俄罗斯市场的银联卡受理覆盖率超过85%，其中已有40万台POS终端支持银联闪付。预计在2018年俄罗斯世界杯赛前，当地ATM和商户POS终端的银联卡受理覆盖率均超过90%，在莫斯科、加里宁格勒、圣彼得堡、伏尔加格勒等比赛承办城市基本实现银联卡受理无障碍。
	白俄罗斯	2018年3月，白俄罗斯最大商业银行——白俄罗斯银行宣布，将开通旗下所有5.2万台POS终端受理银联卡，覆盖明斯克等城市的主要餐厅、酒店、购物中心、超市，并全面支持银联芯片卡。将白俄罗斯商户POS终端的银联卡受理覆盖率提升至40%以上，其中超过2万台POS终端支持银联闪付。
	格鲁吉亚	2017年9月，银联国际宣布，与格鲁吉亚银行签署合作协议，约定18年逐步开通该行所有ATM和商户受理银联卡。18年银联卡在格鲁吉亚POS终端的受理覆盖率将从现在的65%大幅提升到90%以上，ATM的受理覆盖率则从50%提升到近80%。格鲁吉亚机构已累计发行超过60万张银联卡，为本地居民提供了新的支付选择。

续表

所属地区	国别	进展状况
独联体国家	阿塞拜疆	2017年8月，银联国际宣布，与阿塞拜疆最大收单银行Atabank签署合作协议，2017年开通Atabank所有ATM和POS终端受理银联卡，届时当地商家POS终端的受理覆盖面将从现在的25%大幅提升到50%以上。
西亚	以色列	2017年9月，银联国际宣布，与以色列国民卡公司在特拉维夫签署合作协议，双方约定在2018年年底前开通当地更多ATM受理银联卡，并在商户受理和本地发卡等领域深化合作。2016年以来，银联国际通过国民卡公司，逐步实现以色列本地ATM转接网络asponet的所有ATM支持银联卡。
西亚	卡塔尔	2018年2月，银联国际与卡塔尔航空（Qatar Airways）在上海签署全面合作协议，在后者42个国家和地区的始发航班已支持银联卡在线购票的基础上，进一步新增卡塔尔、俄罗斯、巴基斯坦等31个国家和地区始发航班支持银联卡。目前，境外已累计发行近9000万张银联卡，持卡人客群快速积累。
西亚	埃及	2017年11月，银联国际宣布，与埃及银行（Banque Misr）合作，2018年1季度内开通该行在当地的全部商户受理银联卡，预计埃及可以受理银联卡的POS终端将增加至40%。目前，银联卡持卡人已可在埃及几乎所有ATM上取款。

资料来源：中国银联官方网站，http://m.unionpay.com/html/unionpayWap/pages/newsReport.html?v=201702101640。

伴随银联卡在沿线国家的推进，银联卡的业务快速拓展，成为沿线国家的重要支付渠道。

（一）银联卡境外业务发展迅猛，受理网络迅速扩大

"一带一路"沿线银联卡发行数目和受理规模很大。截至2017年年末，"一带一路"沿线发卡近2500万张。在老挝、蒙古国和缅甸，银联卡发行规模位于同类卡第一位；东盟10国已全部实现银联卡受理和发卡，区域内约有50万家商家和近20万台ATM受理银联卡，整体受理覆盖率超过

第四章 "一带一路"倡议：中国与沿线国家和地区的金融交往

70%，越南、柬埔寨、缅甸等国则在90%以上。银联卡还成为部分地区主推的银行卡产品。巴基斯坦已发行超过410万张银联卡，"银联"成为巴基斯坦发卡数量第二的国际卡品牌；在俄罗斯，当地10多家银行累计发行了130万张银联卡。中国银联持续致力单位结算卡业务发展，不断加大创新企业金融服务，帮助各商业银行抓住对公支付的契机，为各利益关联方创造价值。

境外受理商户数量庞大。截至2017年3月，在境外超过2000万家商户可用银联卡支付，境外可用银联卡的网上商户超过1000万家，并有超过130万台ATM支持银联卡，这些网点分布在160个国家和地区，银联卡已成为中国人出境的主要支付工具。过去3年来，银联国际以每年增加约300万家商户的速度拓展受理网络。中国港澳地区、蒙古国、古巴、阿拉伯联合酋长国等已全面受理银联卡；在东北亚、东南亚，银联卡的商户受理覆盖率超过70%。

(二) 在沿线国家和地区发行银联卡占比大

境外银联卡的本地交易占比较大，交易活跃。中国港澳地区、巴基斯坦、东南亚、中亚等地发行的银联卡本地交易占比已超过九成，说明银联卡已成为这些地区居民日常消费的主要支付方式。此外，境外发行的银联卡跨境用卡交易活跃，泰国、巴基斯坦、哈萨克斯坦发行的银联卡跨境交易量增长均超过1倍。使用境外银联卡交易较为频繁。2017年"一带一路"沿线国家和地区的入境旅客人数迅速增加，银联国际通过扩大境外发卡规模、丰富用卡服务和权益等方式，支持境外游客入境中国消费。自2017年9月起，境外发行银联卡的交易量已超过境内持卡人的跨境交易量，银联卡已成为一些国家和地区游客赴中国境内旅游的主流支付方式,特别是"一带一路"沿线当地持卡人在我国境内频繁使用银联卡。2017年,巴基斯坦发行的银联卡在中国境内交易量增长超过2倍,塔吉克斯坦、哈萨克斯坦等地发行的银联卡交易量增长约50%。

专栏4-1

银联卡在哈萨克斯坦使用状况

哈萨克斯坦是"新丝绸之路经济带"的境外首站,在中亚区域具有重要战略意义。近两年来,哈萨克斯坦的银联卡业务进展成果十分显著,已有超过80%的ATM机和POS终端机支持银联卡。在两年时间内,哈萨克斯坦ATM机和POS终端机的银联卡受理覆盖率从50%和20%,快速提升到目前的80%;银联在当地已累计发行超过130万张银联卡。2017年3月,银联国际宣布,与哈萨克斯坦商业银行、新疆亚中易贸公司旗下B2B跨境电商平台Cemarket合作,在哈萨克斯坦发行银联联名借记卡,对象主要是需要在线采购"中国制造"机电产品的哈萨克斯坦外贸企业主,为其提供安全快捷的支付服务,促进中哈边境贸易往来。顺应"一带一路"倡议的实施,中哈两国贸易额不断增长,机电产品占哈萨克斯坦进口总额的40%以上。哈萨克斯坦企业希望能提高大中型货物贸易结汇效率,改变美元为中介的结算方式,以降低交易成本。此次推出银联联名卡的三方,除银联国际外,哈商银行是哈萨克斯坦最大的商业银行之一,已开通旗下所有ATM和商户受理银联卡,Cemarket则是专门面向"丝绸之路经济带"沿线国家的B2B跨境电商平台。截至2017年4月,哈萨克斯坦有7家银行发行了普卡、金卡、白金卡、钻石卡等多种银联卡产品,不仅可满足普通消费者的用卡需求,也可满足高端商旅人群的增值服务。

(资料来源:中国银联官方网站,http://m.unionpay.com/html/unionpayWap/pages/newsReport.html?v=201702101640。)

二、电子支付

银行卡转接网络是金融基础设施中不可或缺的一部分。银联用其先进的技术为沿线国家建设当地银行卡转接清算体系，提供更为高效多元的电子支付体系，助力"一带一路"沿线国家构建普惠金融网络。银联承建了老挝国家银行卡支付系统，实现了老挝境内发行银行卡的联网通用。对当地百姓而言，支付体验大为改善。清算体系的建成还促进了人民币与当地货币的直接结算，提高了人民币的支付能力，降低了国人在老挝旅游的汇兑成本。同时，银联与塔吉克斯坦达成了建设转接网络的合作备忘录。白俄罗斯等 12 个国家也表达了与银联合作的意愿，希望银联帮助其建立转接清算网络，并将跨境支付纳入银联网络。

2017 年，银联联合商业银行正式推出银联二维码支付，并携手产业各方共同发布统一 APP "云闪付"，将助力"一带一路"产业发展。"云闪付"按照统一接口标准、统一用户标识、统一用户体验的原则，是支付产业深化金融创新应用、推动零售支付回归便民本源的重要举措。境外商家也纷纷接入基于银联卡的移动支付产品。截至 2017 年年底，境外有 18 个国家和地区、近 100 万台 POS 终端机可用银联手机闪付。持卡人可用"云闪付" APP，在港澳、新加坡等多地商家使用银联二维码支付，新加坡百货集团 AsiaMalls 旗下 6 家百货商场也将全部支持银联二维码。

2018 年 3 月，银联国际正式推出"银联国际移动支付综合服务平台"（简称"移动支付服务平台"），境外商业银行、商户、手机厂商、第三方机构等可通过该平台的 API 接口，安全、便捷地接入银联手机闪付、银联二维码等多种移动支付解决方案。

电子支付是互联网与金融结合的一大重要成果,方便地将世界上不同地理位置的企业商家连接起来,为企业创造了更多的商业机会,也为沿线国家的人民带来了科技创新的福利。银联国际跨境 B2B 综合支付服务平台为境内外企业提供了安全高效的网上支付结算管理服务,为企业带来了更大的市场空间,加深了国内企业与"一带一路"沿线国家企业的商贸往来。银联推出的"云闪付"移动支付 APP,方便了境内外游客的支付环节,促进了各国餐饮零售旅游业的发展。银联国际联合维萨、万事达在泰国推出通用二维码支付标准,这也代表银联移动支付标准受到国际市场的认可和支持,有利于银联二维码技术在海外的推广。

专栏 4-2

支付宝走向"一带一路"沿线国家的历程

蚂蚁金服旗下的支付宝和腾讯旗下的财付通合计占交易规模的 90% 以上,基本垄断了支付市场。截至 2017 年 10 月,支付宝已经覆盖了全球 30 多个国家和地区的 20 万商户。

1. 蚂蚁金服合作 Paytm,助成印度"支付宝"

2015 年,蚂蚁金服首次入驻印度,与当地电子钱包 Paytm 展开战略合作。Paytm 是印度最大移动支付和商务平台。蚂蚁金服先后展开两轮投资,合计 9 亿多美元,占股 40%。蚂蚁金服不仅向对方提供相关技术支持,还从国内抽调技术团队入驻 Paytm,从资金和技术双管齐下,这才有了印度总理莫迪宣布废除大额纸币的决定后,有能力有条件接纳瞬间大量涌入端口的流量,迎来第一波用户暴增①。现在 Paytm 已跃升为全球第三大电子钱包,并且 Paytm 已获得印度央行发放的第一张

---

① 王雪玉:"'一带一路':中国金融科技出海记",《金融科技时代》2017 年第 8 期。

第四章 "一带一路"倡议：中国与沿线国家和地区的金融交往

支付银行牌照，并获准在印度市场开展支付、储蓄、汇款、转账等银行业务，被称为印度"支付宝"①。

2. 蚂蚁金服布局东南亚

目前，蚂蚁金服将重点放在了东南亚地区，试图在这些国家打造当地的"支付宝"。由于"一带一路"沿线国家存在各种潜在风险，故在泰国、印度尼西亚、菲律宾的实践探索中主要采用"技术分享＋当地合作伙伴"②的本地化模式，这样不仅可以将相应的技术经验分享给沿线国家，帮助沿线国家建立它们自己的金融基础设施建设，也可以降低我国企业走出去的风险。本地公司对当地市场及文化一定是最了解的，产品也只有本地化才能获得最大限度的成功，故加强投资与当地公司合作，不一定要动用自己的团队去做，可能是更有利的商业方式。

2016年，蚂蚁金服与泰国支付企业 Ascend Money 签订战略合作协议，将蚂蚁金服的普惠金融模式复制到泰国。泰国 Ascend Money 目前是唯一一家在东南亚所有核心市场都有电子货币许可证、能合法从事金融服务的金融科技企业，该公司覆盖了泰国、印度尼西亚、菲律宾、越南、柬埔寨、缅甸等东南亚国家③。2015年下半年开始，支付宝正式在泰国推广无现金服务——扫码付。截至2017年7月，支付宝已经覆盖全泰国1.5万多家商户。

2017年2月，蚂蚁金服注资菲律宾最大数字金融公司 Mynt。其旗下拥有菲律宾最大电子钱包 Gcash。2017年4月，蚂蚁金服和印度尼西亚 Emtek 集团宣布成立一家合资公司，开发移动支付产品。

2017年4月，蚂蚁金服宣布与东南亚最大的跨境电商平台 Lazada 旗下在线支付公司 HelloPay 合并，而后者将改名为"Alipay"（即支付

---

① 陶力："蚂蚁金服多路径'出海'：技术＋投资复刻支付宝"，《21世纪经济报道》2017年第13期。
② 概念来自于张燕："蚂蚁出海：在'一带一路'沿线复制支付宝"，《中国经济周刊》2017年第22期。
③ 刘婷婷："中国移动支付对东南亚国家旅游业发展的影响——以支付宝为例"，《现代商业》2017年第35期。

宝）。且由于 Lazada"是东南亚最大的电商平台，市场范围覆盖了整个东南亚，这也意味着支付宝在东南亚市场站稳了脚跟。

2017年7月，阿里巴巴旗下的蚂蚁金服宣布与马来西亚联昌国际银行旗下的Touch'n Go公司签署协议，双方将组建一家合资公司，为当地用户提供电子钱包解决方案和其他相关金融服务。目前，每天有数百万马来西亚人使用Touch'n Go卡在零售店、停车场和公共交通系统上进行电子支付。未来，新的电子钱包将帮助用户在手机上获取更多服务，包括电商服务等。

第三节
与沿线国家和地区金融的未来发展趋势

伴随"一带一路"倡议的日益深入，与沿线国家和地区的金融交往必然获得更大程度的发展，沿线国家则能够借助我国资金流入、金融技术的传入等提升经济发展和更加便捷的金融体验。

一、与沿线国家的金融交往呈现多元化趋势

（一）政策金融、商业金融将深化与沿线国家的合作

面对沿线国家复杂的环境和很多项目投资期长、回报率低、投资收益不确定的情况，国家开发银行、中国进出口银行等政策性金融机构可先进入普通商业金融机构不能或者不

第四章 "一带一路"倡议：中国与沿线国家和地区的金融交往

愿进入的领域，不仅在提供资金的同时，还要承担建设投融资的重任，为后续商业金融的进入做好铺垫。在政策性金融机构给予后来者的一定项目经验后，可推动商业金融机构项目的跟进，形成合力，创造多方共赢。

中资银行在"一带一路"沿线的网点覆盖率与国际水平存在很大差距，在西亚、南亚、中亚、独联体国家、中东欧地区的机构布局和地区网点稀疏，今后应加快"一带一路"沿线国家的金融基础设施建设，助力沿线项目的顺利实施，并为沿线国家全方位的互联互通打下深厚的基础。在参加风险程度较高的项目时，可以采用银团贷款、再保险等形式抱团合作，降低风险。实践上，尽可能加强与当地金融机构的合作，本地金融机构由于其天然的本土优势，必然能有效避免很多风险，与本土金融机构合作可节省相当部分的成本，避免由于信息不对称造成的利润损失。

（二）加强与各个层次的金融组织合作

"一带一路"建设资金缺口仍然巨大。2017年6月，《"一带一路"与全球绿色基础设施投资的未来》报告指出，在英、美等西方国家对外基础设施投资低迷的条件下，"一带一路"沿线国家和地区基础设施投资不平衡问题变得愈加严重，受城镇化、人口增长以及发达国家和发展中国家的需求推动，2030年全球基础设施建设资金需求将达到65万亿~75万亿美元[①]。故单靠我国的外汇资金支持是远远不够的，况且"一带一路"建设不是中国的独角戏，而是沿线国家合力一起完成的作品。我国应该加强与亚洲基础设施投

---

① 兰日旭、曲迪："'一带一路'倡议中的金融合作"，《中国井冈山干部学院学报》2017年第5期。

资银行、金砖国家新开发银行、上海合作组织开发银行、亚洲开发银行和丝路基金等区域金融组织之间的合作。同时，推进与世界银行、国际货币基金组织等国际金融组织上的各个层面合作，通过融资促进沿线国家项目的顺利实施，为其经济发展提供帮助。

（三）更加凸显与伊斯兰金融的合作

"一带一路"沿线有诸多的伊斯兰国家，中国未来必将与伊斯兰国家进行更多的金融合作。2018年2月，伊斯兰世界最大的发展机构——伊斯兰开发银行（IDB）与中国主导的亚洲基础设施投资银行（AIIB）建立合作伙伴关系。伊斯兰金融有其自身的特殊性，如禁止利息、禁止投机行为、禁止投资于酒类、博彩业等伊斯兰教义不允许的产业，金融产品必须符合伊斯兰教义，与现代西方式金融体系截然不同。但伊斯兰金融机构是以变通的方式获取利润，如在一定原则和条件下收取费用、酬金和佣金。故我们可能需要在税的方面给予修改或豁免，培养熟悉伊斯兰金融运作方式的金融人才，给伊斯兰金融一个更好的发展空间。

二、与沿线国家的投资更加理性

2017年，我国对"一带一路"沿线国家实施并购62起，投资额88亿美元，同比增长32.5%，中国石油天然气集团公司和中国华信投资28亿美元联合收购阿拉伯联合酋长国阿布扎比石油公司12%股权为其中最大项目。对外承包工程方面，2017年我国企业在"一带一路"沿线的61个国家新签对外承包工程项目合同7217份，新签合同额

1443.2亿美元,占同期我国对外承包工程新签合同额的54.4%,同比增长14.5%[①]。同时,我国企业共对"一带一路"沿线的59个国家非金融类直接投资143.6亿美元,占同期总额的12%,较上年的8.5%提升了3.5个百分点,这表明我国企业对沿线国家的投资兴趣增加,沿线国家项目建设仍是诱人的增长点。然而,2018年1至2月,我国企业对"一带一路"沿线的50个国家合计全行业直接投资22.8亿美元,同比下降30.9%,这表明在我国经济进行结构化改革的情况下,我国对外投资的非理性程度下降,更少盲从,更加审慎地评估项目风险,这对自担风险的企业本身是一种良好的理性回归。

三、人民币区域化乃至国际化

中国与沿线国家和地区贸易不断加深,贸易规模逐渐加大,如若仍以美元为结算货币,美元夹在沿线国家的货币与人民币之间,势必会造成企业利润受汇率风险的波动加大,这也是境内外企业所不愿看到的。"一带一路"沿线国家和地区在各个产业方面的合作必然涉及多地区、多币种及多种业务的跨境合作,这也对顺畅的资金清算体系提出了要求——统一的结算货币,这可以有效地避免汇率风险,增强沿线投资的稳定安全。

同时,通过确定人民币清算行和建设人民币跨境支付系统,扩大货币互换的规模与范围,鼓励境内外银行使用人民币贷款,并发行以人民币计价的债券,如熊猫债、点心债等,发展人民币离岸市场等诸多方式,使得人民币在从结算

---

① 资料来源:走出去公共服务平台,fec.mofcom.gov.cn/article/fwydyl/tjsj/。

货币、投资货币、储备货币的路径上不断前行，人民币就有可能打破美元垄断，逐渐上升为区域货币，乃至世界货币。而当人民币成为区域货币或国际货币后，又会进一步促进与"一带一路"沿线国家的经济贸易往来。

第五章

"一带一路"倡议:中国与沿线国家和地区的贸易交往

历史上,丝绸、瓷器、茶马和香料是流通在丝绸之路上的四种大规模贸易产品。价值链最长的是丝绸,位于价值链顶端的也是丝绸,这也是德国地理学家李希霍芬将其命名为"丝绸之路"的根本原因。所以"丝路"很大程度上代表着一个贸易的符号,代表着长期以来的亚欧贸易的繁荣[①]。自改革开放以来,中国经济快

---

① 张茉楠:"搭建'一带一路'贸易投资框架促进增长繁荣",《商业文化》2017年第18期。

速发展,中国与"一带一路"沿线国家和地区的贸易在20世纪90年代就已经开始了迅猛发展,随着"一带一路"倡议的提出,为中国与沿线国家和地区贸易的发展又添上了新的翅膀,为贸易的发展注入了新的动力,不断推动着中国与"一带一路"沿线国家和地区贸易的发展。

第一节
与沿线国家和地区贸易交往概况

截至2016年,"一带一路"沿线国家和地区响应倡议的达到64个国家。64个国家GDP之和大约12万亿美元,占全球GDP的16.0%;人口总数为32.1亿人,占全球人口的43.4%;对外贸易总额为71885.5亿美元,占全球贸易总额的21.7%[①]。2017年,中国与全球进出口贸易额为41050亿美元,而与"一带一路"沿线国家和地区的进出口贸易额达到了10889亿美元,同比增长12.92%,与沿线国家和地区的贸易呈现快速增加趋势。

一、与沿线国家和地区贸易总量的变化

随着"一带一路"倡议的推进,中国与沿线国家和地区的贸易显著增强,如表5-1所示。

---

① "'一带一路'贸易合作大数据报告(2017)",《中国科技信息》2017年第9期。

第五章 "一带一路"倡议：中国与沿线国家和地区的贸易交往

表 5-1 2013—2017 年中国与"一带一路"沿线国家和地区的贸易额

单位：亿美元

年份	2013	2014	2015	2016	2017
进口额	4714.3	4834.4	3880.9	3662.5	4535.9
出口额	5690.3	6370.0	6142.8	5819.4	6353.1
进出口总额	10404.6	11204.4	10023.7	9481.9	10889.0

数据来源：中华人民共和国国家统计局和中华人民共和国海关总署。

2017 年，中国与沿线国家和地区贸易额达到 10889 亿美元。其中进口额为 4535.9 亿美元，同比增长 23.85%；出口额 6353.1 亿美元，同比增长 9.17%。由此可见，随着"一带一路"倡议的落实，中国与沿线国家和地区的贸易呈现快速发展的局面。

中国与"一带一路"沿线国家和地区的贸易跟中国与世界的贸易趋势基本上一致。2014 年，全球经济发展较为繁荣，全球贸易持续增长；2015 年和 2016 年，受到全球经济下滑的影响，整个全球贸易额持续下降；2017 年，全球经济开始转暖，贸易复苏，进出口显著增加。尽管中国与沿线国家和地区的贸易跟中国与全球贸易趋势基本一致，但是相对于中国与世界的总体贸易，中国与沿线国家和地区的贸易在贸易上升期间上升的幅度更大，在下降期则下降的幅度更小。由此可见，随着"一带一路"倡议的推进，我国与"一带一路"沿线国家和地区的贸易显著增强，经贸往来越来越频繁，如图 5-1 所示。

从贸易进出口总额来看，自 2015 年 3 月 28 日中国发布《推动共建丝绸之路经济带和 21 世纪海上丝绸之路的愿景与行动》以来，我国与"一带一路"沿线国家和地区的贸易量占我国与世界贸易的比重开始持续增加，表明我国与沿线国家和地区的贸易开始进入务实阶段；而从贸易出口额来

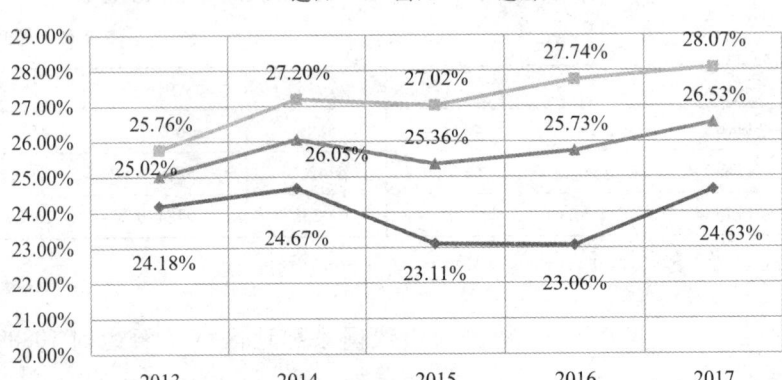

图 5-1 2013—2017 年中国与"一带一路"沿线国家和地区贸易占中国与世界贸易比例情况

注：系根据中华人民共和国国家统计局（http://data.stats.gov.cn/easyquery.htm?cn=C01）和中华人民共和国海关总署（http://www.customs.gov.cn/customs/302249/302274/302276/1421252/index.html）历年数据制作而成。

看，中国与沿线国家和地区贸易出口额占我国与世界贸易出口的比例呈现不断增长的趋势。由此可见，随着"一带一路"倡议的发展，沿线国家和地区越来越成为我国重要的出口区域。从进口额来看，由于我国从沿线国家的进口产品中矿产、油气等资源占比很大，而这些资源在短期内无法实现快速的增长，因此其所占比重并没有显著的增长。

上述数据表明，中国与沿线国家和地区的贸易越来越频繁，贸易额也越来越大，所占比重也持续的增长。显然，"一带一路"的建设已进入了务实合作的新阶段，经贸合作取得明显成效，中国与沿线国家和地区的经贸往来能够带动"一带一路"沿线国家和地区贸易的发展与繁荣，能够给"一带一路"沿线国家和地区带来明显实惠，能够推动"一带一路"沿线国家和地区经济的发展。

从贸易区域看，中国与"一带一路"沿线国家和地区

第五章 "一带一路"倡议：中国与沿线国家和地区的贸易交往

的贸易占比，如图 5-2 所示，东南亚地区是中国与沿线国家和地区贸易区域中最为频繁的地区，其中 2017 年中国与东南亚地区进出口贸易额达到 5149.5 亿美元，与上年相比占到中国与"一带一路"沿线国家和地区进出口贸易额的 47.29%；其次为西亚北非地区，其与中国进出口贸易额达 2414 亿美元，占中国与"一带一路"沿线国家和地区进出口贸易额的 22.17%；最少的为中东欧和东亚（仅蒙古国）地区，进出口贸易额分别为 679.8 亿美元和 63.7 亿美元，占中国与"一带一路"沿线国家和地区进出口贸易额的 6.24% 和 0.58%。

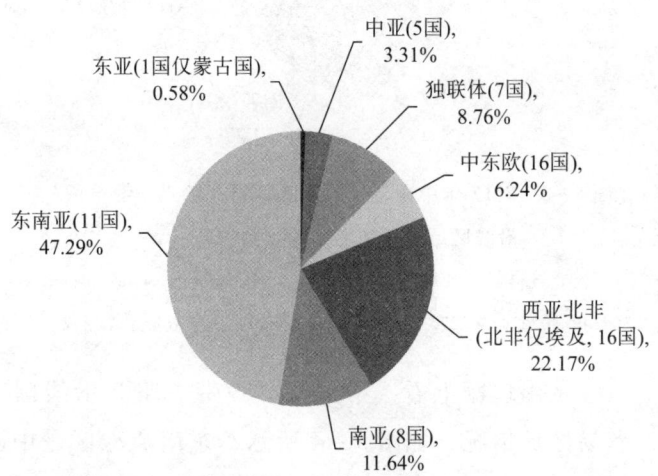

图 5-2 2017 年中国与各地区进出口贸易额占中国与"一带一路"沿线国家和地区进出口贸易额的比例

注：系根据中华人民共和国海关总署（http://www.customs.gov.cn/customs/302249/302274/302276/1421252/index.html）历年数据制作而成。

从进口额上看，中国与"一带一路"沿线贸易区域情况，如图 5-3 所示，东南亚地区是中国从"一带一路"沿线贸易区域中进口最多的地区，其中 2017 年中国从东南亚地区进口为2357亿美元,占中国与沿线国家和地区贸易区域的51.96%;最少的为东亚(仅蒙古国)为51.2亿美元,仅占中国与沿线国家和地区贸易区域的1.13%。

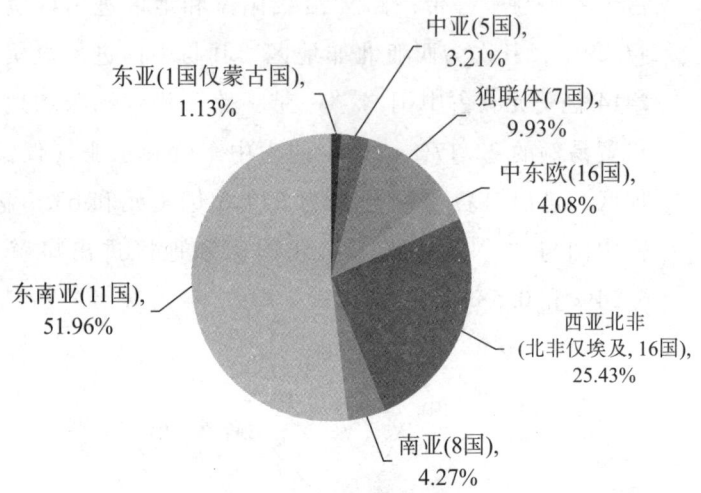

图5-3 2017年中国与各地区进口额占与"一带一路"沿线区域进口贸易额的比例

注:系根据中华人民共和国海关总署(http://www.customs.gov.cn/customs/302249/302274/302276/1421252/index.html)历年数据制作而成。

从出口额上看,中国与"一带一路"沿线国家和地区贸易区域情况,如图5-4所示,东南亚地区是中国与沿线国家和地区贸易区域中出口最多的地区,其中2017年中国从东南亚进口为2792.5亿美元,占中国与沿线区域出口额的43.95%;最少的为东亚(仅蒙古国)为12.5亿美元,仅占中国与沿线区域出口额的0.2%。

第五章 "一带一路"倡议：中国与沿线国家和地区的贸易交往

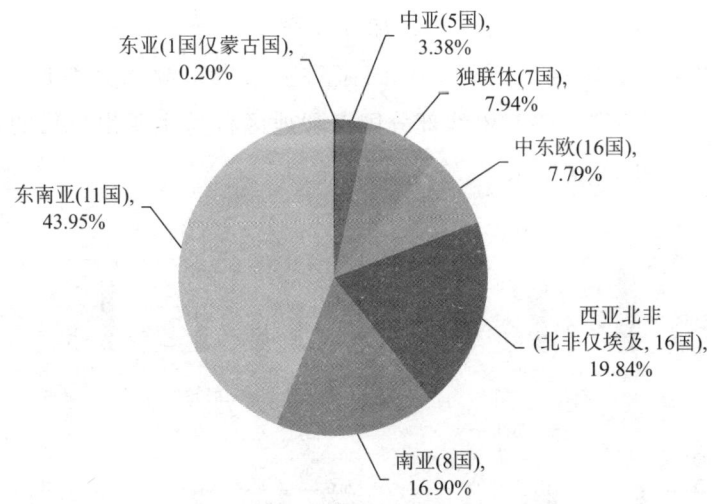

图 5-4 2017 年中国与各地区出口额占与"一带一路"沿线区域出口额的比例

注：系根据中华人民共和国海关总署（http://www.customs.gov.cn/customs/302249/302274/302276/1421252/index.html）历年数据制作而成。

从中国与"一带一路"沿线国家和地区的进出口贸易额看，在沿线国家中，2017 年与中国进出口贸易总额排在前十位的国家分别为：越南、马来西亚、印度、俄罗斯、泰国、新加坡、印度尼西亚、菲律宾、沙特阿拉伯。2017 年与中国进口额排在前十的国家为：马来西亚、越南、泰国、俄罗斯、新加坡、沙特阿拉伯、印度尼西亚、菲律宾、伊朗、印度；2017 年与中国出口额排在前十位的国家为：越南、印度、新加坡、俄罗斯、马来西亚、泰国、印度尼西亚、菲律宾、阿拉伯联合酋长国、伊朗。

中国是"一带一路"沿线国家和地区的主要出口国。在"一带一路"沿线主要贸易伙伴国中，中国是新加坡、沙特阿拉伯、泰国的第一出口目的国，是马来西亚、越南、俄罗斯、印度尼西亚的第二出口目的国，是印度、菲律宾的第三出口目的国；新加坡、越南、马来西亚、泰国、菲律宾、印度尼西亚6个国家对中国出口额比重均超过10%。"一带一路"沿线部分国家和地区贸易主要出口目的地，如图5-5所示。

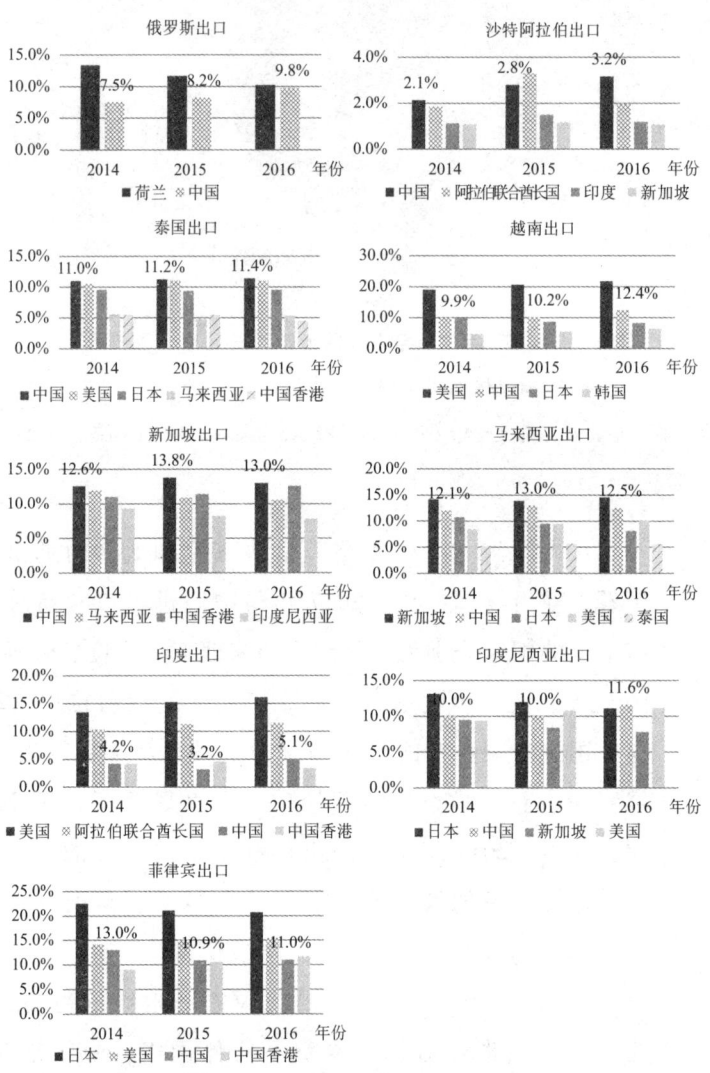

图5-5 "一带一路"沿线部分国家和地区贸易主要出口目的地

注：系根据联合国商品贸易统计数据库（https://comtrade.un.org/data）历年数据制作而成。

第五章 "一带一路"倡议：中国与沿线国家和地区的贸易交往

中国是"一带一路"沿线国家和地区贸易的主要进口国，如图5-6所示。在"一带一路"沿线主要贸易伙伴国中，中国是新加坡、沙特阿拉伯、泰国、马来西亚、越南、俄罗斯、印度尼西亚、印度、菲律宾的第一进口目的国。其中越南从中国进口额比重超过了20%，印度尼西亚2015年之后从中国进口额比重也超过了20%，沙特阿拉伯、新加坡、泰国、马来西亚、俄罗斯、印度尼西亚、印度、菲律宾从中国进口额比重均超过10%。

随着"一带一路"政策的实施，中国与"一带一路"沿线国家和地区贸易往来中，中国在对外承包工程方面取得了显著的发展，见图5-7。2017年中国企业在"一带一路"沿线61个国家新签对外承包工程项目合同7217份，新签合同额1443.2亿美元，占同期我国对外承包工程新签合同额的54.4%，同比增长14.5%；完成营业额855.3亿美元，占同期总额的50.7%，同比增长12.6%。

总之，随着"一带一路"倡议的深入，中国与"一带一路"沿线国家和地区的经贸往来越来越频繁。"一带一路"政策不仅带动了中国经济的发展，而且切实推动沿线国家经济的发展，给沿线国家人民带来真正的实惠，实现了双方的互利共赢。我们有理由相信，随着"一带一路"倡议的深化，中国与"一带一路"沿线国家和区域必将会越来越好。

二、与沿线国家和地区贸易结构的变化

随着"一带一路"倡议的实施，中国与沿线国家不仅在贸易量上不断地增长，而且贸易结构也向着优化的方向迈进。

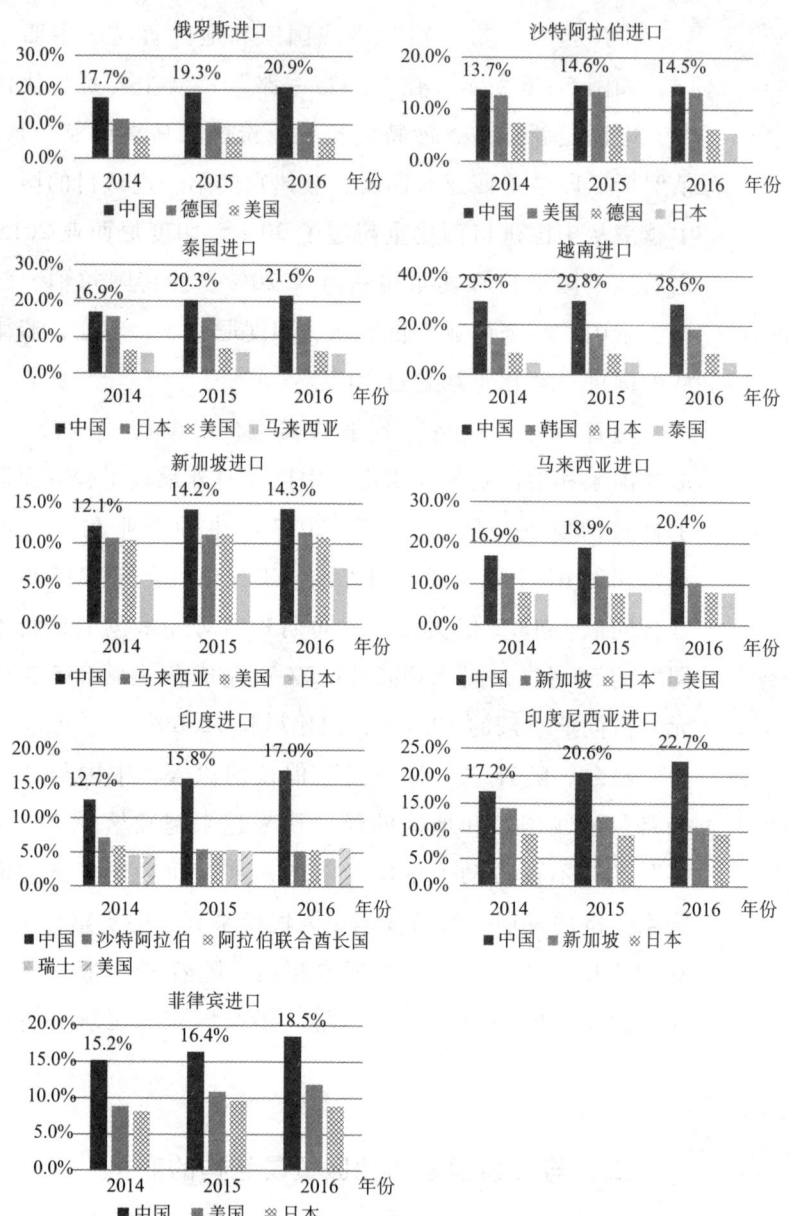

图 5-6 "一带一路"沿线部分国家贸易主要进口目的地

注:系根据联合国商品贸易统计数据库(https://comtrade.un.org/data)历年数据制作而成。

第五章 "一带一路"倡议：中国与沿线国家和地区的贸易交往

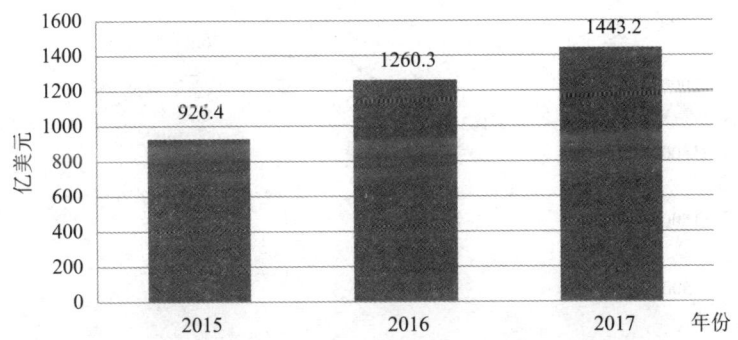

图 5-7 中国对"一带一路"沿线国家新签合同额

注：系根据中华人民共和国商务部（http://fec.mofcom.gov.cn/article/fw-ydyl/tjsj/）历年统计数据制作而成。

首先，从贸易的顺逆差上看，2013—2017 年，中国与"一带一路"沿线国家和地区一直都是贸易顺差，中国对"一带一路"沿线国家和地区的出口额远大于进口额。其中 2017 年，中国与"一带一路"沿线国家和地区的贸易顺差为 1817.2 亿美元。随着"一带一路"倡议的深化与发展，中国从沿线国家和地区进口增多，中国与沿线国家和地区的贸易顺差开始逐渐减小，双方之间的贸易开始逐渐走向平衡，贸易结构开始不断地优化，如图 5-8 所示。

从贸易区域的角度看，中国与"一带一路"沿线贸易顺逆差情况，2017 年贸易顺差最大的区域为南亚地区，贸易顺差为 880.1 亿美元；其次为东南亚地区，贸易顺差为 435.5 亿美元；贸易逆差最大的地区是东亚（仅蒙古国），贸易逆差为 38.7 亿美元。

从贸易国家的角度看，中国与"一带一路"沿线国家贸易顺逆差，如图 5-9 所示。2017 年贸易顺差最大的国家是印度，贸易顺差为 517.2 亿美元；其次为越南和阿拉伯联

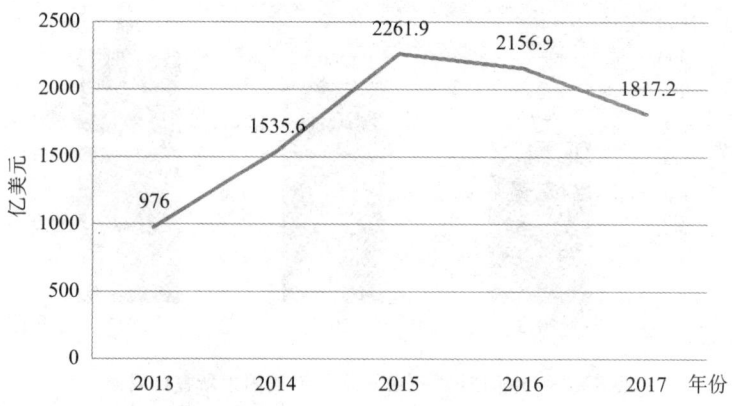

图 5-8　中国与"一带一路"沿线国家贸易顺差

注：系根据中华人民共和国国家统计局（http://data.stats.gov.cn/easyquery.htm?cn=C01）和中华人民共和国海关总署（http://www.customs.gov.cn/customs/302249/302274/302276/1421252/index.html）的历年统计数据制作而成。

合酋长国，分别为 206.6 亿美元和 165 亿美元。2017 年贸易逆差最大的国家是沙特阿拉伯，贸易逆差为 135.4 亿美元，其次为马来西亚和阿曼，贸易逆差分别为 125.8 亿美元和 109 亿美元。

从中国对"一带一路"沿线国家和地区进出口商品看，如图 5-10 所示。中国主要从"一带一路"沿线国家和地区中进口矿物燃料、矿产品、棉花、皮毛、木材等初级原料，中国主要向沿线国家和地区出口电机、电气设备及其零件和锅炉、机器、机械器具及零件等工业制成品。从中国出口到沿线国家和地区的商品看，2016 年中国对"一带一路"沿线国家和地区出口额最高的产品为"电机、电气设备及其零件"，达 1165.9 亿美元；出口额第二位的产品是"锅炉、机器、机械器具及零件"，出口额为 920.0 亿美元；其次为钢铁和塑料及其制品，出口额分别为 237.2 亿美元和

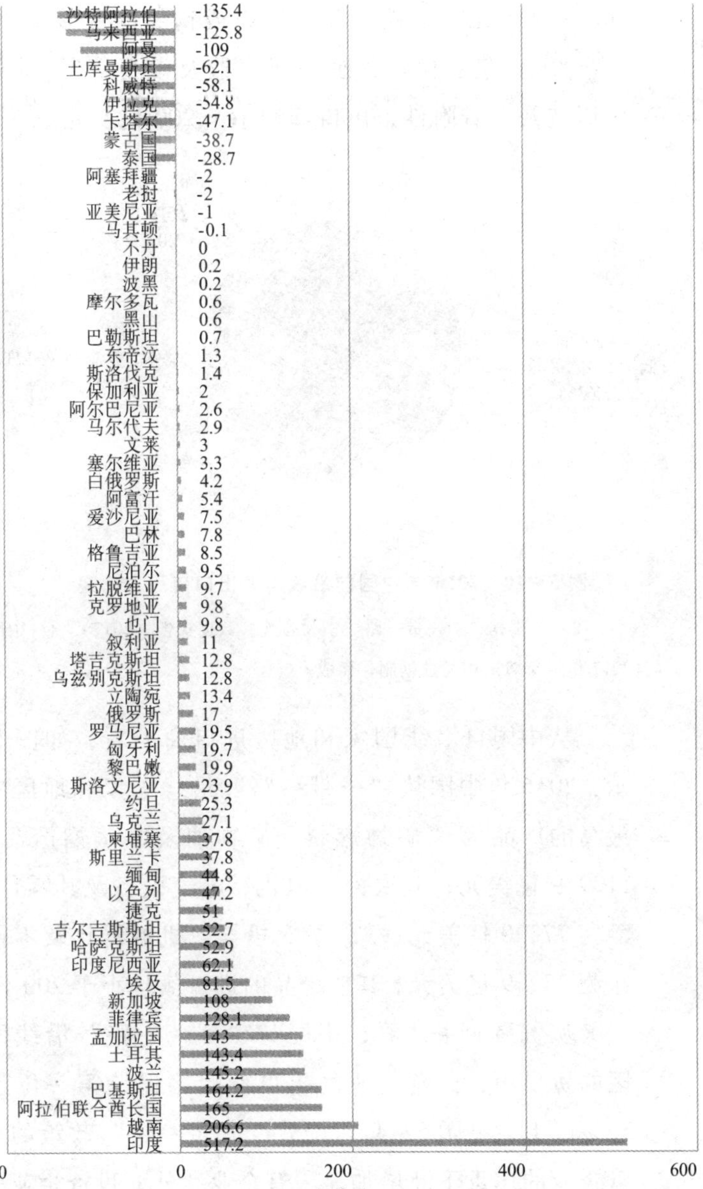

第五章 "一带一路"倡议：中国与沿线国家和地区的贸易交往  181

国家/地区	亿美元
沙特阿拉伯	-135.4
马来西亚	-125.8
阿曼	-109
土库曼斯坦	-62.1
科威特	-58.1
伊拉克	-54.8
卡塔尔	-47.1
蒙古国	-38.7
泰国	-28.7
阿塞拜疆	-2
老挝	-2
亚美尼亚	-1
马其顿	-0.1
不丹	0
伊朗	0.2
波黑	0.2
摩尔多瓦	0.6
黑山	0.6
巴勒斯坦	0.7
东帝汶	1.3
斯洛伐克	1.4
保加利亚	2
阿尔巴尼亚	2.6
马尔代夫	2.9
文莱	3
塞尔维亚	3.3
白俄罗斯	4.2
阿富汗	5.4
爱沙尼亚	7.5
巴林	7.8
格鲁吉亚	8.5
尼泊尔	9.5
拉脱维亚	9.7
克罗地亚	9.8
也门	11
叙利亚	12.8
塔吉克斯坦	12.8
乌兹别克斯坦	13.4
陶宛	17
俄罗斯	19.5
罗马尼亚	19.7
匈牙利	19.9
黎巴嫩	23.9
斯洛文尼亚	25.3
约旦	27.1
乌克兰	37.8
柬埔寨	37.8
斯里兰卡	44.8
缅甸	47.2
以色列	51
捷克	52.7
吉尔吉斯斯坦	52.9
哈萨克斯坦	62.1
印度尼西亚	81.5
埃及	108
新加坡	128.1
菲律宾	143
孟加拉国	143.4
土耳其	145.2
波兰	164.2
巴基斯坦	165
阿拉伯联合酋长国	206.6
越南	517.2
印度	

图 5-9 中国与"一带一路"沿线国家贸易顺逆差图

注：系根据中华人民共和国海关总署（http://www.customs.gov.cn/customs/302249/302274/302276/1421252/index.html）历年统计数据制作而成。

200.7亿美元；钢铁制品、针织或钩编的服装及衣着附件、"光学、计量、检验、医疗用仪器及设备等"；非针织非钩编服装及衣着附件，出口额均小于200亿美元。

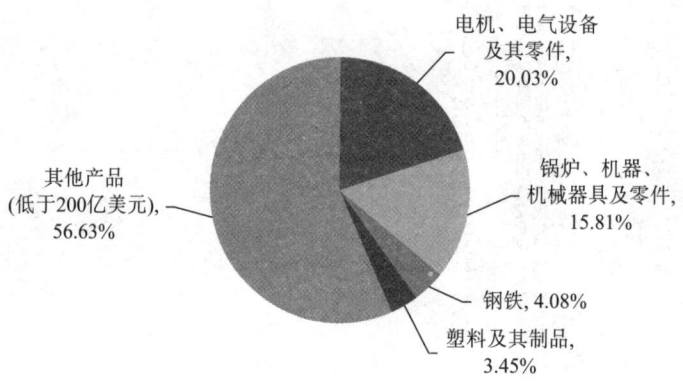

图5-10　2016年中国向沿线国家出口商品占比图

注：系根据"'一带一路'贸易合作大数据报告（2017）"（《中国科技信息》2017年第9期）相关数据制作而成。

从中国自沿线国家和地区进口商品看，如图5-11所示，2016年中国从"一带一路"沿线国家和地区中进口额最高的产品为"矿物燃料、矿物油及其蒸馏产品等"，为1109.9亿美元；其次为"电机、电气设备及其零件"，进口额为772.0亿美元；"锅炉、机器、机械器具及零件"进口额为232.9亿美元，其他产品的进口额均小于200亿美元。

从贸易的主体看，中国与"一带一路"沿线国家和地区的贸易中，民营企业的出口额始终保持第一位且比重在50%以上，见图5-12。随着"一带一路"政策的推行，民营企业的比重不断增加，国有企业和外商投资企业的比重逐渐降低，这说明中国民间积极的响应"一带一路"政策，"一带一路"的政策真正的给民间带来了实惠。

第五章 "一带一路"倡议:中国与沿线国家和地区的贸易交往

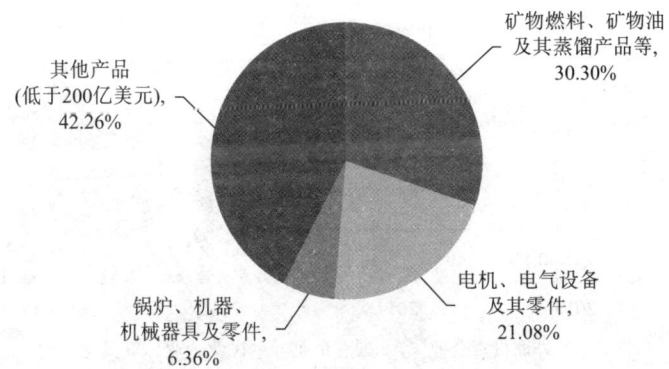

图 5-11　2016 年中国从沿线国家和地区进口商品占比图

注:系根据"'一带一路'贸易合作大数据报告(2017)"(《中国科技信息》2017 年第 9 期)相关数据制作而成。

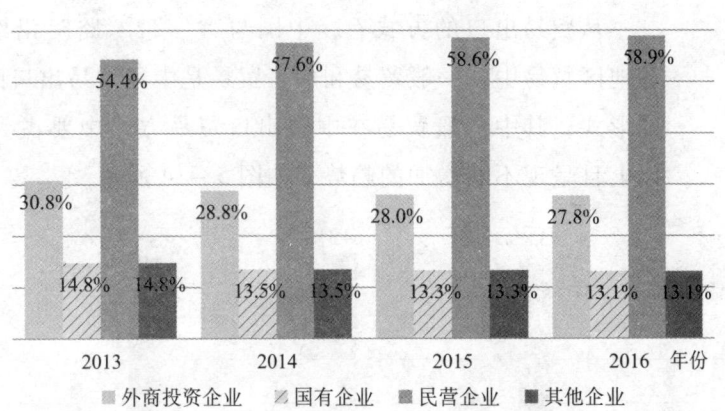

图 5-12　2013—2016 年中国对"一带一路"
沿线国家出口贸易主体变化情况

注:系根据"'一带一路'贸易合作大数据报告(2017)"(《中国科技信息》2017 年第 9 期)相关数据制作而成。

在进口上,呈现出外商投资企业、国有企业、民营企业三足鼎立的局面,见图 5-13。随着"一带一路"政策的推行,民营企业和外商投资企业的进口额比例开始不断增加,国有企业进口额比例不断下降。

中国与沿线国家和地区行业交往现状及趋势

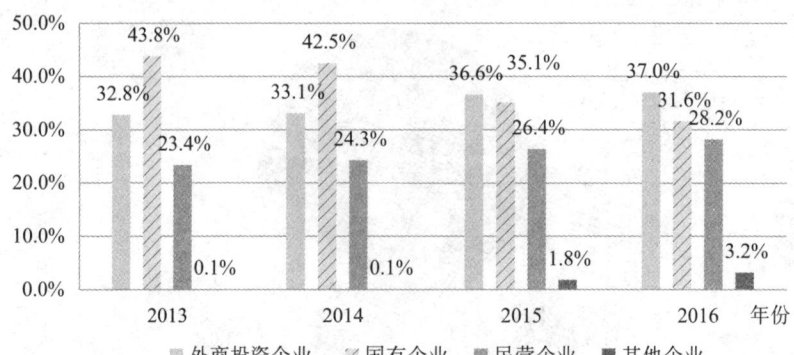

图 5-13 2013—2016 年中国对"一带一路"
沿线国家进口贸易主体变化情况

注：系根据"'一带一路'贸易合作大数据报告（2017）"（《中国科技信息》2017 年第 9 期）相关数据制作而成。

从贸易出口的方式看，中国与"一带一路"沿线国家和地区贸易中，一般贸易和加工贸易是中国贸易出口的主要的形式，其中一般贸易在中国出口贸易方式中要占到 60% 以上且呈现不断增加的趋势，如图 5-14 所示。

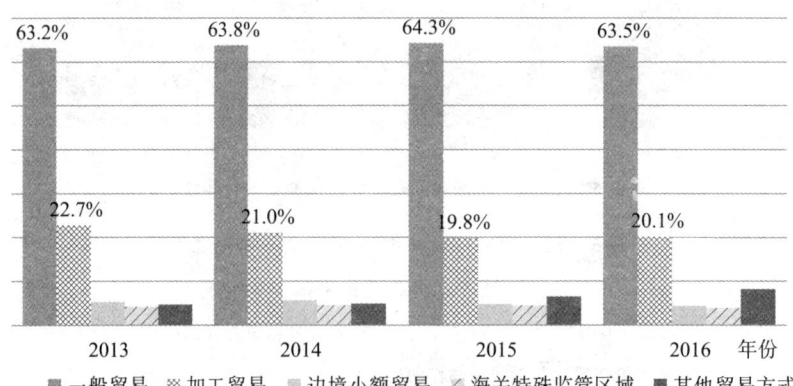

图 5-14 2013—2016 年中国对"一带一路"沿线国家
和地区出口贸易方式变化情况

注：系根据"'一带一路'贸易合作大数据报告（2017）"（《中国科技信息》，2017 年第 9 期）相关数据制作而成。

第五章 "一带一路"倡议：中国与沿线国家和地区的贸易交往

从贸易进口的方式看，如图 5-15 所示。中国与"一带一路"沿线国家和地区贸易中，一般贸易和加工贸易是中国进口贸易的主要形式，其中一般贸易在中国进口贸易方式中要占到 50% 以上且呈现不断下降的趋势，而加工贸易在中国进口贸易方式中占到 20% 左右呈现不断上升的趋势。

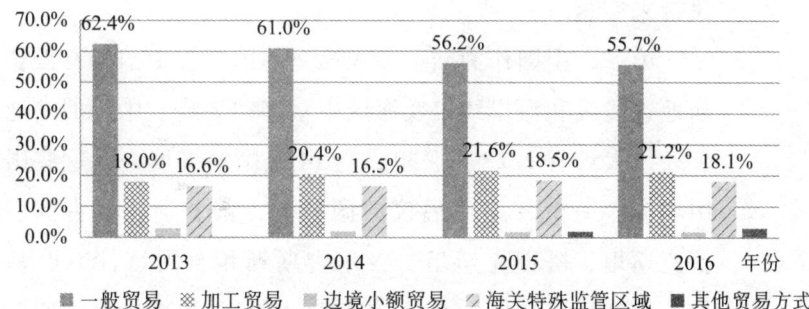

图 5-15　2013—2016 年中国自"一带一路"沿线国家和地区进口贸易方式变化情况

注：系根据"'一带一路'贸易合作大数据报告（2017）"（《中国科技信息》，2017 年第 9 期）相关数据制作而成。

随着"一带一路"倡议的推进，中国与沿线国家的贸易不管是从贸易差、贸易产品、贸易主体、贸易方式都不断地发生变化，中国与沿线国家和地区的贸易正在朝着结构优化的方向前进。中国与沿线国家和地区通过贸易的不断往来，能够促进双方经济的发展，实现双方的互利共赢。

三、与沿线国家和地区贸易交往中的优劣势

中国与沿线国家和地区贸易交往中存在明显的优势，但也面临很大挑战。

（一）与沿线国家贸易交往中的优势

作为"一带一路"的倡议者，中国在与沿线国家和地区的贸易交往中具有显著的优势。这些优势能够带动沿线国家贸易的繁荣，促进沿线国家经济的发展，给沿线国家的人民带来实惠。

第一，中国作为陆上面积第三的国家，中国具有漫长的陆地边境线和海岸线以及海域中众多的岛屿。中国的陆地边境线，大约有2.28万公里，与14个国家接壤，在这些国家中响应"一带一路"倡议的国家有：俄罗斯、蒙古国、哈萨克斯坦、塔吉克斯坦、吉尔吉斯斯坦、阿富汗、巴基斯坦、印度、尼泊尔、不丹、缅甸、老挝、越南。漫长的边境线有利于我国与周边国家开展贸易往来，双方之间可以直接通过协调交流建立互通的铁路、公路，为双方贸易的往来奠定良好的交通基础。此外，中国还有1.84万公里长的大陆海岸线，海域周边有众多的岛屿，港口设施建设非常完善，这为中国与沿线国家开展海上贸易，提供了便利的港口基础，有利于双方之间进行大规模的贸易往来。

第二，中国是目前世界上最大的资源、能源等大宗商品的消费国，具有长期、持续、不断攀升的进口需求[①]。中国作为世界上人口最多的国家，有各种农产品等消费品的需求；作为世界上最大的市场，中国对各种能源、资源的需求持续增长，逐渐超越美国成为第一大需求国；作为世界第二大经济体，中国人民日益富裕起来，有强大的购买能力；而沿线国家大多具有丰富的资源以及各种农产品，并且以资

---

① 肖慧、杨乐乐："'一带一路'背景下中国国际贸易结构变化和发展——以中国、美国、中东的三角贸易为例"，《现代商贸工业》2016年第16期。

源、农产品等初级产品作为出口的主要产品,因而作为"一带一路"倡议的发起者和组织者,中国能够以自己的需求带动沿线国家的贸易繁荣和经济发展。

第三,中国作为世界第二大经济体,具有强大的工业制造能力且工业种类齐全。2017年,中国GDP达到了122355亿美元,和"一带一路"沿线66个国家总和的GDP差不多①。其中,中国在高铁、信息、电子电器、船舶、核电等技术和装备制造业领域都达到了世界上领先水平,积累了丰富的劳务合作和工程承包经验。而"一带一路"沿线大部分国家工业发展较差,没有实现工业化与现代化,在能源、资源、交通、电力、通信、港口、民生等领域普遍存在庞大的基础设施建设需求化,因而中国在与沿线国家的经贸往来中,能够以强大的工业实力,为"一带一路"沿线国家提供技术支持,能够为它们建立完善的工业体系,从而帮助其实现国家的工业化。

专栏 5-1

开往波兰的中欧班列

2013年4月26日开通使用的"蓉欧快铁"目前是51条"中欧班列"线路中发车数量最多、运行速度最快的一列班车。列车从成都青白江集装箱中心站出发,经宝鸡、兰州到新疆阿拉山口出境,途径哈萨克斯坦、俄罗斯、白俄罗斯等国,直达波兰罗兹站,它的走向与2000多年前的丝绸之路几乎重合。线路的全程为9826公里,运行时间从最开始的14天缩短至目前的11天。国内的外贸企业通过该班列将一些IT产品、汽车零配件、家电产品、服装鞋帽、工业品、日用品等货物运往欧洲。

---

① 信息来源:中华人民共和国商务部,http://www.mofcom.gov.cn/。

这列运行近5年的班列，在其成功的背后也经历过低谷期。在最开始修建铁路的时候，工程一度遭到阻碍，花费了工人们的很多心血。究其原因，不是因为铁路不易修建，而是因为沿线国家报关规范不一致、铁路轨迹标准不一致、国家文化存在差异，使交流产生障碍，甚至时差问题严重，都需要慢慢调试与沟通。在运营铁路的公司的选择上，不同国家也有不同的标准，如果只是强加到一家公司身上，会大大影响物流效率，很难达到盈利效果。

在"一带一路"建设中，"丝绸之路经济带"上不仅有思想、文化的交流，更重要的是商品贸易的交往。从"蓉欧快铁"的修建过程来看，如果没有文化交流，而是各国按照自己的标准进行修建，那么这项工程就会是不可能完成的任务，想要促进中国与欧洲的贸易往来也会是一个阻碍。经济和文化是无法分离的，经济是文化的发展方向，文化是经济的动力保障，两者是密切联系的。

在发现了问题之后，中国与欧洲国家通过交流加深了理解，约定了一个统一的标准规范，最终使"蓉欧快铁"顺利完成，经过多年的发展，逐渐成为国内直达欧洲的班列中时刻最短、最早许诺守时开行且冬天不断运、首先选用全程EDI电子通关的班列。通过这个班列，实现了中国产品"走出去"和外国产品"引进来"，加强了双方的贸易交流，同时增进了双方的深厚友谊。

第四，中国具有世界上最多外汇储备和储备充足的资金。目前来说，"一带一路"沿线国家大多数为发展中国家，甚至有许多国家是贫困国家，它们在基础设施建设以及国家工业化的过程中面临大量的资金缺口，急需资金方面的支持。中国为推动"一带一路"政策的前行，已经建立了亚洲基础设施投资银行和丝路基金，为这些国家的经济发展提供充足的资金支持。中国所拥有的这个优势，可以推动"一带一路"沿线国家基础设施的建设与国家的工业化，为

第五章 "一带一路"倡议：中国与沿线国家和地区的贸易交往

双方之间的贸易繁荣和沿线国家经济的发展提供强大的资金支持。

第五，中国具有爱好和平的传统，始终坚持和平崛起。作为五大常任理事国之一，中国在对外交往中始终坚持和平共处五项原则，在公平的基础上，本着互利共赢的原则，与沿线国家发展双方的贸易往来。尽管中国目前是世界上最大的贸易国，但是中国在贸易往来中，面对贸易摩擦与争端，始终坚持通过交流协商的方式处理，避免双方之间的贸易战，积极推动双方之间的贸易往来。面对当前世界上的贸易准则大部分都对西方发达国家有利的局面，中国作为新兴的贸易大国，在与沿线国家的贸易交往中能够制定公平的贸易准则，平等对待与中国贸易交往的国家，给沿线的国家带来真正的实惠。

第六，中国作为近40年世界上发展最快的经济体，在国家的经济发展、引进外资、贸易往来等方面具有丰富的经验。"一带一路"沿线大部分国家经济发展较差，贸易额较少，在与西方发达国家贸易交往中经常吃亏。中国作为近40年来最成功的经济体，中国能够为沿线国家的经济发展提供有益借鉴；为它们提供与西方发达国家贸易往来的经验；帮助它们实现贸易的繁荣和经济的发展。

（二）与沿线国家贸易中面临的劣势

尽管中国是作为"一带一路"倡议的发起者和组织者，在与沿线国家的贸易往来中拥有众多的优势，但是我们也应该看到中国在与它们贸易往来中还存在许多劣势与挑战。

首先，中国的进出口贸易尽管已经跃居世界首位，但是目前中国仅是一个贸易大国，距离贸易强国还有很长的路要走。中国与沿线国家的进出口贸易额在2017年已经达到了

10899亿美元,但是仅占中国与世界贸易进出口额的25.63%,相对于中国与世界的贸易额,中国与沿线国家的贸易额还是偏低,双方之间蕴含着巨大的潜力,还需要加强经贸往来。

其次,尽管中国与沿线国家的贸易顺差正在减少,但是双方之间的贸易顺差还是比较巨大,存在明显的不均衡。目前,中国对于沿线国家出口最多的产品还是劳动密集型产品,技术密集型产品相对较少,而劳动密集型产品更多依靠的是廉价劳动力带来的低成本优势。随着中国人口红利的消失,这种低成本优势正在丧失,并且随着"一带一路"沿线国家经济的发展,沿线国家生产的产品与中国出口产品相似度会越来越大,从而导致双方之间的贸易摩擦增加,因此中国面临出口产品类型急需改变的局面。

最后,中国地区经济发展不平衡,相对于靠近丝绸之路经济带的西部边境地区,海上丝绸之路的东部地区经济具有明显的优势,而中国与沿线国家的出口产品大多源于中国东部地区,这给中国与丝绸之路经济带国家的交往增加了贸易成本,阻碍了中国与它们交往发展,进而影响中国的"一带一路"倡议。

总之,作为"一带一路"倡议的发起者和组织者,中国在"一带一路"沿线国家贸易往来中拥有众多的优势与某些劣势,中国要学会利用自己优势,改善自己的短板,不断地推动中国与沿线国家贸易额的增加,推动双方贸易结构向着优化的方向转变,从而实现双方之间的互利共赢。

第五章 "一带一路"倡议：中国与沿线国家和地区的贸易交往

第二节
与沿线国家和地区贸易交往的案例

随着"一带一路"倡议的深化与发展，中国与沿线区域的贸易额不断增长，贸易结构呈现优化，但是受沿线各地区地理、文化、经济、宗教等各个方面影响，在与中国的贸易中，"一带一路"沿线的国家和区域呈现出不同的特点。根据地理、文化等因素，"丝绸之路经济带"包括东亚、中亚、西亚、中东欧以及独联体5个部分，"海上丝绸之路"包括东南亚和南亚2个部分。下面在前述基础上，择取其中两个部分的贸易交往加以重点分析。

一、与中亚地区的贸易交往

（一）中国与中亚地区贸易情况

目前，中国与中亚地区的贸易往来相对较小，双方之间存在着巨大的贸易潜力。推动与该地区的贸易往来，有助于中国进口能源多元化，有助于中国贸易的多元化，有助于"一带一路"倡议的深化，从而实现中国与中亚地区的互利共赢。2017年中国与中亚地区进出口贸易额为359.9亿美元，比2016年同比增长19.77%。

专栏 5-2

中亚的简况

中亚地区位于亚欧大陆的咽喉位置,西向连接西亚、独联体,南向连接南亚,北向连接俄罗斯,战略地位非常重要,是丝绸之路经济带上的关键一环。中亚地区国家包括:哈萨克斯坦、土库曼斯坦、吉尔吉斯斯坦、乌兹别克斯坦、塔吉克斯坦。中亚地区具有丰富的油气、矿产等资源,被誉为"第二个中东"。

从贸易进出口总额来看,2013—2016 年中国与中亚地区的进出口贸易额一直呈现下降的趋势,在 4 年间贸易总额下降了 40.22%,这种情形直到 2017 年才开始逐渐回暖,呈现增长的势头;从贸易进口额上看,如图 5-16 所示,2013—2016 年中国与该地区的进口额也一直在下降,4 年间进口额下降了 55.31%,直到 2017 年才开始逐渐恢复增长的趋势;从贸易的出口额上看,如图 5-16 所示,中国与中亚地区的出口额变化相对平缓,2015 年之后,随着"一带一路"倡议的深化,双方之间交流不断加深,中国与该地区的进出额呈现了不断上升的趋势。

从中国与中亚 5 个国家的贸易额看,中亚五国与中国的贸易额各不相同、差距较大,如表 5-2 所示。

在中亚 5 国中,哈萨克斯坦是中国的主要贸易伙伴。中国与哈萨克斯坦的贸易无论是进口额还是出口额均在中国与中亚地区的贸易中占据绝对的比重,占中国与该地区贸易额的 50% 以上。土库曼斯坦是中国在中亚地区的第二大贸易伙伴,是中国在中亚地区的第二大进口国,但是中国对土库曼斯坦出口却是中亚地区最少的,因而土库曼斯坦成为中国

第五章 "一带一路"倡议:中国与沿线国家和地区的贸易交往

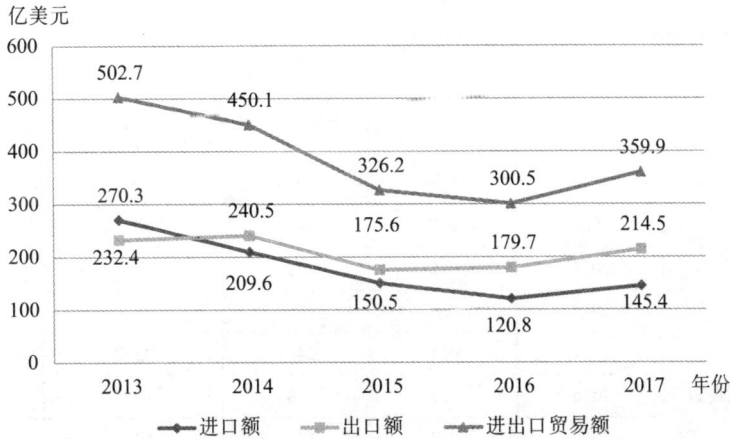

图 5-16 2013—2017 年中国与中亚地区贸易额变化情况

注:系根据中华人民共和国国家统计局(http://data.stats.gov.cn/easyquery.htm? cn = C01)和中华人民共和国海关总署(http://www.customs.gov.cn/customs/302249/302274/302276/1421252/index.html)历年数据制作而成。

表 5-2   2013—2017 年中国与中亚五国的贸易额   单位:亿美元

	年份	中国进口额	中国出口额	进出口总额	贸易差
哈萨克斯坦	2013	160.5	125.5	286	-40
	2014	97.4	127.1	224.5	29.7
	2015	58.5	84.4	142.9	25.9
	2016	48.1	82.9	131	34.8
	2017	63.6	116.4	180	52.8
土库曼斯坦	2013	88.9	11.4	100.3	-77.5
	2014	95.2	9.5	104.7	-85.7
	2015	78.3	8.2	86.5	-70.1
	2016	55.6	3.4	59	-52.2
	2017	65.8	3.7	69.5	-62.1
乌兹别克斯坦	2013	19.4	26.1	45.5	6.7
	2014	16	26.8	42.8	10.8
	2015	12.7	22.3	35	9.6
	2016	16.1	20	36.1	3.9
	2017	14.7	27.5	42.2	12.8

续表

	年份	中国进口额	中国出口额	进出口总额	贸易差
吉尔吉斯斯坦	2013	0.6	50.8	51.4	50.2
	2014	0.6	52.4	53	51.8
	2015	0.6	42.8	43.4	42.2
	2016	0.7	56.1	56.8	55.4
	2017	0.9	53.6	54.5	52.7
塔吉克斯坦	2013	0.9	18.7	19.6	17.8
	2014	0.5	24.7	25.2	24.2
	2015	0.5	18	18.5	17.5
	2016	0.3	17.2	17.5	16.9
	2017	0.5	13.2	13.7	12.7

数据来源：系根据中华人民共和国国家统计局和中华人民共和国海关总署网站相关数据统计所得。

在中亚地区唯一的贸易逆差国家。吉尔吉斯斯坦是中国在中亚地区的出口仅次于哈萨克斯坦的国家，中国从该国进口基本上很少，导致该国成为中国在中亚地区的最大贸易顺差的国家。乌兹别克斯坦与中国的贸易相对均衡，贸易顺差最小，贸易总额也相对很少。塔吉克斯坦是中国与该地区贸易最少的国家，与中国的贸易变化相对较小。塔吉克斯坦是中国在中亚地区贸易进出口额最少的国家。此外，从表5-2中可知，导致中国与中亚地区贸易剧烈变化的国家是哈萨克斯坦。2013—2016年中国与中亚地区贸易额减少的主要原因在于中国从哈萨克斯坦进口额的减少，进口从160.5亿美元锐减到48.1亿美元。而中国与其他中亚四国的贸易额变化相对较为平缓。

从中亚各国看，中国是中亚各个国家的最重要贸易伙伴。中国是哈萨克斯坦第二大出口国，如图5-17所示；是哈萨克斯坦的第一大进口国，如图5-18所示。此外，中国

第五章 "一带一路"倡议:中国与沿线国家和地区的贸易交往

是土库曼斯坦第一大贸易伙伴,是吉尔吉斯斯坦、塔吉克斯坦和乌兹别克斯坦仅次于俄罗斯的第二大贸易伙伴[①]。

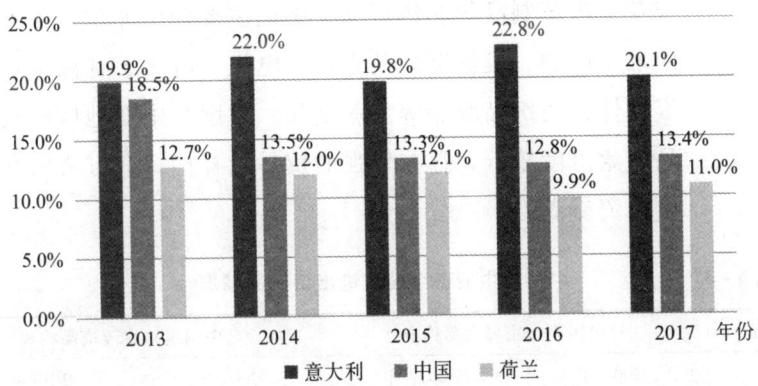

图 5-17　2013—2017 年哈萨克斯坦出口前三位国家占当年出口总额的比例情况

注:系根据中华人民共和国商务部(https://countryreport.mofcom.gov.cn/default.asp)的历年统计数据制作而成。

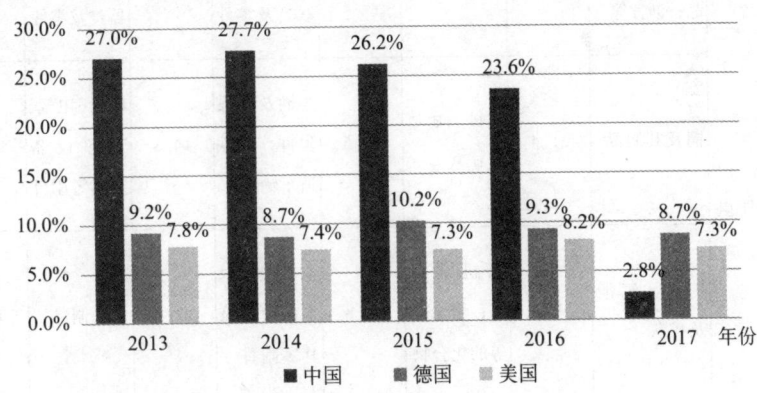

图 5-18　2013—2017 年哈萨克斯坦进口前三位国家占当年进口总额的比例情况

注:系根据中华人民共和国商务部(https://countryreport.mofcom.gov.cn/default.asp)的历年统计数据制作而成。

---

① 信息来源:中华人民共和国商务部(http://www.mofcom.gov.cn/)。

从进出口贸易产品看,如表 5-3 所示,近些年,中国主要从中亚地区进口矿物燃料(石油天然气)、矿产资源、棉花、皮革制品等初级产品,中国主要向中亚地区出口核反应堆、锅炉、机械器具及零件,电机、电气、音像设备及其零附件,纺织品服装等工业制品。中国与中亚地区的贸易产品类竞争度较低,存在较强的贸易互补性,双方之间存在较大的贸易潜力。

表 5-3　　　　　　　中国与中亚各个国家进出口产品情况

国家	对中国出口主要商品构成				自中国进口主要商品构成			
	2007 年		2017 年		2007 年		2017 年	
	商品类型	占比(%)	商品类型	占比(%)	商品类型	占比(%)	商品类型	占比(%)
哈萨克斯坦	矿物燃料、矿物油及其产品;沥青等	50.9	铜及其制品	19.2	核反应堆、锅炉、机械器具及零件	25.3	核反应堆、锅炉、机械器具及零件	23.6
	铜及其制品	21.4	矿砂、矿渣及矿灰	18.5	车辆及其零附件,但铁道车辆除外	14.3	电机、电气、音像设备及其零附件	20.8
	矿砂、矿渣及矿灰	9.0	无机化学品;贵金属等的化合物	17.8	电机、电气、音像设备及其零附件	12.4	钢铁制品	8.5
	钢铁	8.5	矿物燃料、矿物油及其产品;沥青	17.3	钢铁制品	9.6	塑料及其制品	4.7
	生皮(毛皮除外)及皮革	3.9	钢铁	15.2	塑料及其制品	4.4	车辆及其零附件,但铁道车辆除外	3.7

第五章 "一带一路"倡议:中国与沿线国家和地区的贸易交往

续表

国家	对中国出口主要商品构成	自中国进口主要商品构成
土库曼斯坦	矿物燃料(天然气)、矿物油及其蒸馏产品;沥青物质;矿物	核反应堆、锅炉、机械器具及零件;铁或钢制品;电机、电气、音像设备及其零附件;纺织品橡胶等
乌兹别克斯坦	棉花、棉纱;矿物燃料(天然气)、矿物油及其蒸馏产品;无机化学;贵金属等的化合物;稀有金属	核反应堆、锅炉、机械器具及零件;电机、电气、音像设备及其零附件;塑料及其制品
吉尔吉斯斯坦	皮革及制品;铜及制品;矿产品、羊毛等	纺织品、针织物及钩编织物;化学纤维长丝;锅炉、机械器具及零件;电机、电气、音像设备及其零附件
塔吉克斯坦	矿砂、矿渣及矿灰;棉花;皮革及制品;食用油、水果及坚果;铝及制品	服装类;鞋类;机械器具;电机、电气、音像设备及其零附件

数据来源:中华人民共和国商务部,https://countryreport.mofcom.gov.cn/default.asp。

(二)中国与中亚地区贸易交往中的问题与困境

第一,中国与中亚地区的贸易额较小、波动大。中国与中亚地区的贸易很小,在中国与"一带一路"沿线国家和地区贸易额中的占比基本上不超过5%,且占比呈现下降趋势,如图5-19所示,因此双方之间存在着巨大的贸易潜力。此外,中国与中亚地区的贸易波动较大,如图5-16所示。

第二,尽管中国与中亚地区的贸易互补性较强,但是双方之间的贸易结构相对单一,贸易结构较为不合理。中国与中亚地区进出口产品的种类较为单一,多以劳动密集型和资源密集型产品为主,对于资本密集型和技术密集型产品涉及较少,如表5-3所示。随着"一带一路"倡议的推进,中国与中亚地区贸易的产品呈现优化的局面,但是中国与中亚

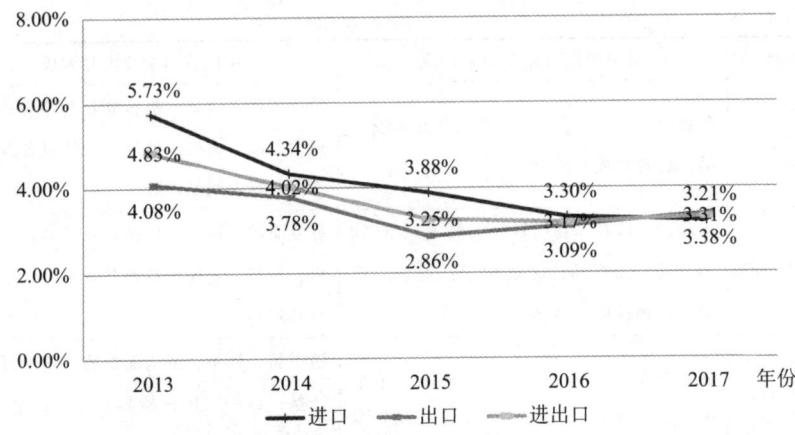

图 5-19　2013—2017 年中国与中亚贸易占中国与
"一带一路"沿线国家贸易比例情况

注：系根据中华人民共和国国家统计局（http://data.stats.gov.cn/easyquery.htm? cn=C01）和中华人民共和国海关总署（http://www.customs.gov.cn/customs/302249/302274/302276/1421252/index.html）历年数据制作而成。

地区贸易产品变化较小。这种贸易结构，在一定程度上说明了双方贸易发展的局限性较大，这种状况必须得到改变。

第三，该地区政局不稳定，恐怖主义频发，并且中亚地区各个国家内的市场经济体制不完善，贪污腐败问题严重，投资外贸存在严重的风险[①]。首先，在苏联解体后，该地区生产力严重下滑，人民生活水平急剧下降，导致该地区社会矛盾不断激化，吉尔吉斯斯坦、哈萨克斯坦都曾发生或险些发生颜色革命，而今"颜色革命"在中亚地区再次发生的可能性仍然存在。此外，中亚多国还面临着"老人政治"问题，诸如哈萨克斯坦和塔吉克斯坦的国家元首都已在65岁以上。尽管目前中亚国家政权还比较稳定，但未来的政局

---

① 熊灵、谭秀杰：《"一带一路"建设：中国与周边地区的经贸合作研究（2016—2017）》，社会科学文献出版社 2017 年版。

第五章 "一带一路"倡议：中国与沿线国家和地区的贸易交往

是否稳定，政权是何种形态，新一代的领导人对于"一带一路"倡议是什么态度，都充满了不确定性。一旦国家政局发生动荡，企业可能会遭受非常巨大的损失①。其次，伊斯兰主义在该地区盛行，经过几十年发展，伊斯兰极端主义在该地区有一定市场，在该地区成为恐怖主义的基地之一，在中国与该地区贸易往来中，存在着安全环境问题。最后，受苏联体制的影响，中亚各国的市场大都处于计划经济向市场经济过渡转型阶段，市场经济体制还没有完全形成，制度化、规范化程度不高，相关的立法不完善，尤其是对外经济政策方面，国家干预较为严重，常常发生变动，许多管理和监督制度无法满足市场经济的发展和国家贸易的需要②。

第四，中国与中亚各国的相互信任程度不够。相对于中亚地区，中国具有完整的工业体系，中国从该地区进口石油、矿产等资源，出口机电产品等，受西方"新殖民主义"和"中国威胁论"的影响，造成中亚各国对于中国"一带一路"倡议的不信任。该地区与俄罗斯关系密切，若与中国关系过于亲近，中亚各国担心会影响与俄罗斯的关系。同时，由于中亚地区与中国新疆地区的民族信仰一致，成为"东突"的聚集地，这严重阻碍了中国与该地区的交往。

第五，中亚地区的经济较为落后，基础设施较差，贸易保护主义抬头，阻碍中国与中亚地区的贸易。由于该地区经济基础差，导致该地区基础设施建设不完善，铁路建设缓慢甚至有些国家的公路都缺少，交通的不便利性严重影响了中国与中亚地区的贸易便利性，进而影响了中国与该地区贸易

---

① 林建勇、蓝庆新：" '一带一路'战略下中国与中亚国家能源合作面临的挑战与对策"，《中国人口·资源与环境》2017年第S1期。

② 熊灵、谭秀杰：《"一带一路"建设：中国与周边地区的经贸合作研究（2016—2017）》，社会科学文献出版社2017年版。

往来。此外，随着"一带一路"政策推行，受到西方等国的影响，该地区贸易保护主义有所抬头。

第六，外部因素。从地缘战略的角度看，该地区是大国的必争之地。苏联解体后，该地区一直是俄罗斯的核心地带，俄罗斯不断加强与该地区的经贸往来，不断强化对该地区的影响力，从而实现对该地区的控制。为了围堵中国，挤压俄罗斯的战略地位，美国开始积极地插手中亚事务，不断鼓吹"中国威胁论"，在中亚各国试图建立军事基地，不断地采取经济援助等政策，排挤中国"一带一路"倡议。这些都对中国与中亚地区的经贸往来和"一带一路"倡议带来严重的挑战。

二、与东南亚地区的贸易交往

东南亚地区是"一带一路"上与中国经贸往来最为频繁，发展程度最高、华人数量最多的区域。东南亚国家包括越南、泰国、老挝、柬埔寨、印度尼西亚、新加坡、马来西亚、文莱、菲律宾、缅甸和东帝汶。东南亚地区是海上丝绸之路带的战略要地，是海上丝绸之路的必经之地，是海上丝绸之路的南大门，是"一带一路"建设的关键区域，在"一带一路"建设中处于首位，只有处理好中国与东南亚国家的关系，才能推动海上丝路带的发展，才能够对"一带一路"政策起到示范作用。

（一）中国与东南亚地区贸易情况

随着"一带一路"倡议的实施，中国与东南亚地区贸易额在整体上呈现上升的趋势，如图 5 - 20 所示。从贸易进出口总额上看，2017 年中国与东南亚地区的贸易额达到了

第五章 "一带一路"倡议：中国与沿线国家和地区的贸易交往

5149.5亿美元，同比2016年增长13.79%，进出口总额的变化较小，呈现增长的趋势；从贸易进口额上看，中国与东南亚地区从2015年起，逐年增加；从贸易出口额上看，中国与东南亚地区的出口趋势基本上与进出口总额的趋势一致；从中国与东南亚地区的贸易顺逆差看，从2015年以后，中国与东南亚地区的贸易差呈现减小趋势，双方之间的贸易结构不断地优化。

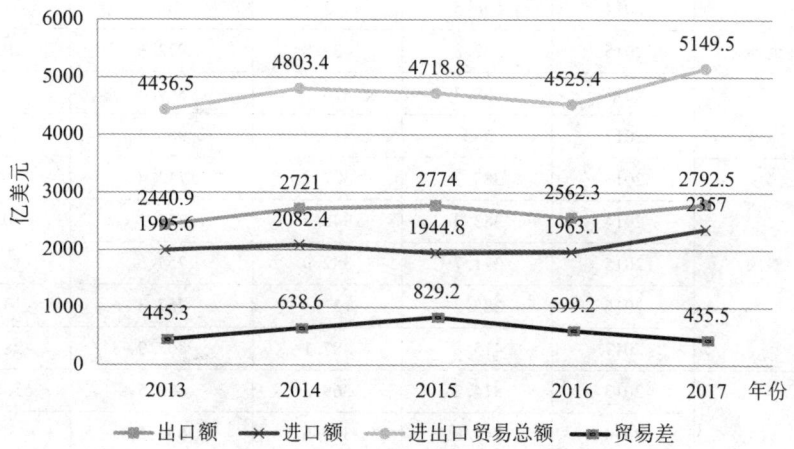

图5-20　2013—2017年中国与东南亚地区贸易额变化情况

注：系根据中华人民共和国国家统计局（http://data.stats.gov.cn/easyquery.htm?cn=C01）和中华人民共和国海关总署（http://www.customs.gov.cn/customs/302249/302274/302276/1421252/index.html）历年数据制作而成。

从中国与东南亚地区各个国家的贸易额看，中国与东南亚各个国家的贸易额差距较大，多的达到上千亿美元，少的仅为几十亿美元，如表5-4所示。

表 5-4　2013—2017 年中国与东南亚各个国家贸易额情况　　单位：亿美元

国家	年份	中国进口	中国出口	进出口总额	贸易差
越南	2013	168.9	485.9	654.8	317
	2014	199.1	637.3	836.4	438.2
	2015	298.3	660.2	958.5	361.9
	2016	371.7	611	982.7	239.3
	2017	503.3	709.9	1213.2	206.6
马来西亚	2013	601.5	459.3	1060.8	-142.2
	2014	556.5	463.5	1020	-93
	2015	532.8	439.8	972.6	-93
	2016	492.7	376.7	869.4	-116
	2017	543	417.2	960.2	-125.8
泰国	2013	385.2	327.2	712.4	-58
	2014	383.3	342.9	726.2	-40.4
	2015	371.7	382.9	754.6	11.2
	2016	385.3	372	757.3	-13.3
	2017	415.8	387.1	802.9	-28.7
印度尼西亚	2013	314.2	369.3	683.5	55.1
	2014	244.9	390.6	635.5	145.7
	2015	198.9	343.4	542.3	144.5
	2016	214.1	321.3	535.4	107.2
	2017	285.5	347.6	633.1	62.1
菲律宾	2013	181.8	198.7	380.5	16.9
	2014	209.8	234.7	444.5	24.9
	2015	189.7	266.7	456.4	77
	2016	174	298.4	472.4	124.4
	2017	192.3	320.4	512.7	128.1
新加坡	2013	200.6	458.3	758.9	157.7
	2014	308.3	489.1	797.4	180.8
	2015	275.8	519.4	795.2	243.6
	2016	260.1	445.1	705.2	185
	2017	342.2	450.2	792.4	108

第五章 "一带一路"倡议:中国与沿线国家和地区的贸易交往  203

续表

国家	年份	中国进口	中国出口	进出口总额	贸易差
缅甸	2013	28.6	73.4	102	44.8
	2014	156	93.7	249.7	-62.3
	2015	54.5	96.5	151	42
	2016	41	81.9	122.9	40.9
	2017	45.3	90.1	135.4	44.8
柬埔寨	2013	3.6	34.1	37.7	30.5
	2014	4.8	32.7	37.5	27.9
	2015	6.7	37.6	44.3	30.9
	2016	8.4	39.3	47.7	30.9
	2017	10.1	47.8	57.9	37.7
老挝	2013	10.1	17.2	27.3	7.1
	2014	17.8	18.4	36.2	0.6
	2015	15.5	12.3	27.8	-3.2
	2016	13.6	9.9	23.5	-3.7
	2017	15.9	14.3	30.2	-1.6
文莱	2013	0.9	17	17.9	16.1
	2014	1.9	17.5	19.4	15.6
	2015	1	14.1	15.1	13.1
	2016	2.2	5.1	7.3	2.9
	2017	3.5	6.5	10	3
东帝汶	2013	0	0.5	0.5	0.5
	2014	0	0.6	0.6	0.6
	2015	0	1.0	1.0	1.0
	2016	0	1.6	1.6	1.6
	2017	0	1.3	1.3	1.3

数据来源:系根据中华人民共和国国家统计局和中华人民共和国海关总署网站的有关数据统计所得。

在中国与东南亚地区的贸易中,越南、马来西亚、泰国、新加坡始终占据中国与东南亚地区贸易的前四位。随着

"一带一路"倡议的推进,越南逐渐成为中国与东南亚地区首要的贸易伙伴。在东南亚国家中,中国进口最多的国家是马来西亚,中国出口最多的是越南。中国与缅甸、老挝、柬埔寨、文莱、东帝汶贸易额较少,与前面几个国家差额较大。从贸易的差额上看,在东南亚国家中,中国与大部分国家为贸易顺差,其中中国与越南的贸易顺差最大,中国与马来西亚贸易逆差最大且始终是贸易逆差。2017 年在中国与东南亚的贸易中,中国与东南亚地区的 8 个国家是贸易顺差,与越南、菲律宾、新加坡这三个国家的贸易顺差超过了 100 亿美元,而仅有马来西亚、泰国、老挝有贸易逆差,只有马来西亚与中国的贸易逆差超过了 100 亿美元。

从贸易进出口商品看,中国从东南亚地区主要进口产品为电器机械设备和零部件、矿石、机械器具及零件,电机电气、金属制品、塑料及制品等,如表 5 – 5 所示。

表 5 – 5   中国与东南亚各个国家进出口产品情况

国家	对中国出口主要商品构成				自中国进口主要商品构成			
	2005 年		2015 年		2005 年		2015 年	
	商品类型	占比(%)	商品类型	占比(%)	商品类型	占比(%)	商品类型	占比(%)
越南	矿物燃料	65.2	电机、电气设备及其零件	45.8	矿物燃料	16.4	电机、电气设备及其零件	19.4
	橡胶及制品	6.7	棉花	5.8	钢、铁	13.5	机器制品	10.3
	矿石、矿渣类	4.8	特殊交易品及未分类商品	5.3	机器制品	12.4	钢、铁	6.3
	电机、电气设备及其零件	4.0	机器制品	4.4	电机、电气设备及其零件	6.6	人造短纤维	4.2
	木材	2.8	矿物燃料	4.0	肥料	4.2	铝及其制品	4.2

第五章 "一带一路"倡议：中国与沿线国家和地区的贸易交往

续表

国家	对中国出口主要商品构成				自中国进口主要商品构成			
	2007年		2017年		2007年		2017年	
	商品类型	占比(%)	商品类型	占比(%)	商品类型	占比(%)	商品类型	占比(%)
马来西亚	电机、电器、音像设备及其零附件	34.6	电机、电气、音像设备及其零附件	36.1	电机、电器、音像设备及其零附件	33.7	电机、电气、音像设备及其零附件	32.5
	动、植物油、脂、蜡；精制食用油脂	18.5	矿物燃料、矿物油及其产品；沥青等	15.9	核反应堆，锅炉，机器，机械器具及零件	30.3	核反应堆，锅炉，机械器具及零件	16.8
	核反应堆，锅炉，机器，机械器具及零件	14.9	核反应堆、锅炉、机械器具及零件	8.1	钢铁	4.1	矿物燃料、矿物油及其产品；沥青等	5.4
	橡胶及其制品	8.3	橡胶及其制品	6.4	钢铁制品	2.4	塑料及其制品	4.2
	塑料及其制品	4.3	动、植物油、脂、蜡；精制食用油脂	4.8	其他特殊交易品及未分类商品	2.4	钢铁	3.1
泰国	核反应堆、锅炉、机械器具及零件	28.2	橡胶及其制品	19.7	电机、电气、音像设备及其零附件	28.3	电机、电气、音像设备及其零附件	30
	电机、电气、音像设备及其零附件	14.9	核反应堆、锅炉、机械器具及零件	11.8	核反应堆、锅炉、机械器具及零件	22.8	核反应堆、锅炉、机械器具及零件	16.7
	橡胶及其制品	13.7	电机、电气、音像设备及其零附件	10.8	钢铁	7.2	钢铁制品	6.3
	矿物燃料、矿物油及其产品；沥青等	8.3	塑料及其制品	9.6	钢铁制品	3.3	钢铁	4.9
	有机化学品	8.1	光学、照相、医疗等设备及零附件	5.8	塑料及其制品	2.7	塑料及其制品	4.8

续表

国家	对中国出口主要商品构成				自中国进口主要商品构成			
	2007 年		2017 年		2007 年		2017 年	
	商品类型	占比（%）	商品类型	占比（%）	商品类型	占比（%）	商品类型	占比（%）
新加坡	电机、电气、音像设备及其零附件	48.6	电机、电气、音像设备及其零附件	36	电机、电气、音像设备及其零附件	42.3	电机、电气、音像设备及其零附件	42.2
	核反应堆、锅炉、机械器具及零件	17.6	矿物燃料、矿物油及其产品；沥青等	11.2	核反应堆、锅炉、机械器具及零件	22.1	核反应堆、锅炉、机械器具及零件	21.5
	矿物燃料、矿物油及其产品；沥青等	8.6	核反应堆、锅炉、机械器具及零件	10.3	矿物燃料、矿物油及其产品；沥青等	7.1	矿物燃料、矿物油及其产品；沥青等	10.8
	塑料及其制品	5.6	塑料及其制品	8.9	钢铁	3	光学、照相、医疗等设备及零附件	2.5
	有机化学品	4.4	珠宝、贵金属及制品；仿首饰；硬币	8.5	钢铁制品	2.7	有机化学品	1.6
	2005 年		2015 年		2005 年		2015 年	
	商品类型	占比（%）	商品类型	占比（%）	商品类型	占比（%）	商品类型	占比（%）
印度尼西亚	矿物制品	23.7	矿物制品	32.6	矿物制品	19.0	机器制品	18.6
	机器制品	11.2	动物或植物油脂	15.5	机器制品	14.8	机电设备	16.4
	有机化学制品	9.3	木材及纤维制品	6.9	机电设备	13.7	钢材	5.6
	动物或植物油脂	8.9	电气机械设备和零部件	6.2	钢材	6.7	钢铁制品	4.2
	机电设备	7.9	木材制品	5.0	零件及配件	4.4	塑料机器制品	3.6

续表

国家	对中国出口主要商品构成				自中国进口主要商品构成			
	2005年		2015年		2005年		2015年	
	商品类型	占比(%)	商品类型	占比(%)	商品类型	占比(%)	商品类型	占比(%)
菲律宾	电气机械设备及其零部件	71.1	电气机械设备及其零部件	49.6	电气机械设备及其零部件	31.6	机器制品	9.5
	机器制品	19.3	机器制品	21.8	机器制品	10.4	钢铁	8.1
	精密仪器及附件	2.9	矿石、矿渣和灰	10.4	钢铁	5.0	汽车外的运输工具	4.3
	铜及其制品	2.0	矿物制品	5.6	矿物制品	4.3	玩具及体育用品	3.9
	矿物制品	1.1	食用水果及坚果	3.0	汽车外的运输工具	3.4	塑料及其制品	9.8
缅甸	木材类	70.6	贵金属类	42.8	机器制品	12.9	电机、电气设备及其零件	17.1
	矿石	9.6	矿物燃料	30.9	矿物燃料	9.2	机器制品	10.9
	橡胶制品	3.6	矿石、矿渣和灰	8.6	钢铁	8.7	轮船等	10.7
	油料类植物	2.3	钢铁	4.7	电机、电气设备及其零件	7.8	汽车外的交通零部件	105
	盐、硫磺等	1.8	木材	4.3	人造短纤维	7.1	钢铁	9
柬埔寨	木制品	40.7	针织服装及配饰	23.0	棉花	23.7	针织品	26.7
	棉花	27.7	毛皮	18.0	针织品	23.1	棉花	10.6
	橡胶制品	11.5	精密仪器	12.1	人造短纤维	7.2	核反应等制品	9.5

续表

国家	对中国出口主要商品构成				自中国进口主要商品构成			
	2005 年		2015 年		2005 年		2015 年	
	商品类型	占比(%)	商品类型	占比(%)	商品类型	占比(%)	商品类型	占比(%)
柬埔寨	非针织服装及配件	6.6	电气设备及零部件	10.7	核反应等制品	6.4	电气设备及其零部件	7.7
	精油等香料	4.0	谷物	10.4	人造丝	4.6	陶瓷产品	3.7
老挝	木制品	44.0	木制品	36.5	机器制品	26.9	电气设备及其零部件	23.4
	铜制品	24.4	矿石、矿渣和灰	29.4	电气设备及其零部件	26.3	机器制品	20.4
	橡胶制品	16.4	铜制品	11.6	汽车外的运输工具	18.5	飞机等	12.5
	油料种子	5.1	肥料	7.2	钢铁	3.7	汽车外的运输工具	10.1
	矿石、矿渣和灰	2.5	橡胶制品	5.4	钢铁制品	3.3	钢铁制品	9.0
文莱	矿物制品	99.95	矿物制品	54.0	电器机械设备及零部件	14.1	家具等床上用品	20.6
	鱼和无脊椎动物	0.04	有机化学制品	42.0	钢铁	11.4	船舶船只	19.1
	服装和服装配件	0.002	木材及纤维制品	2.1	机器制品	9.8	陶瓷产品	6.7
	印刷	0.002	光学制品	1.1	针织物和钩编针织物	7.2	钢铁制品	6.4
	电器机械设备和零部件	0.001	石头及类似材料	0.4	塑料及其制品	5.8	机器制品	4.4

续表

国家	对中国出口主要商品构成				自中国进口主要商品构成			
	2006 年		2015 年		2006 年		2015 年	
	商品类型	占比（%）	商品类型	占比（%）	商品类型	占比（%）	商品类型	占比（%）
东帝汶	矿物燃料	98.59	电气设备及零部件	84.83	核反应等制品	15.8	电气设备及零部件	30.5
	钢铁	0.97	种子类	8.42	钢铁	12.5	谷类	27.3
	咖啡等	0.21	木材等	6.31	电气设备及零部件	11.6	钢、铁	6.7
	核反应等	0.16	咖啡等香料	0.35	钢铁制品	8.3	塑料及其制品	5.0
	电气设备及零部件	0.08	钟表类	0.03	家具、床上用品	7.7	家具、床上用品	4.2

数据来源：李敬、陈蓉：《"一带一路"相关国家贸易投资关系研究东南亚十一国》，经济日报出版社 2017 年版和中华人民共和国商务部网站。

中国对东南亚地区主要出口产品为机器制品，电气机械设备和零部件，塑料及制品，钢铁，光学、医疗精密仪器，家具和床上用品等。中国与新加坡、马来西亚、泰国、越南进出口产品主要是电机、电气、音像设备及其零附件，产品类似度很大，互补性较弱，竞争较多，容易产生较多的贸易摩擦。中国从印度尼西亚、菲律宾、缅甸、柬埔寨、老挝等国主要进口矿物燃料、矿物制品、木材、橡胶等初级产品，出口主要为电机、电气、音像设备及其零附件、核反应堆、锅炉、机械器具及零件等，因而与这些国家进出口产品类相似度小，互补性较强。随着"一带一路"倡议的推进，中国与东南亚地区的贸易结构逐渐趋于优化，贸易的产品也越来越多，贸易的抗风险能力不断增强。

(二) 中国与东南亚地区贸易交往中的问题与困境

第一,我国与东南亚地区的贸易不平衡,体现在如下几个方面:一是中国与东南亚各国的贸易各不相同,差距很大。在中国与东南亚贸易中,中国与越南、马来西亚、泰国、新加坡这四个国家的贸易额占中国与东南亚贸易额的比重占到70%以上。二是中国从东南亚地区进口增多,贸易顺差开始呈现缩减趋势。目前来说,这种贸易顺差还是比较大(如表5-4所示)。这种贸易顺差,随着东南亚各国经济的增长,必然会造成与中国之间贸易往来更多的贸易摩擦,从而造成部分东南亚国家竖起贸易壁垒,阻碍双方贸易的发展,甚至可能会影响中国与东南亚国家的关系,进而导致"一带一路"倡议的停滞。三是尽管随着"一带一路"倡议的推进,我国与东南亚的贸易额持续增长,但从全球的视角看,我国与东南亚国家的贸易额还是不高,2017年我国与东南亚国家的贸易额仅占到我国贸易额的12.54%,双方之间仍然存在巨大的贸易潜力。

第二,中国与东南亚地区贸易进出口产品相似度较大,产品在国家市场上大同小异,出口商品具有重叠性,造成双方出现竞争与贸易摩擦。随着东南亚国家经济的快速发展和我国人口红利的消失,东南亚产品的成本优势逐渐显露,这必将导致东南亚国家与中国出口的产品带来更多竞争,从而对中国与东南亚国家贸易交往产生影响,进而不断产生贸易摩擦,影响双方之间贸易的发展,最终阻碍"一带一路"倡议的深化。

第三,东南亚地区内部复杂,南海问题、政局不稳定甚至恐怖主义,都会影响贸易交往,甚至阻碍"一带一路"倡议。首先,随着"一带一路"倡议和越南实行类似于中

第五章 "一带一路"倡议：中国与沿线国家和地区的贸易交往

国的改革开放，双方之间的贸易不断增长，在 2017 年，双方之间的进出口贸易额突破了千亿美元，但是中国与越南面临着南海之争，美国重返亚洲，美国积极插手南海问题，导致中国与越南的南海之争越演越烈，严重影响双方之间的贸易交往。其次，在东南亚贸易的其他前几个国家中，中国与马来西亚和菲律宾也面临着南海之争。同时，部分东南亚国家内部政治复杂、局势不稳。2016 年印度尼西总统佐科执政基础有所巩固，但反对浪潮仍然高涨，各派力量角力加剧；马来西亚政治斗争剧烈，以马哈蒂尔为首的派别已掌握政权；泰国经历了老国王去世和新国王登基，尽管军政府的威严使泰国政局表面保持稳定，但社会和解仍未真正实现，矛盾仍有可能激化；柬埔寨执政党人民党和反对党的斗争持续不断[①]。最后，在东南亚的国家中，缅甸的战略地位很重要，西向连接南亚地区，东向连接东南亚地区，南伸向印度洋，是海上丝绸之路的重要贸易中转站，但是中国与缅甸的贸易往来却始终不温不火，中国与缅甸的进出口贸易额占中国与东南亚地区进出口贸易额的 3% 左右，并且中国与缅甸的贸易有下降趋势。

第四，中国与东南亚国家的"一带一路"贸易通道建设缓慢，阻碍了双方之间贸易的快速发展。随着"一带一路"倡议的推进，中国与东南亚国家的贸易道路的建设逐渐加快，中国与东南亚国家相邻的国家基本上实现了公路的互通，中缅油气管道、中泰铁路建设初见成效。但是相对于贸易的发展来说，中国与东南亚地区的交通建设还是很慢。中国与东南亚地区基本上实现了公路的互通，但是相对于铁

---

① 熊灵、谭秀杰：《"一带一路"建设：中国与周边地区的经贸合作研究（2016—2017）》，社会科学文献出版社 2017 年版。

路的运力来说，公路杯水车薪。中国在1992年就提出泛亚铁路的概念，但由于东南亚部分国家经济较差、资金不足、国外势力干扰以及东南亚国家对于中国"一带一路"倡议的不信任等因素影响，导致目前还未实现双方之间的铁路畅通。东南亚地区作为海上丝绸之路的必经之地，该地区的马六甲海峡越来越重要，逐渐成为中国经贸往来的"命脉"，一旦马六甲海峡出问题，必将影响中国与海上丝绸之路地区的经贸往来，从而对"一带一路"政策造成不可预知的影响。此外，海上丝绸之路的建设还面临东南亚地区的基础设施不完善，沿海港口建设较差等因素，严重制约着中国与东南亚地区的贸易往来。

第五，美国、日本等国家对于东南亚市场的争夺，会严重影响中国与东南亚地区的贸易往来，从而阻碍"一带一路"政策的推行。由于东南亚地区具有重要的战略地位，马六甲海峡是中、日、韩等国的生命线，而且东南亚地区没有绝对优势的区域性大国以及随着该地区经济的快速发展，导致美国、印度、日本甚至俄罗斯等国家都不断插手东南亚地区事务，争夺东南亚市场，挤压中国的战略空间，从而对中国与东南亚地区的贸易提出严重的挑战。同时，随着中国经济的发展和"一带一路"倡议的实施，中国与东南亚地区的贸易越来越繁荣。这引起了美国、日本甚至印度等国的恐慌与不安，这些国家为遏制中国的"一带一路"倡议，不断挑拨中国与东南亚的关系，并且利用经济援助等手段，挤压中国与东南亚地区的贸易往来，阻碍"一带一路"倡议的推进。

第三节
与沿线国家和地区贸易交往展望

随着"一带一路"倡议的践行,中国与沿线国家贸易额呈现出不断上升、贸易结构不断优化的趋势,双方之间的贸易产品日益多样化发展,贸易抗压能力不断地提升。为推动彼此之间贸易交往的深入,今后仍需注意以下几个方面:

一、加强与沿线国家和地区的交流,增进彼此信任

首先,中国通过各种形式的会议和组织等,积极推动双方之间的高层往来,增加政府间的互相信任,消除沿线国家和地区对"一带一路"倡议的不信任与抵触,推动双方全方位的交流与合作,为经贸的繁荣奠定良好的政治基础。其次,双方之间要积极进行文化交流,推动双方的民间交往,促进双方友谊升华,通过增加"一带一路"沿线国家和地区来华留学生数量、邀请对方相关访问学者,加强对古丝绸之路价值的挖掘等措施,使沿线国家和地区的人民认识到新丝绸之路对他们的重要意义,为"一带一路"倡议营造良好的民间氛围。最后,中国可通过医疗、卫生等各个方面的交流,加强对沿线国家的投资,促进沿线国家经济的增长,让沿线国家和地区的人民享受到"一带一路"给他们带来的"红利"。

二、树立样板国家,加强沿线各国合作意愿①

"一带一路"沿线国家经济发展不同,文化、宗教信仰等方面各不相同,中国与沿线国家的贸易有多有少,多的上千亿美元,少的仅几亿美元,对于"一带一路"倡议有的国家积极响应与支持,有的国家却一直不予正面回应。面对以上情形,中国可以在"一带一路"沿线区域中,树立一个榜样,然后推广到该地区,进而向整个"一带一路"沿线区域辐射,从而推动中国与沿线国家和地区贸易的快速发展。以南亚地区为例,可以选择巴基斯坦作为样本。中国与巴基斯坦国是"全天候战略合作伙伴关系",具有长期良好的政治基础,且中国与巴基斯坦的贸易不断增长,中国在巴基斯坦的投资众多,因此中国在该地区可以优先发展与巴基斯坦的贸易往来,适当转移中国的产业,加大对巴基斯坦的投资,从而带动巴基斯坦经济的发展,促进双方贸易的深化合作,把中巴经济走廊建设成为"一带一路"沿线的示范点和首推点,让其他的南亚国家看到"一带一路"倡议给巴基斯坦带来的实惠,从而吸引南亚地区其他国家的积极参与,实现与该地区的贸易快速发展。综合多方面的因素,在地区选择上,中亚地区可以选取哈萨克斯坦作为样本国家;东南亚地区可以选马来西亚、泰国、越南、老挝等国作为样本国家;在西亚北非地区可以选择沙特阿拉伯作为样本国家,在独联体中选取俄罗斯作为样本国家;中东欧地区可以选择匈牙利、波兰作为样本国家。

---

① 杜秀红:"中国与'一带一路'沿线国家的贸易关系及政策建议",《现代管理科学》2016年第5期。

三、拓展贸易往来领域与优化贸易结构

针对中国与沿线国家贸易的产品单一，技术含量低的局面，中国需寻找新的贸易增长点，加快产业升级，改变贸易产品单一的局面，增加技术密集型和资本密集型产品的出口规模。面对贸易进出口产品互补性较强的国家，以哈萨克斯坦为例，中国主要从哈萨克斯坦进口矿产品、化石燃料等初级产品，出口以机电产品为主，中国应该加强双方之间的非能源贸易，推动高科技产品、新能源等各个方面的贸易。鼓励有实力的大企业"走出去"，到哈萨克斯坦建厂，不仅可以围绕石油天然气、矿产资源等哈萨克斯坦的优势领域进行投资设厂，再将合资企业生产的产品出口到中国，可以迅速改变当前哈萨克斯坦以初级产品出口为主的格局，而且还可以充分利用该国丰富的劳动力，生产劳动密集型产品直接出口到附近的中亚各国，改变中国以出口劳动密集型产品的格局，减少贸易摩擦，实现中国国内的产业调整与升级。此外，中国与哈萨克斯坦都有丰富的旅游资源，要积极推动中国与哈萨克斯之间的旅游合作，鼓励双方之间进行旅游往来，拓展双方之间的贸易方式，优化双方的贸易结构，从而推动双方之间的全面贸易合作。

面对贸易进出口产品互补性较弱的国家，以越南为例，中国从越南主要的进出口产品均为机电产品。可以以投资代替出口，通过投资建厂，建立产业园的方式，充分利用越南的人力资源，转移劳动密集型产业，积极地推动国家创新驱动战略，带动中国的产业升级，推动中国对越南出口向高新技术产品转变，从而减少贸易摩擦，优化贸易结构，为双方之间的贸易寻找新的贸易增长点，推动双方贸易的繁荣。总

之，中国与沿线国家和地区应该根据自己国家的特点，发挥自己的优势，加大双方在高新技术方面的贸易往来，持续为双方之间贸易的增长提供新的动力，从而推动"一带一路"倡议的前行。

四、创新贸易服务方式与提升贸易畅通水平

首先，应该加快与沿线国家和地区的协商，推进交通设施建设，逐步实现中国与沿线国家和地区的铁路、公路、航空、海路等方面的互通。通过与沿线国家签订运输协议等，统一双方之间的铁路、公路、管道等的运输标准，提高货运量，实现双方之间的快速运输。推动沿线国家和地区的港口、物流区、数字平台等的建设，对于沿线国家和地区在基础设施建设缺少资金的状况，中国应该积极主动的参与沿线国家和地区的基础设施建设，为"一带一路"贸易的发展奠定良好的交通基础。

其次，要提升现代物流业的发展速度，加强贸易的畅通水平①。"一带一路"沿线贸易的发展需要物流畅通支持，只有实现物流畅通才可以更好地推动贸易的发展。面对日新月异的科技变化，在"一带一路"的贸易通道建设中，应该重点发展以信息化、网络化和智能化为基础的现代物流方式。"一带一路"沿线国家和地区大部分为发展中国家，基础设施差，尤其是网络方面建设基本缺乏，因此，中国应加大对"一带一路"沿线国家和地区的光纤网络的投资，使"一带一路"沿线国家和地区实现网络互通。此外，中国应利用自身的高铁技术优势，对外输出高铁，一方面实现双方

---

① 张金荣、朱颖："'一带一路'贸易新格局与新秩序"，《河南社会科学》2017年第10期。

第五章 "一带一路"倡议：中国与沿线国家和地区的贸易交往

之间的交通互通，提升物流的速度；另一方面优化双方之间的贸易结构，带动双方之间电力、机械等方面贸易的发展。

再次，应借助中国繁荣发展的电子商务产业，让沿线国家和地区能够更好地参与其中①。目前中国在电子商务方面具有丰富的经验，通过中国与沿线国家和地区网络的构建，可以通过网络互通搭建起跨境的电商网络平台、大宗商品交易平台、贸易产品往来平台、金融货币交换平台等，拓展中国与沿线国家和地区的贸易途径，提高双方民众的消费水平，增加双方的贸易产品种类，优化双方的贸易结构，实现双方贸易的快速发展。

最后，简化贸易进出口手续，提高贸易来往的效率。中国与沿线国家和地区应该在贸易手续方面进行协商交流，争取建立该地区统一的贸易报关等规则，为贸易往来提供便利的条件，为贸易的繁荣插上翅膀。

五、完善与沿线国家和地区的贸易货币结算体系

随着"一带一路"倡议的实施与推进，中国与沿线国家和地区贸易越来越频繁，目前国际市场上的美元结算体系已经不能满足中国与沿线国家和地区的贸易增长需求。在目前的国际贸易中，最主要结算货币为美元和欧元，但是自从2008年金融危机爆发以来，美元和欧元都经历剧烈的波动，从而对世界贸易产生巨大冲击，严重影响了世界的贸易体系。而相对于美元和欧元汇率剧烈波动，人民币的汇率却相对稳定，因此随着"一带一路"倡议推进，中国企业和沿线国家和地区的企业越来越希望用人民币来计价和结算，从

---

① 张金荣、朱颖："'一带一路'贸易新格局与新秩序"，《河南社会科学》2017年第10期。

而规避使用美元和欧元结算的汇率风险。因此,中国应加快推进与沿线国家和地区人民币贸易结算,构建以人民币为计价、支付的贸易结算体系。一方面有利于中国和沿线国家贸易需求的稳定,保持贸易的稳定增长;另一方能够方便中国与沿线国家和地区的进出口企业货币结算,提高双方之间的贸易效率,实现双方互利共赢。

六、建立贸易争端解决机制

随着"一带一路"倡议的深化,中国与沿线国家的贸易摩擦不断增加,为减少贸易摩擦,中国应与沿线国家和地区进行沟通,加快建立贸易争端解决机制。首先,双方可以通过双边、多边、区域组织国际组织等途径加强双方之间的高层沟通,积极支持经贸往来的企业交流、协调,推动双方之间贸易博览会的发展,建立良好的沟通协调机制,为消除贸易壁垒奠定良好基础。其次,中国与沿线国家和地区可以通过建立松散的贸易联盟体系,制定适合双方的贸易规则与制度,当双方之间贸易发生争端时,应以交流协商为主、法律为辅的手段,调节双方之间的贸易摩擦,避免贸易战,从而减少双方之间的贸易摩擦,推动贸易的快速发展。

七、加快自由贸易区建设,实现贸易自由化

中国应该通过上海合作组织、中国—东盟自由贸易区等既有的贸易区,进一步整合,形成中国与沿线国家和地区的自由贸易区。针对已有自由贸易区的区域,应积极推动贸易区的发展,扩大贸易区的范围,为贸易区的建设提供便利与支持,为中国与"一带一路"沿线自由贸易区的建设建立

第五章 "一带一路"倡议：中国与沿线国家和地区的贸易交往

范本。针对还没有自由贸易区的区域，中国与该地区的国家交流协商，通过谈判、制定准则等方法，逐步建立自由贸易区。把旧的贸易区与新的贸易结合起来，形成中国与沿线国家和地区的自由贸易区。

"一带一路"政策不仅能够促进中国贸易的增长，带动中国产业升级，而且能够带动"一带一路"沿线国家贸易的繁荣，经济的增长，人民生活水平的提升。"一带一路"倡议激发了中国与沿线国家和地区的贸易潜力，促进双方贸易的快速发展，贸易结构不断优化，贸易抗压能力增强，掀起一场前所未有的以"一带一路"带动沿线数十国贸易发展的格局。面对当前中国产业结构升级、从贸易大国向贸易强国转变的过程，面对"一带一路"沿线国家和地区急需经济发展、贸易急需增长的局面，中国与沿线国家和地区应该抓住机遇，积极面对挑战，推动双方贸易的发展，给双方的人民带来实惠，促进双方之间经济的发展，为"一带一路"沿线贸易的繁荣贡献自己的力量。我们相信在接下来的10年，"一带一路"沿线区域必将成为世界上的下一个贸易中心地带。

第六章

"一带一路"倡议：中国与沿线国家和地区的文化交往

中国与"一带一路"沿线国家的文化交流源远流长。2013年"一带一路"倡议发出后，得到了沿线各国的广泛响应，极大地促进了彼此之间的文化交流。通过"请进来""走出去"等方式，大大推进了中国与沿线国家和地区之间的文化互通，减少了各种误解，为社会经济的交往铺垫了基础。

第一节
与沿线国家和地区文化交往概况

自"一带一路"倡议提出以来,不但从国家层面推进了与沿线国家的文化交流,形成了诸多互惠的政策措施,而且在地方层面上也展开了与沿线国家的多元化文化交流,产生了众多的文化交流渠道,日益形成了一个彼此之间的文化网络。

一、中国与沿线国家和地区的文化交流现状

从古丝绸之路开始,中国就与亚洲、欧洲和非洲有着密切的往来,张骞出使西域、玄奘西行求法、鉴真东渡日本以及郑和七下西洋……中国将丝绸、茶叶、陶瓷等商品运送到国外,并与其他国家进行着经济、政治、文化方面的交流。在21世纪的今天,世界经济发生了日新月异的变化,然而经济全球化、文化多样化的主题并没有变。"一带一路"建设是古丝绸之路的延续,是顺应时代趋势而提出的以促进中国与沿线国家和地区之间政治互信、经济融通、文化交流的倡议,从而推进亚欧大陆与海洋地区的互联互通,最终促成世界的和平。

(一)中国出台了一系列促进文化交流的措施

"一带一路",文化先行。自2013年提出以来,中国政

第六章 "一带一路"倡议：中国与沿线国家和地区的文化交往

府出台了一系列促进与沿线国家文化交往的措施。习近平总书记在不同场合多次表达了他对文化的独特观点，不仅将文化自信同道路自信、理论自信、制度自信联系一起，更给予了文化自信"更基础、更广泛、更深厚的自信"的注解。文化自信基础地位的确立意义深远。

在党的十八大报告中提到，"文化是民族的血脉，是人民的精神家园。建设社会主义文化强国，必须走中国特色社会主义文化发展道路，坚持为人民服务、为社会主义服务的方向，坚持百花齐放、百家争鸣的方针，坚持贴近实际、贴近生活、贴近群众的原则，推动社会主义精神文明和物质文明全面发展，建设面向现代化、面向世界、面向未来的，民族的科学的大众的社会主义文化。"①

在党的十八届三中全会上进一步强调，"要提高文化开放水平。坚持政府主导、企业主体、市场运作、社会参与，扩大对外文化交流，加强国际传播能力和对外话语体系建设，推动中华文化走向世界。理顺内宣外宣体制，支持重点媒体面向国内国际发展。培育外向型文化企业，支持文化企业到境外开拓市场。鼓励社会组织、中资机构等参与孔子学院和海外文化中心建设，承担人文交流项目。积极吸收借鉴国外一切优秀文化成果，引进有利于我国文化发展的人才、技术、经营管理经验。切实维护国家文化安全。"②

在 2017 年北京召开的"一带一路"峰会上，习近平总书记明确指出，"各类丝绸之路文化年、旅游年、艺术节、影视桥、研讨会、智库对话等人文合作项目百花纷呈，人们往来频繁，在交流中拉近了心与心的距离。""要将'一带

---

① 胡锦涛：《坚定不移沿着中国特色社会主义道路前进　为全面建成小康社会而奋斗——在中国共产党第十八次全国代表大会上的报告》，人民出版社 2012 年版。
② 《中国共产党第十八届中央委员会第三次全体会议公报》，人民出版社 2013 年版。

一路'建成文明之路。'一带一路'建设要以文明交流超越文明隔阂、文明互鉴超越文明冲突、文明共存超越文明优越，推动各国相互理解、相互尊重、相互信任。""要建立多层次人文合作机制，推动教育合作，发挥智库作用，推动文化、体育、卫生务实合作，用好历史文化遗产，密切各领域往来。"①

在党的十九大报告中，习近平总书记再一次强调文化的作用，提出要坚定文化自信，推动社会主义文化繁荣兴盛。"没有高度的文化自信，没有文化的繁荣兴盛，就没有中华民族伟大复兴。要坚持中国特色社会主义文化发展道路，激发全民族文化创新创造活力，建设社会主义文化强国。""发展中国特色社会主义文化，就是以马克思主义为指导，坚守中华文化立场，立足当代中国现实，结合当今时代条件，发展面向现代化、面向世界、面向未来的，民族的科学的大众的社会主义文化，推动社会主义精神文明和物质文明协调发展。坚持为人民服务、为社会主义服务，坚持百花齐放、百家争鸣，坚持创造性转化、创新性发展，不断铸就中华文化新辉煌。"②

为了响应"一带一路"的倡议，我国在丝绸之路经济带和21世纪海上丝绸之路上，逐步实现了丝路文化的"引进来"和"走出去"，中国与沿线国家和地区一起，举办了多场博览会、艺术节、文化展等文化交流活动，加深了对中国和沿线国家和地区传统文化的了解；中国还在世界上多个国家开办孔子学院，弘扬中国传统文化。然而也有很多中外跨国合作的项目因为忽视了文化交流，缺乏相互理解最终导

---

① 《习近平"一带一路"国际合作高峰论坛重要讲话》，外文出版社2018年版。
② 习近平：《决胜全面建成小康社会　夺取新时代中国特色社会主义伟大胜利——在中国共产党第十九次全国代表大会上的报告》，人民出版社2017年版。

第六章 "一带一路"倡议：中国与沿线国家和地区的文化交往

致合作失败。文化交流可以增进中国与沿线国家和地区的相互了解，是实现经济发展、民心相通的重要途径。在"一带一路"建设中，文化交流作为推动经济政治发展的源泉，已成为目前"一带一路"倡议计划发展的重中之重。经过五年来的文化交往，至今我国已经与沿线国家建立了一个持续、频繁的文化交往网络。

（二）与沿线国家和地区日益频繁的文化交流

从"一带一路"倡议的提出，到2018年，文化交往受到了沿线国家和地区的支持与重视，在文化交流方面，各国更是满怀热情，积极投入其中。中国与沿线国家和地区在文化方面进行了广泛的交流合作，向丝路沿线传递了充满各国元素的特色文化，增加了沿线人民对各国文化的理解，也增加了沿线人民的文化认同感。文化作为基石，更进一步促进了各国经济的增长。

1. 与丝绸之路经济带沿线国家的文化交流

（1）与中亚国家的文化交流。位于中亚地区的哈萨克斯坦、吉尔吉斯斯坦、塔吉克斯坦、乌兹别克斯坦和土库曼斯坦与我国西部地区接壤，民族文化、生活习惯与我国西部地区存在相通之处，从古至今就有着密切的文化交流。中亚地区是我国的友好邻邦与重要的合作伙伴，是目前与我国联系较为密切的地区之一。随着"丝绸之路经济带"建设的发展，中国与中亚地区的文化交流变得更加频繁。

到目前为止，中国在中亚国家共开办了13所孔子学院，提供给中亚地区的学生们学习汉语和中国传统文化的机会。塔吉克斯坦、乌兹别克斯坦、哈萨克斯坦和吉尔吉斯斯坦举办了"汉语桥"中文比赛，比赛受到广泛重视，引来中亚学子积极参加。为了展现彼此的特色文化，中国与中亚国家举办了文化周、摄影展等艺术交流活动,深化各国人民的相互了解,传递丝路文化;中国与中亚国家还加强了旅游合作,推动公路、航空建设,方便地区人民参观丝路古迹,提高文化交流合作水平,实现了民心相通。

(2)与西亚国家的文化交流。"丝绸之路经济带"上的西亚国家以伊朗、伊拉克、叙利亚、约旦、沙特阿拉伯和土耳其等国家为主,在与中国进行能源贸易的同时,也与中国进行着密切的文化交流。

西亚地区大多数为传统的阿拉伯国家,信奉伊斯兰教,他们与我国新疆、宁夏、甘肃等地有相通的文化传统和相似的生活习惯。在"丝绸之路经济带"的大背景下,宁夏作为永久会址,与阿拉伯国家一同承办了中阿博览会,并举办了伊斯兰风情文化摄影展等活动,促进了中国与西亚地区的文化交流与融合,推进了中华文明与伊斯兰文明的进一步交往;中国与土耳其联合承办的中国—土耳其文化年活动将两国人民紧紧联系在一起,活动中有许多土耳其特色的手工艺展、画展和舞剧等,加深了中国对土耳其文化的理解,实现了两国之间多元化的交流与合作;中国新疆文化交流团前往伊朗,与伊朗在文化、人权和反恐等方面加强交流合作,达成一致意见,并与伊朗进一步交流了与穆斯林有关的宗教文化等问题,沟通了中国与伊朗的友谊。

(3)与中东欧国家的文化交流。中东欧的捷克、波兰、匈牙利、罗马尼亚、塞尔维亚等国家也与中国有着密切的文化交流。中国与欧洲国家的联系是从古丝绸之路上的贸易交往开始的,中国在向欧洲运输陶瓷、茶叶、丝绸等物品的同时,也与欧洲进行文化交流与文明互鉴,自"一带一路"倡议提出以来,中东欧国家就被划为"丝绸之路经济带"的沿线国家,与中国的联系逐渐增多。

被列为人类非物质文化遗产的中医针灸走进波兰,来自同仁堂华沙总店的医生们为患者施诊,这代表着中医越来越受到国外认可;位于匈牙利的米什科尔茨大学孔子学院,对中国万华集团的子公司宝思德公司的员工开放,教授他们中国文化,让他们了解中国文化、了解企业文化,使企业能更好地进行文化整合;位于罗马尼亚的布加勒斯特大学孔子学院举办了以"一带一路"为主题的文化展,向观众们展现沿线国家的特色文化;中国—欧盟文化艺术节为中欧人文交流和文化互鉴提供平台,受到了广泛认可。

陕西文物代表团访问匈牙利,先后与匈牙利国家博物馆、国家美术馆、国家自然历史博物馆、国家文物修复中心等文博机构进行座谈交流,重点就"一带一路"背景下我国与匈牙利之间的专业人才培养、考古科研合作和博物馆展览交流等内容深入探讨,并在相关领域开展合作达成初步意向。通过互相的文化交流,了解彼此文物保护的经验成果,形成具有自己国家特色的管理模式。

(4) 与独联体国家的文化交流。"丝绸之路经济带"上的俄罗斯、乌克兰、白俄罗斯、格鲁吉亚、阿塞拜疆、亚美尼亚、摩尔多瓦等独联体国家,成为"一带一路"建设的重要组成部分。在文化交流上均取得了一定成就,其中中国与俄罗斯的文化交往最为突出。

中俄是亲密邻邦,两国的文化交流源远流长。自"一带一路"建设以来,中俄的文化交流持续升温。每年我国的黑龙江省都会举办集文化贸易和文化交流等多种形式于一体的中俄文化大集,并跨境举办大型文化交流活动;两国每年轮流举办中俄文化论坛活动,促进中国与俄罗斯在文化理念、文化政策、文化产业、公共文化服务等各个领域的深度交流合作;中俄文化交流协会的举办,为中俄文化交流搭建

了桥梁，同时增进了中俄人民之间的友谊；在俄罗斯大学建有学习中国文化的孔子学院，在中国的大学也有学习俄语的课堂，中俄的互相学习为两国培养了国际性人才，增加了中俄之间的密切联系。

2. 与海上丝绸之路沿线国家的文化交流

从陆地走向海洋的21世纪海上丝绸之路不仅是一条中西贸易之路，也是一条中西文化交融之路，它有深厚的历史渊源，也有坚实的现实基础，这对于促进中国与海上丝绸之路沿线国家的文化交流有着重要的意义。

海上丝绸之路以泉州、广州、宁波三港为核心向外扩散，与沿线国家进行文化交流。从古代的瓷器文化、茶文化开始，到如今21世纪的中国传统文化，由这条通道传向国外，并将国外的文明引进来，通过文化交融达到了互利共赢的效果。

（1）与东南亚国家的文化交流。新加坡、马来西亚、印度尼西亚、泰国、越南、缅甸、老挝、柬埔寨、文莱、菲律宾等东南亚国家，自古以来就是海上丝绸之路的重要枢纽和组成部分。地处海上丝绸之路的十字路口和必经之处，东南亚地区是21世纪海上丝绸之路的首要发展目标。2013年，正值中国与东盟建立战略伙伴十周年之际，习近平总书记在访问印度尼西亚的时候提出了"21世纪海上丝绸之路"构想。

中国与东南亚国家是近邻，在文化习俗、生活习惯等方面都有相似之处，通过海上丝绸之路的联系愈发频繁。在"一带一路"建设下，中国与东盟国家联合举办的中国—东盟博览会愈发成熟，其中的文化展更是展现了中国的民间工艺以及东盟国家的特色文化，使观众们感受到了中国和东南亚文化的魅力；中国的藏族文化走进缅甸、新加坡等国，意

第六章 "一带一路"倡议：中国与沿线国家和地区的文化交往

味着属于中国传统的民族文化逐渐登上世界舞台；"海上丝绸之路"展览、中国青年书画家作品展、《孔子的智慧》文化展分别在泰国、越南成功举办……中国与东南亚国家的文化交往密切，并将会一直持续交往下去。

（2）与南亚国家的文化交流。21世纪海上丝绸之路途径印度、巴基斯坦、尼泊尔、孟加拉国、不丹、阿富汗、斯里兰卡、马尔代夫等南亚国家，其中印度、尼泊尔、不丹与我国接壤。南亚在海上丝绸之路上处于非常重要的地位，中国与南亚国家在历史上就有着深层次的经济、文化交流。"一带一路"倡议的提出，为中国和南亚地区的交往提供了机会和平台，商人的跨国贸易投资，也促进了中国与南亚国家包括语言、文字、宗教信仰等领域的文化交流。

巴基斯坦开办了伊斯兰世界第一个孔子学院，举办了多场文化交流会、孔子学院日等活动，在巴基斯坦举办了伊斯兰风情文化摄影展，通过一场场文化活动，把中国的文化传递到南亚的同时，伊斯兰文化也吸引了很多中国观众的目光；中国的佛教和印度佛教有着历史上的联系，它们之间有着沟通和交流，中国佛教文化遗产图片展曾经在印度成功举行，印度佛教文化传到中国，中国通过融会贯通，又形成了具有中国特色的佛教文化；中国文化使者访问南亚的印度和孟加拉国，通过中国当代艺术精品展、文化合作探讨会等活动促进了中国与南亚人民的文化交流；中斯海上丝路历史文化展见证了中斯两国在历史上的深厚情谊，并于中斯建交60周年之际，展现了中斯的宗教、文化等方面的交融，加深了彼此的友谊。

（3）与北非国家的文化交流。21世纪海上丝绸之路涵盖的北非国家只有埃及。中埃的文化交流，可以追溯到我国唐朝和埃及屠龙王朝时期，同属四大文明古国的古中国和古

埃及的文明互鉴更是在公元前 1070 年就开始了。通过海上丝绸之路而历久弥新，两国之间的文化交流不断深化。古代中国和埃及的文化交流因为距离时而中断，然而在"一带一路"建设的今天，直飞航班的开通拉近了两国人民的距离。

在"一带一路"文化建设中，中国在埃及举办了中文歌曲大赛、赛龙舟比赛、学习太极活动，将中国的传统活动带到了埃及；在中埃文化艺术交流周活动中，展示了中国的茶道、剪纸、插花艺术等传统文化，也展示了由埃及知名画家带来的艺术作品；中国企业在埃及的投资促使埃及员工们学习汉语以及中国文化；中国在埃及的 14 所高校开设中文系，2 所高校开办孔子学院，共同教授埃及学生们汉语；埃及也吸引了越来越多的中国游客前来游玩，让他们感受到埃及当地的历史文化和风土人情[①]。

二、我国沿线主要省份与沿线国家的文化交流

在"一带一路"建设的最终规划中，重点圈定了新疆、陕西、甘肃、宁夏、青海、内蒙古西北六省区，黑龙江、吉林、辽宁东北三省，广西、云南、西藏西南三省区，上海、福建、广东、浙江、海南东南五省市，内陆地区重庆等十八省市区。各个省份按照地理位置划分开来，各司其职，分别发挥着自己的作用。在文化交流方面，几个文化大省纷纷响应，与沿线国家合作承办了多场博览会、艺术节等活动，以此促进文化的相互传递，实现文化上的"引进来"和"走

---

① 中华人民共和国驻阿拉伯埃及共和国大使馆官网，http：//eg. china‐embassy. org/chn/zaigx/whjl/448898/。

出去"。

(一) 古丝绸之路的起点省份——陕西与沿线国家的文化交流

作为古丝绸之路的起点,陕西在"一带一路"建设中有着得天独厚的优势。陕西省位于我国的中心位置,对内连接了我国的东部沿海和西部地区,对外又连接了中亚地区,是"一带一路"建设中丝绸之路经济带的重要途径省份之一。

自"一带一路"倡议提出以来,陕西主动融入"一带一路"的大格局中,以打造内陆改革开放新高地为目标,统筹推进"一带一路"建设工作,积极打造"一带一路"上的交通商贸物流、国际产能合作、科技教育、国际文化旅游和丝绸之路金融五个中心。截至2018年4月,陕西已与泰国、韩国、意大利等34个国家正式缔结了87对友城关系,实现了中亚班列、中欧班列的常态化运营,促进了沿线国家经济贸易的发展,也给各国人民的联系提供了便利,见表6-1。

表6-1 截至2018年4月陕西省与外国建立友好城市关系一览表

中方	外方省(州府县区)市名称		结好时间
陕西省(27个)	美国	明尼苏达州	1982年10月19日
	日本	京都府	1983年7月16日
	比利时	安特卫普省	1985年5月7日
	意大利	特拉维索省	1988年7月21日
	日本	香川县	1994年4月22日
	匈牙利	琼格拉德州	1995年11月21日
	意大利	翁布里亚大区	1995年11月29日
	巴西	马托格罗索州	1996年12月14日

续表

中方	外方省（州府县区）市名称		结好时间
陕西省（27个）	德国	图林根州	1997年11月19日
	俄罗斯	卡卢加州	2000年8月8日
	荷兰	格罗宁根省	2003年10月31日
	泰国	素可泰府	2005年5月21日
	哈萨克斯坦	江布尔州	2008年4月7日
	罗马尼亚	布泽乌县	2008年4月11日
	埃及	开罗省	2008年4月17日
	荷兰	德伦特省	2010年4月8日
	日本	奈良县	2011年9月2日
	加拿大	育空区	2012年9月18日
	韩国	庆尚北道	2013年4月5日
	吉尔吉斯斯坦	楚河州	2014年5月24日
	韩国	世宗市	2015年5月22日
	美国	怀俄明州	2015年6月3日
	日本	爱媛县	2015年7月30日
	澳大利亚	北领地	2015年12月15日
	美国	内布拉斯加州	2016年11月9日
	塔吉克斯坦	哈特隆州	2017年8月31日
	德国	莱法州	2018年4月9日
西安市（29个）	日本	奈良市	1974年2月1日
	日本	京都市	1974年5月10日
	英国	爱丁堡市	1985年4月16日
	法国	波城	1986年9月15日
	美国	堪萨斯城	1989年4月29日
	伊朗	伊斯法罕市	1989年5月6日
	德国	多特蒙德市	1991年5月27日
	巴基斯坦	拉合尔市	1992年6月20日
	日本	船桥市	1994年11月2日
	韩国	庆州市	1994年11月18日
	罗马尼亚	雅西市	1994年12月6日

第六章 "一带一路"倡议：中国与沿线国家和地区的文化交往

续表

中方	外方省（州府县区）市名称		结好时间
西安市（29个）	乌克兰	第聂伯罗彼得罗夫斯克市	1995年10月27日
	土耳其	科尼亚市	1996年9月8日
	尼泊尔	加德满都市	1996年9月12日
	巴西	巴西利亚联邦区	1997年10月26日
	加拿大	魁北克市	2001年5月11日
	阿根廷	科尔多瓦市	2006年12月19日
	意大利	庞贝市	2007年10月13日
	希腊	卡拉马塔市	2009年9月17日
	厄瓜多尔	昆卡市	2010年9月8日
	荷兰	格罗宁根市	2011年11月7日
	黑山	科托尔市	2013年11月25日
	乌兹别克斯坦	撒马尔罕市	2013年11月29日
	土库曼斯坦	马雷市	2014年5月12日
	美国	蒙哥马利郡	2014年7月24日
	澳大利亚	塔斯马尼亚州霍巴特市	2015年3月29日
	亚美尼亚	希拉克州久姆里市	2015年6月8日
	塞尔维亚	克拉古耶瓦茨市	2016年6月5日
	阿富汗	马扎里沙里夫市	2017年9月23日
宝鸡市（5个）	日本	八幡市	1992年11月2日
	澳大利亚	维多利亚省墨尔顿市	2002年10月30日
	德国	巴尔尼姆专区	2003年11月28日
	英国	斯托克波特市	2004年7月21日
	韩国	醴泉郡	2016年6月3日
咸阳市（11个）	日本	宇治市	1986年7月24日
	日本	成田市	1988年9月14日
	美国	明尼苏达州罗切斯特市	1995年1月18日
	澳大利亚	莫兰德市	1997年7月31日
	法国	勒芒市	2001年9月12日
	韩国	义城郡	2003年10月17日
	美国	纽约州罗切斯特市	2006年1月6日
	日本	香川县三丰市（三原县）	2010年5月19日
	冰岛	雷克雅内斯贝尔市	2014年11月26日
	美国	圣莫妮卡市	2015年10月24日
	韩国	庆尚南道咸阳郡	2015年

续表

中方	外方省（州府县区）市名称		结好时间
渭南市（4个）	匈牙利	塞格德市	1999年10月27日
	韩国	龟尾市	2014年11月17日
	黎巴嫩	贝特马利市	2015年4月14日
	美国	北拉斯维加斯市	2015年10月24日
延安市	德国	埃尔福特市	2000年10月2日
榆林市	美国	贝敦市	2008年3月24日
汉中市（2个）	日本	出云市	1991年7月2日
	比利时	安特卫普省特恩豪特市	2001年9月27日
安康市（2个）	澳大利亚	班优市	2007年3月17日
	美国	派克威尔市	2011年4月13日
商洛市（2个）	荷兰	埃门市	2011年4月3日
	韩国	全罗北道镇安郡	2015年5月25日
铜川市（2个）	韩国	奉化郡	1998年9月28日
	美国	约巴琳达市	2015年10月24日
杨凌区	吉尔吉斯斯坦	楚河州莫斯科区	2014年11月5日

资料来源：陕西省人民政府外事办公室官网，http://www.sxfao.gov.cn/dwyx/yhjl.htm。

在"一带一路"建设的5年来，陕西在文化交流方面取得了令人满意的成绩。陕西多次筹办了丝绸之路国际艺术节、旅游博览会、电影节等活动，将丝绸之路中沿线国家优秀的传统文化引进来；开通了20多条丝绸之路国际旅游线路及旅游专列，使各地人民有更多机会去感受丝路文化。陕西高校与国外多所高校合作，每年安排1200多名中亚学生到西安求学，让国外喜欢中国的学生们学习中国历史悠久的传统文化。主题为"新平台·新机遇·新发展"的2017丝绸之路国际博览会在西安举办，向世界各国展示了特色的秦岭文化，达到追求"放眼世界的高峰"目标。

丝绸之路大学联盟由西安交通大学发起，有五大洲36个国家和地区的136所大学加盟。这是一个以"共建教育合作平台,推进区域开放发展"为主题,推动"新丝绸之路经济带"沿线国家和地区大学之间文化交流、人才培养的平台,旨在增进青年学子之间的了解和友谊,培养国际型人才,响应"一带一路"建设,促进"丝绸之路经济带"沿线国家的发展。

(二) 宁夏与沿线国家的文化交流

宁夏回族自治区处于新欧亚大陆桥国内段的中间位置,是我国西北部重要的内陆省份,也是新丝绸之路经济带的途径省份之一,对内连接了我国的东西部地区,对外又连接了中亚西亚地区。和陕西一样,宁夏自古以来就是中原通往西域的要道,在"一带一路"建设中,宁夏有着独特的地理位置和自身优势。

宁夏是一个多民族聚居的地方,以回族为主,大都信奉伊斯兰教,地区中有3000多处清真寺、多个伊斯兰教协会,每年都会举行伊斯兰教的传统节日开斋节、古尔邦节和圣纪节。宁夏与阿拉伯国家有着历史上的文化渊源和往来,生活习俗也与穆斯林的生活习俗接近,文化习俗、生活习惯相通,有着密切的交流合作。因此,在"一带一路"的建设中,宁夏成为中国与阿拉伯国家沟通交流的重要窗口。银川是国家历史文化名城、西夏的首都。在"一带一路"倡议提出后,银川主动融入向西开放的大格局中,树立全球视野,坚持"引进来"和"走出去",加快打造向西开放平台。宁夏作为中阿博览会的永久会址,自2010年开始,共成功举办了六届博览会(见表6-2),展现了沿线国家和地区的特色文化。为了增加国内外人民对伊斯兰文化的了解,宁夏筹办了伊斯兰风情文化国际摄影展,分别在宁夏地区和阿拉伯国家地区举办,促进了中国与阿拉伯国家的文化交流,为丝路文化的传播和延续贡献力量。

表6-2　　截至 2017 年 9 月宁夏已举办的六届中阿博览会

博览会名称	时间	主题	参与国家个数
2010 年宁洽会暨首届中阿经贸论坛	2010 年 9 月 26 日至 9 月 30 日	传承友谊、深化合作、共同发展	66 个
2011 年宁洽会暨第二届中阿经贸论坛	2011 年 9 月 21 日至 9 月 25 日	传承友谊、深化合作、共同发展	76 个
2012 年宁洽会暨第三届中阿经贸论坛	2012 年 9 月 12 日至 9 月 16 日	传承友谊、深化合作、共同发展	71 个
2013 年中国—阿拉伯国家博览会	2013 年 9 月 15 日至 9 月 19 日	中阿携手,面向全球	67 个
2015 年中国—阿拉伯国家博览会	2015 年 9 月 10 日至 9 月 13 日	弘扬丝路精神,深化中阿合作	70 个
2017 年中国—阿拉伯国家博览会	2017 年 9 月 6 日至 9 月 9 日	务实、创新、联动、共赢	80 个

资料来源:中国—阿拉伯国家博览会官网,https://www.casetf.org/ljblh/。

2015 年 12 月 3 日,依托于宁夏大学国际教育学院,"一带一路上的文化:中阿文化交流数据库"在北京启动,旨在促进中国和阿拉伯国家的文化交流。这是国内首个也是唯一一个中阿文化交流数据库,是宁夏大学阿拉伯研究大数据平台的重要组成部分,包含"一带一路"的文化、中阿文化交流、阿拉伯国家孔子学院和宁夏区域文化海外传播等资料,全面展现了中阿文化交流成果,已成为中阿文化交流的重要平台。

(三)海上丝绸之路的重要起点省份——福建与沿线国家和地区的文化交流

福建省位于我国东南沿海,东隔台湾海峡与我国台湾相

第六章 "一带一路"倡议：中国与沿线国家和地区的文化交往

望，是海上丝绸之路的历史起点和发祥地，也是新海上丝绸之路的桥头堡。随着"一带一路"建设的发展，福建被定位为"21世纪海上丝绸之路核心区"。凭借其沿海的天然优势，福建在"海丝"建设中，起着重要作用。

"一带一路"倡议提出以来，福建主动融入"一带一路"建设之中，多次组织研究推进21世纪海丝核心区建设。在福建省内，泉州将建设21世纪海上丝绸之路先行区，福州、厦门、平潭等港口城市将建设海上合作战略支点，促进与海丝沿线国家的交流合作。

为了实现多元的"海丝"文化的交流融合，泉州成功举办了2013年世界闽南文化节、"东北亚文化之都2014泉州活动年"系列活动、第二届"海上丝绸之路"国际旅游节、第十八届中国·湄洲妈祖文化旅游节、"21世纪海上丝绸之路"国际研讨会、第十四届亚洲艺术节，至今举办了三届永久落户于泉州的海上丝绸之路国际艺术节。通过这些活动，成功连接了中国和"海丝"沿线国家，促进了中国与"海丝"沿线国家的文化交融，使"海丝"文化逐渐走上世界舞台，受到世界各国的关注。

（四）广西与沿线国家的文化交流

广西壮族自治区位于我国华南地区，与海南隔海相望，南临北部湾，毗邻东南亚，西南与越南接壤，是西南地区最便捷的出海通道，在中国与东南亚的经济文化交流中占有重要位置。由于其独特的地理位置，广西成为"一带一路"建设中21世纪海上丝绸之路与丝绸之路经济带有机衔接的重要门户。

2013年"一带一路"倡议提出以来，广西积极响应"共建丝绸之路经济带和21世纪海上丝绸之路"的建设。

广西拥有着悠久的丝路文化历史，与东盟国家邻近，在中国—东盟文化中包含很多广西元素：沿海的合浦县是我国汉代海上丝绸之路的始发港和主港之一，在历史上与东南亚国家有着密切的海上贸易；广西与部分东盟国家有密切的血缘关系，首先是泰国泰族和中国壮族、马来西亚马来族和中国华南古民族、越南岱依族和中国壮族都存在"同源异流"的情况，其次是广西籍华人在东南亚国家占有一定比例，导致语言文化习俗等都有相似之处；广西华侨为发展东盟国家的文化做出了历史贡献。[①] 这些"广西元素"促进了从古到今中国与东盟国家的文化交流，形成了独特的中国—东盟文化。2017年4月19日，习近平总书记前往广西的北海市考察，在合浦汉代文化博物馆中，参观了海上丝路文物的展览，有陶瓷、青铜器、金银器、水晶玛瑙、琥珀松石等，都见证了广西的丝路历史。

广西是中国与东盟国家文化交流的重要平台。广西与东盟国家建立友好城市达到44对（见表6-3），位居全国首位。为了促进"一带一路"的文化建设，有机衔接"一带"和"一路"的重要作用，作为永久会址的广西，在2017年第十四届东博会上，首次设立"一带一路"展区，邀请哈萨克斯坦作为首个"丝路经济带"沿线国家参加，与东盟十国等"海丝"沿线国家相遇，学习各国的文化，增进各国的友谊。

---

① 程红："大历史、大布局、大作为：广西参与'一带一路'建设的三个维度"，《中国民族报》，2018年2月25日。

第六章 "一带一路"倡议：中国与沿线国家和地区的文化交往

表6-3 截至2015年9月广西壮族自治区与外国建立友好城市关系一览表

中方	外方省（州府县区）市名称		结好时间
广西壮族自治区（9个）	泰国	素呐他尼府	2004年11月4日
	柬埔寨	波罗勉省	2007年10月27日
	菲律宾	宿务省	2010年6月1日
	越南	义安省	2010年12月17日
	马来西亚	霹雳州	2011年4月5日
	缅甸	仰光省	2014年3月24日
	老挝	琅勃拉邦省	2014年5月14日
	柬埔寨	暹粒省	2014年10月17日
	越南	胡志明市	2015年9月17日
南宁市（6个）	泰国	孔敬市	2002年8月25日
	越南	海防市	2006年3月26日
	菲律宾	达沃市	2007年9月3日
	柬埔寨	西哈努克省	2007年10月30日
	缅甸	仰光市	2009年10月21日
	老挝	占巴塞省	2010年10月21日
玉林市	泰国	北榄坡府	2008年10月24日
钦州市	泰国	龙仔厝府	2007年3月12日
来宾市（2个）	菲律宾	拉瓦格市	2005年10月19日
	越南	北宁市	2010年9月10日
贺州市（2个）	菲律宾	圣费尔南多市	2004年11月4日
	越南	太平省	2011年8月1日
崇左市（7个）	泰国	莫拉限府	2011年7月6日
	越南	谅山市	2013年2月23日
	越南	高平省复和县	2013年9月4日
	越南	谅山省高禄县	2013年11月9日
	越南	谅山省禄平县	2013年11月9日
	越南	高平省下琅县	2013年12月30日
	老挝	占巴塞省巴色市	2014年12月17日

续表

中方	外方省（州府县区）市名称		结好时间
北海市（4个）	泰国	合艾市	2005年10月19日
	菲律宾	普林塞萨港市	2007年4月26日
	印度尼西亚	三宝垄市	2008年10月14日
	柬埔寨	白马省	2010年8月14日
百色市（3个）	柬埔寨	贡布省	2008年10月22日
	越南	苗皇县	2011年11月21日
	越南	金成县	2012年6月6日
梧州市	泰国	庄他武里府	2004年11月4日
柳州市（4个）	菲律宾	穆订鲁帕市	2004年11月4日
	越南	永安市	2004年11月4日
	印度尼西亚	万隆市	2005年8月5日
	泰国	罗勇府	2005年10月19日
河池市	泰国	罗勇府罗勇市	2013年3月30日
防城港市（3个）	越南	下龙市	2008年4月1日
	印度尼西亚	滨港市	2011年12月20日
	越南	越南广宁省海河	2015年2月12日

资料来源：广西壮族自治区外事办公室官网，http：//www.gxfao.gov.cn/wangshangfuwu/guojiyoucheng/。

广西在"一带一路"建设中被给予厚望，它连接了"一带"和"一路"，促进了中国与东盟国家之间的文化交流，和陕西、宁夏、福建一样，正在为"一带一路"建设贡献自己的力量，使"一带一路"建设迈上新的台阶。

第二节 与沿线国家和地区文化交流的案例

中国与沿线国家和地区的文化交流日益频繁，内涵不断

第六章 "一带一路"倡议：中国与沿线国家和地区的文化交往

深入，至今已经形成了一个"引进来"与"走出去"互为结合的全方位交流网络。在这个过程中，中国积累了大量有益的经验。下面就"引进来"与"走出去"过程中择取一些典型文化交流例子加以深入分析，为今后进一步推进文化交流提供镜鉴。

一、"引进来"的文化交流案例

在"一带一路"建设中，文化交流必不可少。不同国家有着各自不同的文化，为了促进中外国家的文化交流，学习了解各个国家的丝路文化，实现将丝路文化"引进来"的目标，中国的主要省份与丝绸之路沿线国家联合承办了宁夏与阿拉伯国家承办的中阿博览会、新疆与亚欧国家承办的亚欧博览会、广西与东盟国家承办的东博会等，还有陕西举办的丝绸之路国际艺术节、福建举办的海上丝绸之路国际艺术节等，与沿线国家和地区一同表演丰富多彩的节目。通过文化的交融，使各个国家的距离更近了一步。

（一）促进中外文化交流的博览会

1. 中阿博览会

中国—阿拉伯国家博览会，是经国务院批准的，由中国商务部、中国国际贸易促进委员会和宁夏回族自治区政府共同主办的国家级、国际性综合博览会，以中国和阿拉伯国家为主体，面向全世界开放。宁夏作为最大的回族聚居区，与沿线国家有着风俗习惯、历史文化的交流合作，作为中阿博览会的承办方，宁夏在其中起着至关重要的作用，是连接"一带一路"沿线的阿拉伯国家和中国的平台，是两者开展文化交流的主要渠道之一。在中国与阿拉伯国家及世界穆斯林地区的密切往来中，促进了中国与"一带一路"沿线国家和地区的和平交往，同其他国家建立了深厚的"丝路"友谊，为"一带一路"建设提供了战略保障。

宁洽会暨首届中阿经贸论坛于 2010 年 9 月 26 至 30 日在宁夏银川举办，以"传承友谊、深化合作、共同发展"为主题，论坛共举办了 29 项活动，签订了 190 个合作项目，达到了满意的效果。首届大会成功举办意味着良好的开端，2013 年，宁洽会暨中阿经贸论坛更名为中国—阿拉伯国家博览会，迄今为止，宁夏共举办了六届博览会，从而进一步加强了中国和阿拉伯国家的合作交流，弘扬了"丝路精神"。

2017 年中阿博览会于 9 月 6 日至 9 日在银川成功举办，大会秉承"传承友谊、深化合作、共同发展"的宗旨，以"务实、创新、联动、共赢"为主题，主宾国为埃及，花博园埃及馆通过宣传片和图册以及文物、文物仿制品等展示了埃及的文化和旅游优势，展演了小型文艺节目，举办开馆仪式；主题省为福建省，展示了福建省开放型经济发展成果和方向，重点突出优势产业及与"一带一路"国家的合作成果。大会的国际综合展中展示了阿拉伯国家、东南亚国家、西亚北非国家和其他"一带一路"沿线国家及地区的特色产品、文化、优势产业、贸易投资项目及成果等[①]。

中国与阿拉伯国家因古丝绸之路相知，因"一带一路"相识，又因中阿博览会相融。中阿博览会是一个平台，宁夏作为中阿博览会的承办方，积极为中国"走出去"、阿拉伯国家"引进来"搭建桥梁，为中阿地区提供了经济、贸易、文化交流沟通的机会，达到了"一带一路"倡议所期望的

---

① 资料来源：中国—阿拉伯国家博览会官网，https://www.casetf.org/。

效果。

2. 亚欧博览会

中国—亚欧博览会的前身是乌鲁木齐对外经济贸易洽谈会（简称乌洽会）。首届乌洽会于1992年9月2日在新疆乌鲁木齐举行，以苏联和东欧国家为对象，洽谈易货贸易和经济合作，经过十多年的发展，乌洽会已形成了自己的特色，与欧洲国家进行友好密切的联系。乌洽会共举办了十九届，于2011年改名为亚欧博览会，亚欧博览会是乌洽会的继承和升华，新疆独特的地理优势，决定了其作为我国对外开放的重点门户，亚欧博览会的举办，更发挥了新疆东引西出、向西开放的作用，促进了新疆与我国东部以及中亚、西亚、南亚和欧洲国家的长期交流与合作。

亚欧博览会到目前为止，已成功举办了六届，中国和亚欧大陆的国家于每年的第三季度一同聚集在乌鲁木齐。文化是一个国家和民族的支撑，为了突出文化的重要性，2012年9月2日举办的第二届亚欧博览会增加了文化板块，有俄罗斯、哈萨克斯坦、土耳其等10个国家的16家出版机构参加了文化产业展，向亚欧人民展示了不同国家的特色文化，更有美国商务出版社、美国国际作家书局等受邀观摩文化产业展。亚欧博览会又举办了"中外文化展示周"活动，以"艺术编织丝路美景"为主题，向观众们展示亚欧国家的丝路文化，促进了民族和睦、艺术繁荣和文化开放。

第五届亚欧博览会"中外文化展示周"于2016年9月20日开幕，由新疆自治区人民政府主办，文化部对外文化联络局、自治区文化厅承办。在此次"文化展示周"中，包括新疆艺术剧院木卡姆艺术团精心打造的大型音舞诗画《木卡姆印象》、俄罗斯洛克捷夫艺术团的少儿歌舞表演、哈萨克斯坦国家大剧院芭蕾舞团的演出、"清华缘"马友友与丝绸之路巡演的音乐会和《丝路于阗——文化与艺术的交融》新疆古代和田艺术精品文物展。通过此次博览会，让广大民众体验到中国和亚欧文化的意境、魅力及特色[①]。

亚欧博览会的举办拉近了中国与亚欧国家的距离，促进了亚欧各国在各领域形成团结协作、理解互信、合作共赢的良好局面。中外文化展示周，已逐渐形成具有一定国际影响力的文化交流平台，通过文化交流，向世界传播了亚欧国家的丝路文化，在"一带一路"的文化建设中发挥重要作用。

3. 东博会

中国—东盟博览会是由前总理温家宝提议，由中国和东盟10国经贸主管部门及东盟秘书处共同主办，广西壮族自治区人民政府承办的国家级、国际性经贸交流盛会，以展览为中心，同时开展多领域多层次的交流活动，搭建了中国与东盟交流合作的平台。博览会旨在促进中国与东盟国家的商品贸易、投资合作、服务贸易、高层论坛和文化交流，于每年在广西壮族自治区的省会南宁举办一次，目前已成功举办十四届。东博会举办的这些年，取得了多项荣誉，成为国家级品牌展会之一。

为了促进中国与东盟国家的文化交流，从2013年起，每两年一次的东博会文化展在广西南宁的南宁国际会展中心举行，共吸引来自800多家中国和东盟知名文化企业和代表团参展参会。文化展是东博会的主要专业展之一，主要展示中国和东盟国家的民俗风情、婚庆文化、书画艺术、传媒出版、创意休闲、工艺美术和动漫游戏等。

2017年4月13日至16日，南宁国际会展中心迎来了2017年中国—东盟博览会文化展，这是文化展成功举办的

---

① 资料来源：亚欧博览会官网，http：//www.caeexpo.org/。

第六章 "一带一路"倡议：中国与沿线国家和地区的文化交往

第三届，本次展览不仅包括中国各省市的特色文化及民间工艺，还包括一部分东盟国家近期及经典出版品、微映像文化、红木典藏、传统手工艺品和特色食品等特色文化。这些在展览中出现的物品吸引了很多商家和消费者的目光，尤其是经过创意设计的具有传统文化特色的作品，让观众深刻体会到中国和东盟国家的文化。除了展示这些精致的文化产品外，文化展还举行了中国—东盟微映像节、中国—东盟国际少儿文化节、中国—东盟创意生活购物节、中国—东盟（南宁）国际舞蹈文化节、"互联网+创意"博览会、中国—东盟文化合作项目推介会、中国—东盟采购对接会、东盟风情表演、中国—东盟茶艺仙子大赛、中国—东盟好少年礼仪大赛、文化创意长廊、现场书画及笔会交流活动和艺术品拍卖活动等许多重要活动。让人们在交流互动中感受到中国和东盟国家的文化魅力①。

通过东博会的举办，中国和东盟国家之间的距离更进一步，借助彼此的文化交流，能使双方更加友好的沟通。东博会中的文化展提供了一个良好的平台，增进了中国和东盟国家之间的文化交流，促进了"一带一路"的文化建设。

（二）传递丝路文化的艺术节

1. 丝绸之路国际艺术节

丝绸之路国际艺术节是为了响应"丝绸之路经济带"的倡议，加强中国与丝路沿线国家之间的文化往来，促进民心相通，提升中国西部省份对外文化交往水平，由文化部、陕西省人民政府共同主办，陕西省文化厅承办的活动，经党中央、国务院批准永久落户陕西，并每年举办一届。自

---

① 资料来源：东博会官网，http://www.caexpo.org/。

2014年9月12日以来，丝绸之路国际艺术节已成功举办了四届。

2017年9月7日至21日，第四届丝绸之路国际艺术节在西安举办，共有106个国家和地区的艺术家参与艺术节的各项活动，其中23个国家和地区以及国内18个省、市、自治区的艺术家参与舞台艺术表演。本届艺术节在原有的文艺演出、美术展览、文化论坛、惠民巡演四大板块基础上，又增加了国际现代艺术周、国际动漫游戏文化周、国际儿童戏剧周、"国风·秦韵"长安诗歌周以及国际青年汉学家研修班五个主题文化周①。

为期半个月的艺术节，充分突出"惠民性"与"现代性"，体现历史与现代交相辉映，传统与时尚完美融合，加强丝路沿线国家的人文交往、民心相通，为"一带一路"建设奠定了深厚的人文基础。四届成功举办的艺术节，在与文化的相互交流中不断成长，愈发成熟，在弘扬以和平合作、开放包容、互学互鉴、互利共赢为核心的丝路精神，促进"一带一路"建设和丝路沿线国家文化交流与合作等方面发挥着越来越重要的作用。

2. 海上丝绸之路国际艺术节

继丝绸之路国际艺术节之后，为了响应"21世纪海上丝绸之路"的倡议，2014年11月26日，福建泉州召开了由文化部、福建省政府主办，福建省文化厅和泉州市政府承办的以"海丝建设"为主题的海上丝绸之路国际艺术节，有韩国、日本、马来西亚、印度等20多个国家和地区的艺术家们参与其中。2015年起，海丝国际艺术节改为每两年一届，并永久落户泉州，目前已成功举办三届，充分展示了泉

---

① 资料来源：丝绸之路国际艺术节官网，http://www.sczlgjysj.com/。

第六章 "一带一路"倡议：中国与沿线国家和地区的文化交往

州海丝文化建设成果，为海丝沿线国家交流合作架起文明交融、增进友谊的桥梁。在传统与现代、中国与世界的相互交流中，泉州作为促进文化融合的桥梁、联系中外文化的纽带，让海丝文化登上了国际艺术节这个大舞台，也让"一带一路"的文化建设登上了更高一级的台阶。

专栏 6-1

第三届海上丝绸之路国际艺术节概览

2017年12月10日至15日，第三届海上丝绸之路国际艺术节在泉州举办，有30多个海丝沿线国家和地区的1000多位来宾出席该活动。本届艺术节以"展示、交流、合作、提升"为宗旨，主要活动包括展演展示、思想文化论坛、文化项目建设和其他项目四大板块，有开幕式演出、中国—中东欧国家文化季泉州分场活动、海丝非物质文化遗产大展、海丝艺术发展论坛、国际木偶节、国际南音大会唱等10个核心项目以及泉州各县（市、区）各具特色的联动项目61个，展现出了多姿多彩的海丝文化。

作为本届艺术节的核心项目之一的南音大会唱于2017年12月8日晚开幕，其中有36个海内外南音社团共560名弦友齐聚泉州，共同为观众们带来了精彩的音乐盛宴。南音发源于泉州，是我国现存历史最悠久的古音乐，被列入第一批国家级非物质文化遗产名录。然而对于西方国家的人民来说，中国古典音乐是比较陌生的，为了使南音更快地被接受，在本届南音大会唱中，泉州南音艺术家蔡雅艺在大型交响合唱《长安门》中演唱了《出汉关》，南音与交响乐结合到了一起，全世界都以一种独特的方式听到了南音。不得不提的是开幕式中的节目《满空飞》，这是由中国的传统乐器二胡、琵琶和波兰的传统乐器"苏卡"共同演奏出来的，"兰音"遇上南音，东西方乐器碰撞，别有一番风味，观众纷纷鼓掌，演出一度到达新的高潮。波兰乐团团长也表示说："南音这一古老的音乐，在跨界中注入更新的生命，对保护古老艺术、

增进不同国家间的友谊,将起到不可估量的作用。"

艺术节中还有以屈原的诗歌为背景,以南音为基调的新加坡湘灵音乐社跨界音乐剧《九歌·意象》、表现古老的造船工匠精神以及古代航海业发展的男声领唱节目《造船歌》、由意大利歌曲与泉州古典艺术南音、梨园戏、提线木偶戏、高甲戏、打城戏等多种艺术形式组合而成的《从刺桐港到威尼斯》、通过外国商人穿行在古代刺桐港的见闻,展现古代泉州市井生活的热闹场景和商贸繁荣景象的音乐剧《市井十洲人》……除此之外,"2017 中国—中东欧国家文化季"泉州分场、艺术发展论坛、非物质文化遗产展、国际木偶节等都体现了多元文化的独特魅力,中外的文明互鉴。

(资料来源:海上丝绸之路国际艺术节官网,http://www.hsgjysj.com/#hyj)

二、"走出去"中的文化交流案例

"一带一路"的文化交流,既有从沿线国家和地区"引进来",也有从中国"走出去"。为了让其他国家了解到中国文化的魅力,中国在其他国家举办了展现伊斯兰风情的摄影展、反映艺术和平的美术作品展、回顾中国与海上丝绸之路国家历史的文化展、中国传统的藏族文化图片展等展览;另外,中国大学与世界各地大学联合成立了多个孔子学院。通过展览、孔子学院等活动,中国的传统文化走出国门,走向世界。在文化交流中,加深了其他国家对中国的了解,也赢得了其他国家对"一带一路"倡议的认可。

(一) 反映丝路文化的展览

1. 丝绸之路经济带上的文化展览

(1) "一带一路"伊斯兰风情文化国际摄影展。中阿博

第六章 "一带一路"倡议：中国与沿线国家和地区的文化交往

览会的开办，密切了中阿人民的联系；而伊斯兰风情文化国际摄影展则使中阿人民对伊斯兰文化有了更深刻的了解。伊斯兰文化是世界三大宗教文化、五大地域文化之一，由阿拉伯文化、波斯文化和突厥文化融合发展而成。了解了伊斯兰文化，才更有利于中国和阿拉伯国家的友好交流。在"一带一路"建设的契机下，宁夏回族自治区组织了伊斯兰风情文化国际摄影展，向沿线国家的人民展现具有悠久历史的伊斯兰文化。

2012年起，宁夏伊斯兰国际经济文化友好促进会举办了首届伊斯兰风情文化国际摄影展，通过展示摄影大赛中的获奖作品，向世界人民展现出具有独特元素的伊斯兰文化。为了响应"一带一路"的倡议，主办方又将摄影展从国内搬到了国外，又向其他民族的人民介绍了中国文化，展览在沿线国家举办，促进了中外的文化交流，取得了明显的效果。

2016年4月下旬，在巴基斯坦首都伊斯兰堡的巴基斯坦国立现代语言大学孔子学院举办了"中国·宁夏'一带一路'伊斯兰风情文化国际摄影优秀作品展"。以伊斯兰风情为主题的此次展览是在国外巡演的首站，由宁夏回族自治区政府主办、国家艺术基金资助、宁夏伊斯兰国际经济文化友好促进会承办。正值中巴建交65周年之际，此次展览受到中巴双方的高度关注，所有的照片都传达了中国文化及对巴基斯坦的友谊，通过这样的展览在巴基斯坦介绍中国文化，是一个好的形式和平台。

2016年12月21日，由国家艺术基金资助、宁夏回族自治区政府主办、宁夏伊斯兰国际经济文化友好促进会承办的"宁夏'一带一路'伊斯兰风情文化国际摄影优秀作品展"首次走入中亚地区，来到了哈萨克斯坦首都阿斯塔纳的纳扎尔巴耶夫大学。2013年，习近平主席访问哈萨克斯坦时在纳扎尔巴耶夫大学首次提出建设"丝绸之路经济带"的倡议，如今摄影展又在这个大学举办，将进一步推进中哈文化交流，民心相通。

2017年5月6日，"宁夏'一带一路'伊斯兰风情文化国际摄影优秀作品展"在阿拉伯联合酋长国首都阿布扎比的扎耶德大学举办，该展览同样由国家艺术基金资助、宁夏回族自治区政府主办、宁夏伊斯兰国际经济文化友好促进会承办。此次展出了选自65个国家的摄影作品，一方面反映了我国2000多万名穆斯林群众在党和政府领导下，在中华民族大家庭中安居乐业、生活幸福、团结和谐的情景；另一方面也反映了阿拉伯国家、伊斯兰国家和地区广大穆斯林的生活习俗、风土人情、特色建筑和优美风光[①]。

伊斯兰风情文化国际摄影展，进一步加深了中国与阿拉伯国家人民的相互沟通与了解，丰富了"一带一路"建设的文化内涵，对"一带一路"建设有着极大的促进作用，也为各个沿线国家带来利益。

（2）"艺术与和平——中国当代美术作品展"。"艺术与和平——中国当代美术作品展"由中国美术家协会主办，是品牌巡展"中国美术世界行"的延续，以"艺术与和平"为主题的展览，呈现了中华民族崇尚"以和为贵"的价值观，反映了世界人民对和平发展的渴望。通过具有中国特色的艺术作品，向世界展现了中国的传统文化，同时也向世界传递出希望和平、与世界共同发展的愿景。该巡展于2016年正式启动，已成功在丹麦和比利时举办了两场。

2017年，巡演来到"一带一路"沿线国家。5月23日

---

① 资料来源：宁夏"一带一路"网，www.nx.gov.cn/ztsj/zt/ydyl/。

第六章 "一带一路"倡议：中国与沿线国家和地区的文化交往  251

至 28 日，"艺术与和平——中国当代美术作品展"国际巡展的首站在位于意大利罗马的维多里亚诺宫开幕，展品达到 40 件（组），包括历届北京国际美术双年展优秀作品及中国美术名家的作品，涵盖了中国画、油画、版画、雕塑、水彩、综合材料等多种形式。在展览中，有刘大为的水墨小写意《赶墟的彝人》等充满民族特色的作品；有方向晖的油画《中华卫士》等展现中国历史文化的作品；有田林海的中国画《烟雨南孔庙》等揭示社会现实的作品；有彭伟的《围城之居》等表现当代都市景象的作品；还有徐里的油画《家园》等呼吁人们保护生态环境的作品。这些作品体现了中华民族的特色文化，体现了中国人民向往自由、崇尚和平的愿望。此次展览是一场高水准的中国艺术盛宴，通过中国文化的展示，增进了中国与意大利及欧洲国家的友谊①。

继芬兰、英国之后，2017 年 11 月 24 日，巡演 2017 年的收官之站来到了格鲁吉亚首都第比利斯历史博物馆，共展出 31 件（组）作品，涵盖了中国画、油画、版画、雕塑、水彩、综合材料等。展览体现了中国现代的艺术家们用独特的表现形式和表现手法，营造出一种独特的视觉体验，向世界人民介绍了充满魅力的中华文化，将艺术与和平结合起来，再一次强调了中国"以和为贵"的价值观，进一步增进了中国与格鲁吉亚人民的友谊②。

"艺术与和平——中国当代美术作品展"提供了一个中国传统文化"走出去"的平台。传统与现代、东方与西方的文化碰撞，使中国文化在欧洲大陆散发光彩。世界人民向

---

① 中国美协外联部："'永恒之城'罗马迎来艺术与和平美术作品展"，《中国艺术报》，2017 年 7 月 12 日。
② 李铭："'艺术与和平——中国当代美术作品展'国际巡展在第比利斯开幕"，新华网，http://www.xinhuanet.com/world/2017-11/25/c_1122009807.htm。

往和平、崇尚和平，中国美协将这一愿景通过展览的形式生动形象地表达出来，同时又将中国文化推广出去。在"一带一路"的人文建设中，美术作品展加强了中外的交流沟通，不断地拓宽中外的艺术交流渠道，增进了中国同其他国家的相互了解，搭建起一座友谊的桥梁。

2. 海上丝绸之路

（1）海上丝路历史文化展。继"丝绸之路经济带"上的艺术展之后，是"21世纪海上丝绸之路"上的历史文化展。福建泉州是"海上丝绸之路"的重要起点之一，经过千年之后，泉州街头"海丝"遗迹依旧随处可见，"泉州文化"成为"海丝文化"的重要组成部分。海上丝路历史文化展是由中国文物局为首承办的旨在向其他国家展示以"泉州文化"为代表的"海丝文化"的展览。目前已在坦桑尼亚和斯里兰卡成功举办。

2014年12月15日，"牵星过洋——中非海上丝路历史文化展"在坦桑尼亚首都达累斯萨拉姆开幕，这是中国文物首次登上非洲大陆展出。本次展览以海上丝绸之路的历史题材为主，展现了古代中国的航海科技及人们探索未知世界的精神。展览中，中国提供的展品包括货贝、瓷器、石刻、船模及绘画作品，坦桑尼亚方收藏的中国文物全部为当地考古发掘的，中方和坦方共同提供展览的展品，通过把泉州海外交通史博物馆41件（组）展品和坦桑尼亚博物馆24件（组）馆藏文物同台展出，贯通了古代海丝的两端，将古今中外的文化联系在一起，得到观众们的赞誉①。此次展览，促进了中坦双方的文化交流，成为了中非历史上一个新的

---

① 王珏："'中非海上丝路历史文化展'在坦桑尼亚开幕"，人民网，http://world.people.com.cn/n/2014/1216/c1002 - 26216760.html。

第六章 "一带一路"倡议：中国与沿线国家和地区的文化交往  253

开端。

2017年12月20日，在斯里兰卡首都科伦坡的斯里兰卡国家博物馆中举办了"长风破浪——中斯海上丝路历史文化展"。共展出了27件（组）展品，通过还原法显、郑和、锡兰王子与公主等在促进中斯宗教、经贸与文化交流方面起到重要作用的历史人物故事，真实地再现了中斯海上丝路的历史画卷。展览中的文物分别来自泉州海外交通史博物馆和山东青州博物馆，其中来自泉州博物馆的展品达到了近四分之三，包括郑和船队模型、航海用具、外销陶瓷等①。为期一个月的展览反映了自海上丝绸之路以来，中斯两国的历史友好往来，通过互相来往，增进了双方的友谊，为"一带一路"的文化建设做出贡献。

专栏 6 - 2

斯里兰卡马塔拉—拉贾帕克萨国际机场

中斯自建交以来一直保持着良好的合作关系。中国向斯里兰卡投资，建起了2013年承建的马塔拉—拉贾帕克萨国际机场等一系列的基础设施项目。

机场位于距科伦坡250公里的林区，拥有占地面积1.2万平方米的航站楼、12个值机柜台、两个登机门和一条大型客机起降跑道，机场每天只有一两个航班，到达机场乘机的旅客主要是附近野生公园的游客，机场的客流量远远小于机场的运力，并没有达到预期的投资效果。

长期亏损的机场终于在2015年停止运营，其亏损达到了每年1800万美元。究其原因在于，选择建机场的地点位于斯里兰卡时任总统的故乡汉班托特，经济贸易等都不发达，政府要计划把它建成全国第二大城

---

① 唐璐、朱瑞卿："'长风破浪——中斯海上丝路历史文化展'在斯里兰卡举办"，新华网，http://www.xinhuanet.com/silkroad/2017-12/20/c_1122142802.htm。

市。而中国也只是对其投资,并没有用长远的眼光考虑,最重要的是,并没有与斯里兰卡进行充分的沟通交流。由于不了解斯里兰卡的文化,不了解斯里兰卡方政府的政策,再加上缺乏交流,导致了机场建设的失败。

为了响应"一带一路"倡议,中国与其他国家进行密切友好的经济贸易往来,但是在与斯里兰卡的交流中却忽视了文化的作用,文化作为经济贸易的后盾,是至关重要的,斯里兰卡—拉贾帕克萨国际机场的停止运营可以说是为其他投资敲了一个警钟,要想实现"一带一路"倡议的成功,不只在于项目的质量、标准,最重要的是文化交流,通过沟通,了解双方的文化,才更有利于促进投资对经济的拉动作用,达到互利共赢的目的。

(资料来源:萧柏春:《一带一路中的斯里兰卡》,2017年)

(2)中国藏文化图片展。藏文化是中华民族多元化的重要组成部分,是中华文化中的一颗璀璨明珠,同时也是世界文化的瑰宝。在藏文化中,包括从印度传入到如今具有藏族特色的宗教文化、来自民间艺术家并且充满生机活力的壁画唐卡、根据高原条件医理独特的藏医藏药和丰富多彩独具特色的民间习俗……在历史的发展中,藏文化中的工艺、音乐、舞蹈、戏剧等都发展到了很高的水平。为了响应"一带一路"的倡议,中国的藏族文化逐渐对外开放,走向世界,在"一带一路"沿线国家中熠熠生辉。

2016年8月24日至28日,中国藏文化交流团访问了韩国,同韩国佛教僧人一同交流佛教文化。在25日晚的"感受西藏"公众开放日活动中,展出了包括西藏风土人情、自然环境、宗教文化等多个方面约40幅精美的图片,此外还播放了纪录片《第三极》,通过描述西藏人的日常生活,完整地展现了青藏高原的人与自然和谐共生的魅力画卷,使

第六章 "一带一路"倡议：中国与沿线国家和地区的文化交往

韩国民众对西藏文化的了解更深了一步，从而也对中华文化产生了更加浓厚的兴趣①。

2017年12月11日至13日，中国藏文化交流团访问新加坡。12日在新加坡中国文化中心举行了中国藏文化图片展，展览中精选了由中国以及外国摄影家拍摄的60幅精美的图片，反映了西藏的自然风光、人文风景以及生物部落，向观众们展现了西藏的传统文化以及宗教信仰。在随后的座谈会中，中国藏学研究中心历史研究所所长张云向新方介绍了藏文、藏语的历史发展，使没去过西藏的人们感受到了独特的西藏文化②。

中国藏文化交流团近年来走过亚洲、欧洲、澳洲等很多个国家，对外进行着文化的交流。西藏的对外开放是中国对外开放的有机组成部分，西藏目前明确提出要打造面向南亚的渠道，去往韩国、日本、斯里兰卡、缅甸、新加坡等"海上丝绸之路"的沿线国家。藏文化的传播，促进了"一带一路"建设的文化交流，藏文化"走出去"意味着中华文化"走出去"，博大精深的中华文化正是凭借着这一个个平台慢慢走向世界的大舞台，立足于全世界。

这些展览促进了中国与沿线国家的文化交流，将中国的历史文化推向世界，实现"走出去"的目标追求，也是他国人民学习我国文化的大好时机。展览提供的机会，有利于沿线国家和地区的文化交流和沟通，有利于不同文化的碰撞与融合，在探索与实践中共同前进。

---

① 吴旭：《中国藏文化交流团访韩》，中国新闻网，http://www.chinanews.com/cul/2016/08 - 28/7986497.shtml。

② 王丽丽："中国藏文化交流团访问新加坡"，人民网，http://xz.people.com.cn/n2/2017/1214/c138901 - 31031204.html。

（二）学习中国传统文化的平台——孔子学院

为了向外国友人提供学习汉语和中国传统文化的机会，中国国家汉语国际推广领导小组办公室在世界各地有需求和有条件的国家设立孔子学院，并将孔子学院总部设立在北京，这一措施吸引了许多喜欢中国文化、想学习中国文化的外国人。从400多年前孔子学说就传到了欧洲，如今孔子学说更是走进了五大洲，因此将这个传播中国文化的机构取名叫做"孔子学院"，正是体现了孔子学说在国内外的重要性。世界上第一所孔子学院是2004年在韩国首尔设立的，截至2017年12月31日，在146个国家和地区共建立了525所孔子学院和1113个中小学孔子课堂，注册学员已达到232万人。2013年习近平总书记提出"一带一路"的倡议，沟通了中国与沿线国家的关系，而孔子学院的建立旨在追求世界各国之间的人文交流，这与"一带一路"倡议中的文化部分高度契合。孔子学院作为"一带一路"的人文支撑，将中国的传统文化传播出去。在全球的孔子学院中，"一带一路"沿线有53个国家和地区建立了140所孔子学院和136个课堂。欧盟、中东欧国家和地区几乎全面覆盖，汉语逐渐成为了世界性语言[①]。

1. 丝绸之路经济带上的孔子学院

（1）匈牙利米什科尔茨大学孔子学院。位于匈牙利的米什科尔茨大学孔子学院是在2013年4月25日由米什科尔茨大学和北京化工大学联合承办，是在匈牙利建设的第三所孔子学院。这所孔子学院中的一部分学生是来自匈牙利宝思

---

① 资料来源：孔子学院总部/国家汉办官网，http://www.hanban.edu.cn/confuciousinstitutes/node_10961.htm。

第六章 "一带一路"倡议：中国与沿线国家和地区的文化交往

德化学公司的，他们是为了学习中国的文化，并进一步学习位于山东烟台万华集团的宝思德公司总部的企业文化。由于文化冲突，宝思德公司的员工对于万华集团的文化并不是很了解，导致工作难以协调，难以融合，使得万华集团的并购之旅并不顺利。通过公司员工在孔子学院的学习，才逐步实现异国和异地的文化整合，"两校一企"的交流局势就此形成。2017年7月2日，北京化工大学校长谭天伟一行人访问了米什科尔茨大学孔子学院，与米什科尔茨大学校长托尔马、米什科尔茨大学孔院外方院长柯丹青和中方院长朱晓苑等进行座谈交流，次日又访问了万华集团，最终对合作办学、举办员工培训和开办学生实习基地等长短期合作项目达成一致意见。

2017年11月30日至12月1日，米什科尔茨大学举行了"开放日"活动。展区中展览了书法、剪纸等许多中国的传统艺术，引来广大学生们驻足观看，更有一部分学生表示要到米什科尔茨大学孔子学院去学习中国的文化。

米什科尔茨大学孔子学院在全球孔子学院中是一个比较有代表性的，它的成功意味着孔子学院建设的成功，也意味着"一带一路"建设中文化交流的成功。

专栏 6-3

万华集团并购宝思德公司简况

2011年，中东欧地区规模最大的聚氨酯工业基地匈牙利宝思德公司深受欧债危机的影响，资不抵债，几近破产。位于我国山东烟台的万华集团给予国际化发展战略，向前投入巨资，实现了中国企业的跨国并购，也是中国在中东欧地区最大的并购项目。

然而，并购之路不是一帆风顺，两个企业难以融合到一起。匈牙利宝思德集团有限公司的董事长兼CEO丁建生说："亏损不断扩大，我们曾经连破产文件都准备好了。"眼看着投资的巨款就要打水漂，公司在坚持找寻出现问题的原因，其中主要原因在于两个企业的文化冲突导致的并购失败，企业急需进行文化整合。进行文化整合首先要做的就是学习企业文化，让匈牙利宝思德公司的员工学习万华集团的文化，学习中国文化。

匈牙利的第三所孔子学院米什科尔茨孔子学院向宝思德公司的员工开放，定期教授他们中国的传统文化，有了中国传统文化作为基础才能更好的学习万华集团的企业文化。宝思德公司经过文化整合，并通过资本输出、技术支持、管理输出等，与母公司万华集团全面融合，终于停止了亏损，逐渐走向正轨。而这次并购整合，也给万华集团带来了好处，其行业话语权和行业地位得到了飞快提升，万华集团还作为中国代表参与了全球聚氨酯大会。

跨国并购，最重要的就是文化整合。不同国家的不同企业之间如果存在文化冲突，很难结合到一起。在"一带一路"建设中，跨国并购是促进各国经济发展的一个方法，文化作为其中的关键一环，应该引起重视。促进了文化交流，才能更好地促进对双方企业文化的了解，进而实现并购之后的文化整合。

（2）布加勒斯特大学孔子学院与"一带一路"沿线国家图片展。2013年3月19日由布加勒斯特大学和中国政法大学联合创办的布加勒斯特大学孔子学院是罗马尼亚的第四所孔子学院，在2017年12月被授予"先进孔子学院"的荣誉称号。2018年2月2日，布加勒斯特大学孔子学院在议会宫"康斯坦丁·布伦库什"展厅举办了成立以来的第四次文化展，本次展览以"一带一路"为主题，介绍了"一带一路"沿线国家的景色、基础设施及风俗习惯，增进了世界人民对"一带一路"的了解。在展览中，孔子学院的师生们表演了古典舞、古筝、葫芦丝、太极表演、旗袍秀等

第六章 "一带一路"倡议：中国与沿线国家和地区的文化交往

节目，赢得观众的一致好评。

文化是沟通世界的桥梁，文化不分地域，不分种族，它可以拉近不同国家人民之间的关系，增进彼此的认知与理解，充实人类的精神生活。由于文化的交流与传播，中国和罗马尼亚的距离更进一步，孔子学院在其中起到了重要作用，在"一带一路"的建设中，孔子学院的存在是必不可少的。

2. 海上丝绸之路上的孔子学院

（1）全球首家海上丝路孔子学院。为响应"21世纪海上丝绸之路"的倡议，泰国博仁大学和中国天津师范大学在泰国首都曼谷联合承办了全球首家海上丝绸之路孔子学院，是泰国的第十四所孔子学院，也是世界上第一个以海丝命名的孔子学院。2015年6月24日，在博仁大学举行了隆重的"海上丝路孔子学院"揭牌仪式，有600多名中泰代表出席。泰国传统舞蹈《祈福舞》、中国舞蹈《千手观音》等反映中泰文化特色的表演，为揭牌增添了精彩的一笔。海上丝路孔子学院的成立为更好地发展和提升泰国汉语教育水平，为促进"一带一路"的文化建设提供了重要平台，也为中泰两国文化交流奠定了深厚的基础。

2017年11月，海上丝路孔子学院和博仁大学传媒学院、艺术学院、学生活动中心联合举办了"'一带一路'泰国风·中国情"摄影大赛。大赛征集到700余幅摄影作品，涵盖了中泰两国的传统节日、风土民情、秀丽风光，生动形象地表达了"中泰一家亲"的主题，体现了中泰两国的友好情谊。

（2）巴基斯坦伊斯兰堡孔子学院。位于巴基斯坦的首都伊斯兰堡的伊斯兰堡孔子学院，是由中国国家汉办、北京语言大学和巴基斯坦国立现代语言大学联合在2005年4月建立。伊斯兰堡孔子学院是巴基斯坦成立的第一所孔子学院，也是整个伊斯兰世界的第一所孔子学院，对于促进中巴文化交流、中国和伊斯兰国家联系具有重要意义。为了响应"一带一路"倡议，伊斯兰堡孔子学院积极在巴基斯坦推广中国语言与文化，举办了多场文化交流会、迎春晚会、孔子学院日等活动，积极弘扬中国传统文化，坚持汉语教学与文化交流共同发展的策略。

2016年11月22日，伊斯兰堡孔子学院举办了"庆祝'中巴建交65周年'摄影展"，两国代表及大学师生等近200人参加活动。此次展览中的作品，涵盖了表现中国传统文化的民间习俗、中国迷人的地方风情、中国现代化建设的成果，还有巴基斯坦的风土人情，最珍贵的当属中巴建交以来两国领导密切交往的历史照片，这些都反映了中巴两国在语言和文化方面的沟通与交流。此次摄影展加深巴方学生对中国文化的了解，进一步促进巴中两国的文化交流。

在"一带一路"的建设中，巴基斯坦位于重要的战略地位，中巴经济走廊的建立、两国的经济交往不能少了文化的交融。孔子学院的建立正是为两国的文化交流提供了平台，通过语言教育、传统文化的学习，使巴基斯坦的学生们更加了解中国文化，更加喜欢中国，同时也向中国的学生们推广巴基斯坦的官方语言乌尔都语。伊斯兰堡孔子学院为两国培养了优秀人才，促进了中巴在文化、科技、艺术和经济等多领域的交流合作，增进了中国与巴基斯坦人民之间的友谊。

第六章 "一带一路"倡议：中国与沿线国家和地区的文化交往

第三节
与沿线国家和地区文化交流的展望

中国与沿线国家和地区文化交流已经取得了很大成就，但也存在一些不和谐的因素。今后，要做到进一步推进文化交流，避免因文化因素而引起不必要的摩擦，真正使中国与沿线国家之间形成一个文化交流的互联互通。

一、凝练文化共性，增强与沿线国家和地区的文化认同感

在"一带一路"的文化交流中，只有存在共性的文化才能引起沿线各国人民的兴趣，被大多数人民所接受。"一带一路"建设涵盖了东南亚、南亚、中亚、西亚、北非、中东欧和独联体等66个各具特色的国家，历史背景、文化习俗、生活环境、宗教信仰等都有些许或者很大的不同。这个过程中，尽管崇尚文化多元化，但是如果缺少对沿线国家和地区的了解，还是会阻碍文化的交流。

要想增进文化交流，首先要做的就是寻找文化共性。在文化差异不大的国家之间发展文化共性；在文化差异较大的国家之间增加交流，增强文化认同感。这样才能避免不同国家之间的文化冲突和摩擦，增进各国人民的情感共鸣，实现各国的互利共赢。

中国与"一带一路"部分沿线国家和地区有着相似的

生活经历、相近的历史背景，在文化方面存在着一定程度的共性。我国的宁夏、甘肃、新疆等地区与中亚、西亚大部分国家都有信奉伊斯兰教的传统，有清真寺、伊斯兰教协会等相同的组织，也有开斋节、古尔邦节、圣纪节等相同的传统节日，它们在历史上就有文化渊源和往来，生活习俗接近，因此由宁夏和阿拉伯国家共同筹办的中阿博览会成为了解中国与阿拉伯国家文化交流的良好平台。我国的广西与东盟国家是近邻，从古至今的交往都很密切，东南亚国家有很多华人聚集，他们的语言、民族习惯都有相同之处，两地之间形成的中国—东盟文化中也包含了很多广西元素。中国和埃及同属于四大文明古国，很久之前就有文化的交流，后来又都有着抵御侵略、摆脱落后的经历，两国的文化传统相似，通过海上丝绸之路相连，在不断感受中埃文化的过程中拉近了两地人民的距离。中国与以印度为代表的很多国家一样都有着佛教文化的传统，印度的梵文等经典著作通过古丝绸之路传递到了我国，经过交流，并不断发展创新，衍生出了很多佛教宗派，对其他国家产生影响，佛教文化传播开来。国家间的文化共性经过不断发展，不断衍生，增进了彼此间的深厚友谊。

在"一带一路"沿线国家中也有与中国文化差异较大的国家，在文化方面的共性较少。中国与中东欧国家距离较远，其历史文化相通之处较少，难以发展文化共性，中国和中东欧地区为了加深对彼此文化的了解，加强两地的文化交流，中医针灸走入波兰、"一带一路"文化展在罗马尼亚举办、中国—欧盟文化艺术节等受到广泛关注……以此来增进国家间的交往，增强国家之间的文化认同感。

各个国家的文化是不可能完全相同的，每种文化都是共性和个性的统一，沿线国家和民族有着各自自身的特色文化，在中国和沿线国家之间存在文化的共同点的同时，也存在不同点，至于是否是共性多于个性，是因国家而异的。在跨文化交流的过程中，要找寻与各国文化的共同点，在不同文化中探索交叉地带，实现民族文化的世界化，充分发展文化的共性；同时也要吸收异质文化的精华，在与不同文化的交往过程中加深彼此的了解，从而减少对不同文化的排斥，提升文化认同感。坚持文化共性与文化个性同时发展，增强沿线国家之间的文化认同感，并化解沿线国家之间的文化冲突。

二、发挥地理优势，促进与沿线国家的文化交流

"丝绸之路经济带"和"21世纪海上丝绸之路"沿线经过我国18个省市区，以及其他66个国家，涵盖了亚、欧、非三大洲，印度洋、太平洋和我国的南海等海域，包含了陆、海等广阔的区域。在"一带一路"的建设中，我国的18个省市区，凭借自己各自的定位，发挥自己的地理优势，促进"丝绸之路经济带"的沿途省份与中亚、西亚、中东欧等国家的交流，以及"21世纪海上丝绸之路"的沿途省份与东南亚、南亚、北非等国家的交流。

新疆在地理位置上与南亚、中亚、欧洲地区相连，是"丝绸之路经济带"的核心区，凭借其天然的优势，新疆联系了亚欧地区，在新疆永久落户的亚欧博览会为亚欧地区的文化交流提供平台，展现了充满魅力的亚欧文化。福建的定位是"21世纪海上丝绸之路"的核心区，处于我国东南沿海地区的福建省是古代海丝的起点，同时也是21世纪海上丝绸之路的重点途径地。因此，福建省发挥它的地理优势，更好地促进海上丝绸之路沿线国家的文化交流。广西是

"21世纪海上丝绸之路"与"丝绸之路经济带"有机衔接的重要门户,位于丝路经济带和海丝的交汇之处,与东南亚国家陆海相邻。广西发挥自身的地理优势,构建了面向东南亚区域的国际通道,促进了中国与东南亚国家之间的文化交流。云南位于我国西南部,与东南亚国家接壤,是面向南亚、东南亚的辐射中心。在"一带一路"建设中,云南发挥其地理优势,在陆上与南亚、东南亚国家进行文化交流。陕西、甘肃、宁夏、青海四地是丝绸之路经济带上的重要省份,位于我国西北地区,利用地理及人文优势,面向中亚、南亚、西亚提供人文交流的平台。而内蒙古和东北三省则要发挥联通蒙古国和俄罗斯的地理优势,主要面向蒙古国、俄罗斯进行文化交流。

"一带一路"所经过的18个省市区,涵盖了我国西北、东北、东南、西南等地,西北向西连接中亚、西亚、中东欧地区;东北向北连接欧洲地区;东南向南连接东南亚、南亚地区;西南向西连接中亚、南亚、西亚、北非地区。各个地区的省份应该各司其职,利用自身的地理优势,就近与沿线国家进行文化交流,这样就可以避免舍近求远,同时也可避免由于距离过远导致的文化冲突问题,达到最佳的文化交流状态,促进中国与"一带一路"沿线国家之间的文化交流。

三、坚持文化的"引进来"和"走出去"并重

从张骞出使西域、郑和七下西洋开始,古丝绸之路不只是一条经济贸易之路,还是一条文化交流之路,在与沿线国家进行贸易往来的同时,也与它们进行文化的交流。中国的汉字、陶瓷、茶道等传统文化通过古丝绸之路传到其他国家,印度的佛教文化、希腊的雕刻艺术等也通过古丝绸之路

第六章 "一带一路"倡议：中国与沿线国家和地区的文化交往

传到中国。不同的文化由丝绸之路联系起来，不断交流融合，影响着沿线的各个国家。

如今，在"一带一路"的倡议提出的背景下，文化交流的重要性日益凸显，如果国家之间缺少文化的沟通，缺少对彼此文化的了解，那么很难实现经济贸易上的正常往来。在实现经济"引进来"和"走出去"的同时，也要坚持文化的"引进来"和"走出去"并重。

丰富多彩的丝路文化体现了丝路沿线国家的民族智慧，是丝路国家的灵魂。中华传统文化通过"一带一路"建设走出家门，走向沿线国家和地区。如今越来越多的外国人喜欢中国的文化，中国在其他国家开办孔子学院，教授他们汉语和中国文学历史等，为中华文化"走出去"提供了平台。除此之外，经常在"一带一路"沿线国家举办的中国艺术作品展等也促进了中华文化"走出去"，让更多的外国人学习了解中国文化。

丝绸之路上埃及阿拉伯文化、伊斯兰文化、印度佛教文化、欧洲文化……这些文化通过丝绸之路也传递到了中国。埃及纸莎草画文化交流展在北京举办，宁夏举办了伊斯兰文化风情展，印度将佛教文化传到中国并与中国的佛教文化融合、亚欧博览会的召开将欧洲文化引入中国……一场场文化活动为"一带一路"沿线国家的文化"引进来"提供了平台，让更多的中国人了解到各具特色的丝路文化。

对待丝路文化，如果一味地追求"引进来"，其他国家就会对中国文化产生排斥；相反，如果一味地追求"走出去"，中国又不会对其他国家的文化有所了解。"一带一路"倡议涉及很多国家和地区，每个国家的文化背景都有所差别，我们要做的不是以本国文化排挤他国文化，而应该本着相互尊重、相互学习的态度建立文化传播的对话和融合机

制，与其他国家一起，建立良好的文化沟通平台。要想真正实现互利共赢，实现文化交融，一定要坚持文化的"引进来"和"走出去"并重，达到中外文化融合的效果，让人们都能从内心上主动接受并认同其他国家的文化，从而增进彼此间的友谊，促进"一带一路"的文化建设。

四、跨国合作中不能忽视文化的作用

有些濒危的企业资不抵债，陷入经营困境，需要引进外资，而有些存在过剩资金的企业，想要对其他企业投资获得资本增值，再加上有些企业更适合采用国外企业的经营理念，这就促进跨国合作。"一带一路"建设为很多中外企业提供了跨国合作的机会。

我国同"一带一路"建设的沿线国家有着频繁的跨国合作业务，我国企业已在20多个沿线国家建设了几十个经贸合作区，为国家之间的合作提供便利。其中，汽车企业起到了独特的作用，如长春第一汽车制造公司的海外业务遍布东南亚、非洲、中东等地；上汽以东盟、中东、非洲等为重点营销平台，以东南亚、南亚为生产基地；奇瑞已进入俄罗斯、埃及、沙特阿拉伯、巴基斯坦、伊朗等地的市场。我国的汽车企业在"一带一路"沿线国家投资设厂已成为合作共赢的典范，向其他国家传递了中国经验、促进了"一带一路"沿线国家之间的互联互通、改善了"一带一路"沿线国家和地区的生活方式。

然而，在跨国合作中，不可忽视的一点就是文化的作用。有很多跨国合作由于文化的冲突而面临失败，中国向斯里兰卡投资的国际机场入不敷出，不能吸引更多人在此乘坐飞机，最终被迫停运；中国成都开往波兰罗兹的蓉欧快铁在修建时由于语言不通、文化不通、生活习惯不同等一系列问题几近停工；中国万华集团并购了匈牙利宝思德公司之后由于企业文化存在冲突导致亏损加急，濒临破产……文化冲突的结果是中国与"一带一路"沿线国家之间的跨国合作以失败告终，不是哪个国家的文化传统不对，而是两个国家的文化难免会产生摩擦，难以融合，因此国家之间的跨国合作一定不能忽视文化的作用。

"一带一路"建设促进了中外企业的跨国合作，中外企业更应该好好利用这个机会，加强合作的进程。在合作中，遇到了文化冲突问题，要引起重视，采取一定措施解决问题，如组织员工学习传统文化，加强两国之间的文化交流，便于加深互相的了解。经过了文化的交流与整合，能够减少不同文化之间的排斥，增强不同企业之间的文化认同感，并化解不同国家之间的文化冲突。

"一带一路"，文化先行，文化是经济发展的基础。在跨国合作中，只有对文化引起足够的重视，加强不同文化的整合，减少文化之间的摩擦，才能实现互利共赢，达到企业合作的既定目标，从而促进经济水平的发展，最终达到 $1+1>2$ 的预期效果。

结 束 语

习近平总书记在党的十九大报告中指出"要以'一带一路'建设为重点，坚持引进来和走出去并重，遵循共商共建共享原则，加强创新能力开放合作，形成陆海内外联动、东西双向互济的开放格局。拓展对外贸易，培育贸易新业态新模式，推进贸易强国建设。"[①] 2018年是贯彻党的十九大精神的开局之年，是改革开放40周年，是决胜全面建成小康社会、实施"十三五"规划承上启下的关键一年。在这重要时刻，中央财经大学中外经济比较研究中心在对"一带一路"倡议进行简要介绍和沿线风险及其防范研究基础上，确立了中国与"一带一路"沿线国家的行业交往及其趋势作为2018年年度研究报告。

2013年之前，我国与沿线国家和地区之间的行业交往已经取得了很大进展，而随着"一带一路"倡议的提出和践行，与它们之间的农业、工业和第三产业的交往、合作渐趋向纵深发展，日益形成了一个相对稳定的交往网络。在此期间，尽管我国与沿线国家和地区之间的行业交往受到沿线国家内部政局不稳、地区动荡、域内大国和域外大国的干预

[①] 习近平：《决胜全面建成小康社会 夺取新时代中国特色社会主义伟大胜利——在中国共产党第十九次全国代表大会上的报告》，人民出版社2017年版，第34页。

等因素影响，出现诸多矛盾，甚至冲突，但行业之间的交往在整体上呈现出互补大于竞争的日益繁荣格局。到2018年，中国已经与沿线55个国家建立了合作的协议。不但中国各级政府制定了促进"一带一路"倡议的系列政策、措施，而且许多沿线国家也出台了接轨"一带一路"倡议的国内政策，期望能够借助"一带一路"倡议所带来的发展机遇，推进所在国家的社会经济发展，实现共赢的目标。在此过程中，三大产业之间的交往合作则是其核心内容。今后如何更有效地推进中国与沿线国家和地区的行业交往，形成新的产业分工和构建完整的产业链，则是中国与沿线国家和地区均需面对的问题。中国经过40年的经济快速增长，积累了厚实的经济实力，也形成了一个市场与政府有机结合的发展模式，能够给沿线国家提供某种程度的镜鉴作用。

在中国与沿线国家和地区的行业交往中，积累了许多事例。本书通过对不同行业交往的案例分析，能够为今后中国与沿线国家和地区的行业交往提供种种有益的启发；而对未来行业交往趋势所提出的策略性建议，又能为今后发展起到理论与现实的价值判断，避免行业交往中的"似曾相识"的回归。当然，更为重要的是通过与沿线国家和地区行业交往的梳理和总结，不但为"一带一路"倡议的践行和深入推进起到理论支撑，而且还可以为中国各级政府在进一步制定"一带一路""引进来"与"走出去"的政策中铺垫必要的基础。

作为世界第二大经济体，中国要完成两个"一百年"目标，实现中华民族伟大复兴的中国梦，应该借助与"一带一路"沿线国家和地区的行业交往来达到海洋、大陆联通的效果，把我国经济发展的成果以红利形式造福于沿线各国。而要达到这一目的，我们还会遇到许多困难，需要通过对过去、现在与未来的研究来规避行业交往中的风险，化解行业交往中的困惑。

当然，本书是中央财经大学中外经济比较研究中心与中国商业史学会首次在"一带一路"倡议年度研究中的尝试，诚恳专家、同仁的批评指正。

参考文献

[1] 艾赛提江·艾拜都拉."新丝绸之路"对中国与中亚贸易的影响及对策研究[J]. 价格月刊, 2015 (01): 46-49.

[2] 陈元, 钱颖一."一带一路"金融大战略[M]. 北京: 中信出版集团股份有限公司, 2016.03.

[3] 陈华."一带一路"战略下金融对外开放新格局[J]. 南方金融, 2016 (02): 47-52.

[4] 陈伟光, 缪丽霞."一带一路"建设的金融支持: 供需分析、风险识别与应对策略[J]. 金融教育研究, 2017, 30 (03): 3-15.

[5] 陈志铭, 陈苑苑. 中越跨境经济合作区发展农业循环经济的探索[J]. 特区经济, 2013 (04): 75-76.

[6] 陈登源."一带一路"战略背景下的文化统战策略[J]. 沈阳大学学报(社会科学版), 2017, 19 (02): 161-165.

[7] 陈祥新, 梁丹辉. 中国与东盟农业合作研究现状及展望[J]. 农业展望, 2016, 12 (07): 67-71.

[8] 陈玉荣. 2013年俄罗斯外交: 大国风范, 成就突出[M]. 北京: 世界知识出版社, 2014: 23.

[9] 程玉仙. 金融支持"一带一路"建设现状、问题及对策[J]. 价值工程, 2018, 37 (02): 64-66.

[10] 崔文瑞, 张武浩. "一带一路" 建设下中国与沿线各国金融合作研究 [J]. 西部金融, 2017 (01): 38-40+65.

[11] 崔雪灵, 张雯丽, 原瑞玲, 王慧敏. "一带一路" 倡议下中国农业对外合作研究——主要国家投资环境与企业发展实绩 [M]. 经济管理出版社, 2017年9月第1版.

[12] 陈俊楠、张辉: 我国参与矿业领域国际组织合作形式及建议 [J]. 中国矿业, 2017 (8).

[13] 褚学力. 金融互联互通支持中小企业跨境电商发展探索——基于我国与一带一路沿线国家和地区经济发展的思考 [J]. 中国流通经济, 2016, 30 (11): 66-74.

[14] 杜秀红. 中国与 "一带一路" 沿线国家的贸易关系及政策建议 [J]. 现代管理科学, 2016 (05): 85-87.

[15] 杜宇霞, 项文娟. 中国与东南亚地区国家贸易现状分析 [J]. 现代经济信息, 2016 (13): 155-156.

[16] 段海岗, 孙作兴, 王晓州, 等. 伊朗3区块回购合同项目勘探实践与启示 [J]. 中国石油勘探, 2013, 18 (3): 70-74.

[17] 杜雪明, 张寿庭, 陈其慎. 从矿产资源方面浅谈中国与 "一带一路" 国家的战略合作 [J]. 中国矿业, 2015 (1).

[18] 郭顺财. 厦门市农产品加工业现状与发展对策 [D]. 集美大学, 2010.

[19] 管清友, 何帆. 中国的能源安全与国际能源合作 [J]. 世界经济与政治, 2007 (11): 45-53.

[20] 袁新涛: "一带一路" 建设的国家战略分析 [J]. 理论月刊. 2014 (11).

[21] 高世宪, 朱跃中. 依托 "一带一路" 深化国际能源合作 [M]. 北京: 中国经济出版社, 2016.

[22] 国土资源部. 国土部力推 "一带一路" 国际矿业合

作［J］．上海证券报，2014（10）．

［23］郭爱君，毛锦凰．丝绸之路经济带：优势产业空间差异与产业空间布局战略研究［J］．兰州大学学报，2016（2）．

［24］郝雪．微信在"一带一路"参与者中的应用［J］．现代商业，2017（31）：169-171．

［25］何力．日本在巴西农业开拓的实践［J］．世界农业，2016（02）：152-156．

［26］胡海峰，武鹏．亚投行金融助力"一带一路"：战略关系、挑战与策略选择［J］．人文杂志，2016（01）：20-28．

［27］胡艺，杨晨迪，沈铭辉．"一带一路"背景下中国与南亚诸国贸易潜力分析［J］．南亚研究，2017（04）：78-92+153-154．

［28］黄金老，钟楼鹤，吕玉梅，李虹含，张顺葆．第8章以电子商务助力人民币国际化［A］．2015人民币国际化报告——"一带一路"建设中的货币战略［C］．2015：19．

［29］韩立冬，王海燕．中哈能源管道博弈与前景［J］．金融发展评论，2008（4）：17-20．

［30］韩永辉、罗晓斐、邹建华：中国与西亚地区贸易合作的竞争性和互补性研究——以"一带一路"战略为背景［J］．世界经济研究，2015（3）．

［31］贾儒楠，韦娜．金融支持"一带一路"建设的现状、问题与建议［J］．国际贸易，2016（05）：43-47．

［32］隗斌贤．"一带一路"背景下文化传播与交流合作战略及其对策［J］．浙江学刊，2016（02）：214-219．

［33］兰日旭，曲迪．"一带一路"倡议中的金融合作［J］．中国井冈山干部学院学报，2017，10（05）：36-41．

［34］李锋．"一带一路"战略最新进展与展望［A］．国

际经济分析与展望（2015~2016）[C]，2016：11.

[35] 李东红，王文龙，金占明，汤玲玲. 多重制度逻辑下企业社会责任对海外运营的支撑效应——以聚龙公司在印尼的实践为例 [J]. 国际经济合作，2016（12）：24-28.

[36] 李先德，刘合光. "一带一路"中国农业对外合作问题研究. 中国农业出版社，2016年10月第1版.

[37] 刘文勇，丁琳琳，张悦. 农业企业"走出去"策略与实践案例举证 [J]. 广东农业科学，2016，43（01）：183-188.

[38] 刘婷婷. 中国移动支付对东南亚国家旅游业发展的影响——以支付宝为例 [J]. 现代商业，2017（35）：24-25.

[39] 刘佳骏. "一带一路"战略背景下中国能源合作新格局 [J]. 国际经济合作，2015（10）：30-33.

[40] 刘明德，马鑫茹. "一带一路"与海外利益专题研究：当前伊朗的能源政策及其对中国的影响 [J]. 党政研究，2017（2）：13-22.

[41] 刘益康. 矿业企业"走出去"须甄别高低风险国家 [N]. 地质勘查导报，2015-11-03.

[42] 刘盼盼. 海外矿业投资"走出去"掌握通行的游戏规则 [J]，中国矿业，2017（5）.

[43] 林建勇，蓝庆新. "一带一路"战略下中国与中亚国家能源合作面临的挑战与对策 [J]. 中国人口·资源与环境，2017，27（S1）：203-206.

[44] 梁丹辉，吴圣，李婷婷. 中国和西亚农业合作现状及未来展望 [J]. 农业展望，2017，13（06）：75-79.

[45] 雷瑞. 东南亚国家农业投资潜力与我国农业"走出去"策略 [J]. 农村经济，2017（04）：80-85.

[46] 马永欢、陈丽萍、沈镭等. 自然资源资产管理的国际进展及主要建议 [J]. 国土资源情报，2016（2）.

[47] 马朋林、毕云龙."一带一路"资源国际合作机制建设思考和建议 [J]. 山东大学学报. 2016 (3).

[48] 钱童心. 中国科技企业弄潮网上一带一路 [J]. 中国中小企业, 2017 (06): 52 – 54.

[49] 任虎. 中国与"一带一路"沿线国家能源合作法律制度研究 [J]. 国际经济合作, 2016 (9): 90 – 95.

[50] 桑百川, 杨立卓. 拓展我国与"一带一路"国家的贸易关系——基于竞争性与互补性研究 [J]. 经济问题, 2015 (08): 1 – 5.

[51] 申景奇. 基于"一带一路"的金融创新及发展建议 [J]. 全球化, 2015 (11): 77 – 87 + 119 + 134 – 135.

[52] 宋周莺, 车姝韵, 张薇. 我国与"一带一路"沿线国家贸易特征研究 [J]. 中国科学院院刊, 2017, 32 (04): 363 – 369.

[53] 汤柳."一带一路"金融合作需要提升的四个方面 [J]. 银行家, 2016 (03): 71 – 73.

[54] 陶力. 蚂蚁金服多路径"出海": 技术 + 投资复刻支付宝 [N]. 21 世纪经济报道, 2017 – 05 – 22 (013).

[55] 田原."一带一路"插上数字经济翅膀 [N]. 经济日报, 2017 – 06 – 14 (012).

[56] 王雪玉."一带一路": 中国金融科技出海记 [J]. 金融科技时代, 2017 (08): 78 – 81.

[57] 王玥."一带一路"战略的金融支持与创新发展 [J]. 天津经济, 2016 (11): 47 – 51.

[58] 王琦, 尹燕飞. 农业"走出去"投融资渠道的现状、问题及建议 [J]. 世界农业, 2017 (05): 178 – 181 + 200.

[59] 王少鹏."一带一路"战略与跨文化交流 [J]. 陕西行政学院学报, 2016, 30 (02): 115 – 118.

[60] 王家兴, 葛海明. 新一轮经济制裁下伊朗回购合同商务运作风险及应对策略 [J]. 中国外资, 2012 (21): 52-53.

[61] 王敏. "一带一路"能源战略合作研究 [J]. 经济研究参考. 2016 (22): 34-44.

[62] 吴然. 多角度分析中俄贸易存在的问题、解决对策及发展前景 [N]. 黑龙江经济报, 2016-03-03 (B03).

[63] 魏钧, 邓文靓, 吴向京. 全球能源互联网: 我国能源供给侧改革的新契机 [J]. 价格理论与实践, 2016 (8): 89-92.

[64] 王安建、王高尚. 矿产资源与国家经济发展 [M]. 北京: 地震出版社, 2016: 41.

[65] 熊灵, 谭秀杰. "一带一路"建设: 中国与周边地区的经贸合作研究 (2016-2017) [M], 社会科学文献出版社 2017年12月第1版.

[66] 薛力. "一带一路"与中国的中亚方略 [J]. 欧亚经济, 2016 (05): 74-78+128.

[67] 谢瑾, 肖晔, 张丽雪, 等. "一带一路"沿线国家能源供给潜力与能源地缘政治格局分析 [J]. 世界地理研究, 2017, 26 (6): 11-21.

[68] 习近平: 积极推动我国能源生产和消费革命 [DB/OL]. 新华网. 2014-06-13.

[69] 阳茂庆, 杨林, 胡志丁. "一带一路"背景下中国与中南半岛贸易格局演变及面临的挑战 [J]. 热带地理, 2015, 35 (05): 655-663.

[70] 于春燕. 中国与中东欧国家农产品贸易比较优势、互补性及农业合作战略研究 [D]. 华中农业大学, 2015.

[71] 俞懿春, 冯雪珺, 管克江. 中国移动支付走向世界 [N]. 人民日报, 2017-07-27 (003).

[72] "一带一路"贸易数据"一带一路"贸易合作大数据报告(2017)[J]. 中国科技信息,2017(20):4-9.

[73] 杨晨曦. "一带一路"区域能源合作中的大国因素及应对策略[J]. 新视野,2014(4):124-128.

[74] 闫卫东、孙春强. 矿业仍是推动世界经济发展的主要动力[J]. 中国矿业,2018(1).

[75] 于会录、董锁成、李宇等:丝绸之路经济带资源格局与合作开发模式研究[J]. 资源科学,2014(2).

[76] 袁国华、王世虎、罗世兴:矿产资源"走出去"面临的形势与工作设想[J]. 中国国土资源经济,2017(4).

[77] 赵立庆. "一带一路"战略下文化交流的实现路径研究[J]. 学术论坛,2016,39(05):144-148.

[78] 赵睿,贾儒楠. 浅议"一带一路"战略中的国别风险管控——基于国别经济风险评估模型的研究[J]. 上海金融,2017(3):91-95.

[79] 张文燕. 渣打与蚂蚁金服合作[N]. 中华工商时报,2017-12-22(007).

[80] 张莉. "丝绸之路经济带"背景下中国与中亚贸易发展合作探析[J]. 时代金融,2017(03):7.

[81] 张金荣,朱颖. "一带一路"贸易新格局与新秩序[J]. 河南社会科学,2017,25(10):15-20+32.

[82] 张晓静,李梁. "一带一路"与中国出口贸易:基于贸易便利化视角[J]. 亚太经济,2015(03):21-27.

[83] 张燕生. "一带一路"对全球贸易的影响[J]. 清华金融评论,2017(09):25-28.

[84] 张燕. 蚂蚁出海:在"一带一路"沿线复制支付宝[J]. 中国经济周刊,2017(22):54-55.

[85] 张春成. 一带一路沿线将成为全球电力投资洼地[N]. 中国能源报,2018-02-26(4).

[86] 张玉清. 一带一路能源合作模式探讨——以中巴经济走廊能源项目为例 [J]. 国际石油经济, 2017 (12): 13-16.

[87] 郑姗, 宗义湘, 崔海霞, 陈宁远. 美国农业与国际市场的纽带——海外农业服务局 (FAS) [J]. 世界农业, 2016 (02): 147-151.

[88] 郑熹燊. 我国移动支付"出征"海外 [N]. 中国产经新闻, 2017-10-25 (006).

[89] 朱继东. 日本海外农业战略的经验及启示——基于中国海外农业投资现状分析 [J]. 世界农业, 2014 (06): 122-125.

[90] 宗会明, 郑丽丽. "一带一路"背景下中国与东南亚国家贸易格局分析 [J]. 经济地理, 2017, 37 (08): 1-9.

[91] 邹统钎, 梁昊光. 中国"一带一路"投资与安全研究报告. 2016-2017. 北京: 社会科学文献出版社. 2017.

[92] 赵东波、李英武: 各国"新丝绸之路"构建的战略研究 [J]. 东北亚论坛, 2014 (1).

后 记

中央财经大学中外经济比较研究中心从 2016 年开始确立"一带一路"倡议的年度研究报告写作，到 2018 年已经出版了以此为主题的两本研究报告。今年这本则与中国商业史学会进行合作，以中外经济比较研究中心为主体来完成的。经过连续三年"一带一路"倡议年度报告的研究，从对"一带一路"倡议的介绍开始，到沿线国家的风险、中国与沿线国家之间的行业交往，初步厘清了与"一带一路"倡议深入发展为主题的发展脉络。不但对过去 5 年来的经历进行了总结，而且还为"一带一路"倡议的深入推进提供了一些有益的经验借鉴。今后，中外经济比较研究中心继续跟进"一带一路"倡议的研究，从"试水"渐趋向深入的研究迈进。

本书是一个集体讨论、合作撰写的结晶。全书的框架，是由兰日旭、顾炜宇提出和设计。在具体的写作和分工上，各章的撰写分工如下：绪论、结束语，兰日旭；第一章刘辛、祝伟；第二章曲迪；第三章周莹；第四章赵颖、顾炜宇；第五章魏立波、顾炜宇；第六章何昕宇、岳海峰。兰日旭、顾炜宇对初稿和第二稿提出了具体的修改意见，各章撰稿者根据修改意见进行了两轮的修订，最后由兰日旭、顾炜宇完成了统稿和定稿工作。当然，本研究报告也是一个教学相长的成果，研究报告的结构曾在硕士、博士研究生中多次讨论。本研究报告受教育部高校"双带头人"教师党支部书记工作室建设项目资助。

兰日旭　顾炜宇
2018 年 8 月